hanserblau

Über dieses Buch

Alice Hasters hat ein Standardwerk zu Alltagsrassismus im deutschsprachigen Raum verfasst. Der Bestseller im Taschenbuch – jetzt mit neuem Nachwort der Autorin.

»Wir sprechen falsch über Rassismus. Der Fokus liegt nur darauf, was man heutzutage noch dürfe und was nicht. Aber Gleichberechtigung kann man nicht durch ein Einhalten von Verboten erreichen. Rassismus zu bekämpfen, ist keine Sache der Höflichkeit. Menschen müssen verstehen, was hinter ihrem rassistischen Handeln steckt.«

ALICE HASTERS

WAS WEISSE MENSCHEN NICHT ÜBER RASSISMUS HÖREN WOLLEN ABER WISSEN SOLLTEN

hanserblau

Für meine Schwestern

Ungekürzte aktualisierte Taschenbuchausgabe
2. Auflage 2026
ISBN 978-3-446-28320-6
Veröffentlicht bei hanserblau in der Carl Hanser Verlag
GmbH & Co. KG, München
Vilshofener Straße 10 | 81679 München | info@hanser.de

Das Hörbuch erscheint bei Roof Music/tacheles!, gelesen von der Autorin.

Umschlag: ZERO Werbeagentur, München,
nach einem Entwurf von ZERO Werbeagentur, München
Foto: © H. Henkensiefken PixxWerk®, München
Autorinnenfoto: © H. Henkensiefken/www.pixxwerk.de
Satz: Angelika Kudella, Köln
Druck und Bindung: GGP Media GmbH, Pößneck

INHALT

VORWORT

An der Journalistenschule besuchte ich ein Seminar, in dem wir lernten, Zeitungskommentare zu verfassen. Wir durften uns das Thema frei aussuchen. Wichtig war es, eine klare Haltung zu formulieren. Ich schrieb meinen Kommentar über einen Karnevalsverein, der nicht einsah, warum seine Mitglieder aufhören sollten, ihre Gesichter schwarz anzumalen, Afro-Perücken aufzusetzen und sich als »lustige Afrikaner*innen« zu verkleiden. »Darf man jetzt etwa keinen Spaß mehr haben?«, fragten sie sich.

Meine These lautete: Wir sprechen falsch über Rassismus. Der Fokus liegt nur darauf, was man heutzutage noch dürfe und was nicht. Aber Gleichberechtigung kann man nicht durch ein Einhalten von Verboten erreichen. Rassismus zu bekämpfen, ist keine Sache der Höflichkeit. Menschen müssen verstehen, was hinter ihrem rassistischen Handeln steckt. Mein Dozent verstand diesen Ansatz nicht. »Was soll das sein, ein Gesinnungstext?«, schrieb er darunter. Außerdem wurde meine Themenwahl kritisiert. Rassismus hätte zu wenig mit der aktuellen Politik zu tun.

Das ist jetzt schon ein paar Jahre her. Mittlerweile erkennen viele Menschen die politische Aktualität von Rassismus – oder haben zumindest mitbekommen, dass sich Leute damit beschäftigen. Manche finden, das Thema sei hochgekocht und es würde zu viel darüber gesprochen. Ich finde hingegen, der Diskurs steckt noch in den Kinderschuhen. Das Problem ist der Sprung in der Schallplatte. Wir hüpfen immer wieder an den Anfang. Wir verhandeln darüber, ob Rassismus überhaupt existiert und wenn ja, ob und wie schlimm er ist. Das werde ich in diesem Buch nicht tun.

Dass wir bei diesem Thema nur schleppend vorankommen, erkenne ich unter anderem daran, dass viele immer noch nicht verstehen, wie man rassistisch sein kann. Oder dass sie überrascht reagieren, wenn Menschen von Diskriminierungserfahrungen erzählen. Für sie war Rassismus nie ein Thema. Es sind oft gerade diese Menschen, die momentan nicht mehr mitkommen. Es reicht nicht aus, sich über Rassismus zu wundern, und es ist wichtig, dass wir verstehen, wie man rassistisch sein kann. Gerade jetzt. Politik und Gesellschaft rücken immer weiter nach rechts, und auf einmal sind es eben nicht mehr nur Nazis, sondern auch die eigene Tante auf dem Familienfest, die ein Problem damit hat, »dass man ja keine Deutschen mehr auf der Straße sieht«.

Eine geläufige Reaktion auf so eine Aussage: Kopfschütteln, Augen verdrehen, schweigen. Muss man nicht dramatisieren, die eigene Tante ist schließlich kein Nazi. Doch hier liegt ein Missverständnis vor: Nicht nur Nazis sind rassistisch, und man muss Rassismus nicht erst bekämpfen, wenn er in radikaler Form auftritt. Rassismus beginnt schon viel früher.

Das scheinen viele Menschen nicht zu wissen oder zu akzeptieren. Ich früher auch nicht. Lange dachte ich, Menschen, die ungefragt in meine Haare fassen, mich automatisch auf Englisch ansprechen, die mich, noch bevor sie meinen Namen wissen, fragen, wo ich herkomme, oder meine Hautfarbe mit allem auf der Welt vergleichen, was braun oder schwarz ist – das sei einfach normal und zu akzeptieren. Freundliche Neugier. Ich sah es als meine Aufgabe an, diese Dinge hinzunehmen, darüber zu schweigen oder höchstens mit anderen Betroffenen darüber zu sprechen.

Doch der Rassismus im Kleinen, im Alltag, hängt mit dem Rassismus im Großen zusammen – und wie, das versuche ich in diesem

Buch an einem konkreten Beispiel zu erklären: mir selbst. Meine Expertise rührt in erster Linie aus meiner Existenz als Schwarze Frau. Ich erzähle von Rassismus, der mir in meinem Leben begegnet ist. Der auf den ersten Blick vielleicht harmlos wirken mag und eben doch große Auswirkungen hat. Im Alltag, in der Schule, auf meinen Körper, in der Liebe und in der Familie. So ist das Buch deswegen auch aufgeteilt.

Ich will transparent machen, dass meine Welt oft anders aussieht als die von *weißen* Menschen. Das geht natürlich mit einer bestimmten Perspektive einher. Ich bin eine Schwarze Frau, mit einem *weißen* Elternteil, ich bin heterosexuell, und ich habe die deutsche Staatsbürgerschaft. Genau genommen müsste das Buch also heißen: »Was *weiße* Menschen nicht über bestimmte Aspekte von Anti-Schwarzem-Rassismus hören wollen, aber wissen sollten«. Das Buch hat keinen Anspruch auf Vollständigkeit. Wie gesagt, wir sind beim Thema Rassismus noch längst nicht am Ende. Es braucht noch viel mehr Stimmen, die gehört werden müssen.

Viele Menschen, vor allem Schwarze Frauen, haben bereits kluge Bücher geschrieben, die umfassend und anschaulich erklären, wie Rassismus, insbesondere in Deutschland, aussieht. Einige von ihnen werden Erwähnung in diesem Buch finden, denn ohne ihre Arbeit hätte dieses Buch nicht entstehen können. Während ich ihre Texte las, habe ich mich oft gefragt, warum ich das Ganze noch einmal aufschreibe. Aber dann gehe ich ins Internet, lese Kommentare in sozialen Netzwerken, schaue mir Talkshows an – und dann fällt es mir wieder ein. Die Arbeit dieser Menschen wurde noch nicht ausreichend gelesen, gehört oder ernst genommen. Wie gesagt, es braucht noch mehr.

»Your silence will not protect you« – euer Schweigen schützt euch nicht. Das schrieb die Schwarze Dichterin und Aktivistin Audre Lorde. Schweigen zu brechen, mache Angst, gerade weil das Risiko

bestehe, dass man missverstanden oder verletzt werde. Dinge müssen ausgesprochen werden, auch wenn dieses Risiko besteht, so Lorde. Gut, dann fange ich mal damit an.

Bevor es losgeht, noch eine kleine Einführung zu dem Gebrauch von Schrift und Sprache in diesem Buch.

Dieses Buch enthält rassistische Begriffe. Im Fließtext habe ich die Begriffe, die leider nicht so altertümlich sind wie angebracht, zensiert. Gerade um deutlich zu machen, dass sie nicht mehr genutzt werden sollten. Bei historischen Zitaten habe ich mich dazu entschieden, sie unzensiert auszuschreiben.

Die meisten Namen der im Buch vorkommenden Personen wurden geändert.

Dass Schwarz groß geschrieben wird und *weiß* kursiv, ist Absicht. Warum, wird in diesem Buch auch noch erklärt. Außerdem verwende ich genderneutrale Sprache. Es mag für manche zunächst ein wenig ungewohnt sein, aber darum geht es ja auch – um das Ändern von Gewohnheiten.

1 ALLTAG

DAS R-WORT

Ich bin in Köln-Nippes aufgewachsen. Kölner*innen pflegen einen besonderen Patriotismus, wenn es um ihre Heimatstadt geht. Nippeser*innen legen noch einmal eine Schippe drauf. Sie lieben ihr Viertel. So sehr. Sie lassen sich die Nippeser Postleitzahl tätowieren und tragen T-Shirts und Mützen, die erkennen lassen, wo sie wohnen.

Als ich klein war, witzelte Stefan Raab im Fernsehen gerne darüber, dass Nippes ein hartes Pflaster sei. Das stimmte nicht. Zumindest nicht in meinen Augen. Es war das Lieblingsviertel von Künstler*innen und Freiberufler*innen. Die Mieten waren verhältnismäßig günstig, und trotzdem war es nicht ab vom Schuss. Viele Familien mit überwiegend türkischer Zuwanderungsgeschichte lebten dort. Rückblickend reichte das wahrscheinlich, um Nippes als ein Problemviertel darzustellen.

Auf dem Nippeser Markplatz thront ein hässlicher Betonklotz mit großen Treppenstufen, die nirgendwo hinführen. Was dieser Bau genau soll, wofür er gut ist, weiß ich bis heute nicht. Von dort aus kann man gut beobachten, wie mittags Menschen zwischen den Ständen hin und her wuseln, und der Geräuschkulisse aus den Schreien der Verkäufer*innen und dem kölschen, nachbarlichen Gequatsche lauschen. Als ich jung war, spielten wir dort nach der Schule zwischen zermatschtem Gemüse. Im Sommer kauften wir uns für zwanzig Pfennige Wassereis und Kaugummis am kleinen Kiosk, setzten uns auf die nach Urin und Essensresten stinkenden Betonstufen und streckten uns gegenseitig unsere blau gefärbten Zungen entgegen.

Mittlerweile ist Köln-Nippes gentrifiziert.

Imbissbuden, Ramschläden und alteingesessene Kneipen mussten Burgerläden, Bars und Cafés weichen. Der hässliche Betonklotz auf dem Marktplatz wurde von einem lokalen Künstler bunt angemalt und sieht jetzt ein bisschen besser aus. Immerhin. Den Kiosk gibt es nicht mehr. Dort hat eine kleine Kaffeebude aufgemacht.

Als ich noch, einige Jahre älter inzwischen, in Nippes gewohnt habe, habe ich mich dort, an der Kaffeebude, oft mit meiner Freundin Luise getroffen. So saß ich mit Anfang zwanzig wieder gerne auf den Betonstufen, statt Wassereis einen Cappuccino in der Hand. Der Kaffeeladen wird von zwei Frauen betrieben, die Kund*innen mit einem Lächeln begrüßen und ihre Kaffees mit viel Liebe durch das Durchreichfenster übergeben.

Eines Tages, als Luise ihren Kaffee bezahlte und Trinkgeld geben wollte, stellte eine der Frauen eine Spardose vor uns. »Hier kannst du es reinschmeißen«, sagte sie vergnügt. Es war eine antike Spardose: der Oberkörper eines Schwarzen Mannes. Rote Lippen, breit zu einem absurden Lächeln geformt, große Augen und Nase. Vor seinem Mund eine Hand, in die man die Münze hineinlegen konnte. Als die Frau einen Hebel betätigte, hob sich die Hand. Die Augen des Mannes rollten nach hinten, die Münze verschwand in seinem Mund und landete scheppernd im Inneren der Spardose.

Ich hatte so eine Sparbüchse schon einmal gesehen. Meine Mutter hatte vor vielen Jahren eine weibliche Version in einem Antiquariat in Irland gekauft, als wir dort Urlaub machten. Damals war ich neun Jahre alt. Ich wunderte mich über diese seltsame Spardose.

»Warum hast du sie gekauft?«, fragte ich meine Mutter. »Ich will nicht, dass jemand so etwas Rassistisches besitzt, deshalb muss ich sie aus dem Verkehr ziehen«, sagte sie. Sie erklärte mir auch, dass diese Spardose symbolisieren sollte, dass Schwarze das ganze Geld der *Weißen* verschlucken würden. Damals habe ich noch nicht genau verstanden, warum.

Heute weiß ich, dass diese Spardosen zwischen dem Ende des 19. und Anfang des 20. Jahrhunderts sehr beliebt waren, »Jolly N**-ger Bank« genannt wurden und aus den USA kommen. Nach der offiziellen Beendigung der Sklaverei 1865 dort wurden Schwarzen Menschen im Zuge einer Agrarreform sechzehn Hektar Land und ein Esel versprochen. Außerdem fielen Schwarze Menschen als kostenlose Arbeitskraft weg. Das kam *weißen* Landbesitzer*innen natürlich erst einmal sehr teuer vor. Die ehemaligen Sklav*innen wurden also als Geldfresser*innen der *Weißen* gesehen, einfach nur, weil sie jetzt bezahlt werden mussten. Schwarze Menschen bekamen das ihnen zugesicherte Land und Vieh nicht, das Versprechen wurde schnell wieder zurückgezogen. Das Narrativ der gierigen Schwarzen blieb. Aus dieser Ansicht entstand unter anderem diese Spardose.

Unter Sammler*innen sind Spardosen wie diese heute immer noch begehrt. Allerdings nicht zu verwechseln mit den sogenannten »Nickn**gern« – Spendendosen, die lange Zeit auch in deutschen Kirchen zu finden waren, mit denen die Gemeinden Geld für »die Armen in Afrika« sammelten. Diese Spendendosen kamen meist in Form eines Schwarzen Jungen, der eine Art Korb vor sich trug und, wenn man eine Münze einwarf, artig und demütig den Kopf verneigte. Ebenso rassistisch, doch aus einem anderen historischen Kontext – dazu kommen wir noch.

Hier war ich nun auf dem rummeligen Marktplatz vor der netten Kaffeeverkäuferin und der rassistischen Spardose, die gerade Luises

Trinkgeld verschluckt hatte. Offensichtlich kannte oder erkannte die Frau den historischen Zusammenhang nicht. Vielleicht war diese Spardose für sie nur ein antikes Trödelstück – eben ein Mann, der Geld verschluckt. Vielleicht fand sie das witzig. Wahrscheinlich fiel der Kaffeeverkäuferin die Darstellung des Mannes mit den großen weißen Augen und Zähnen, den roten Lippen und der wulstigen Stirn nicht als rassistisch auf. Eine Sekunde lang überlegte ich, einfach nichts zu sagen. Die Frau in ihrem friedlichen Unwissen zu lassen. Das machte ich oft – einfach nichts sagen. Ich bin nicht besonders schlagfertig und eher konfliktscheu. Ich wusste, wenn ich das »R-Wort« aussprechen würde, wäre die Stimmung dahin.

Selten fühlen sich *weiße* Menschen so angegriffen, allein und missverstanden wie dann, wenn man sie oder ihre Handlungen rassistisch nennt. Das Wort »Rassismus« wirkt wie eine Gießkanne voller Scham, ausgekippt über die Benannten. Weil die Scham so groß ist, geht es im Anschluss selten um den Rassismus an sich, sondern darum, dass ich jemandem Rassismus unterstelle. Meist sind solche Auseinandersetzungen kräftezehrend und wenig zielführend. Denn so viel haben die meisten schon verstanden: Rassistisch sollte man nicht sein. Rassismus, so die geläufige Annahme, sei offener Hass, Verachtung, und trete seit 1945 nur noch vereinzelt auf. Kaum ein Land habe sich so viel Mühe gegeben wie Deutschland, die eigene rassistische Vergangenheit aufzuarbeiten, heißt es dann. Deshalb sei es jetzt auch mal gut. Und überhaupt: Rassismus gegenüber Schwarzen sei doch ohnehin ein Problem der USA – oder Großbritanniens oder Frankreichs.

Weiße Menschen haben so wenig Übung darin, mit ihrem eigenen Rassismus konfrontiert zu werden, dass sie meist wütend darauf reagieren, anfangen zu weinen oder einfach gehen.

Am Ende bin oft ich es, die sich dafür entschuldigen soll, das Thema überhaupt adressiert zu haben. Diese Dynamik nennt man Täter*innen-Opfer-Umkehr. Egal, wie ruhig ich mich verhalte, ist die Wahrscheinlichkeit relativ hoch, dass Menschen meine Reaktion als irrational, empfindlich, dramatisierend oder überemotional bewerten. Für viele Menschen wirkt das R-Wort so, als ob man eine Fliege mit einem Baseballschläger erschlagen würde. Wenn ich jemanden rassistisch nenne, dann hört dieser Mensch meist nicht, was ich ihm oder ihr sage. Was er oder sie hört, ist: »Du bist ein schlechter Mensch. Du bist böse. Du bist ein Nazi.«

Das liegt auch daran, dass Menschen eine einseitige Vorstellung davon haben, was Rassismus ist.

Für Rassismus gibt es unterschiedliche Definitionen. Der Historiker Ibram X. Kendi definiert es in seinem Buch *Gebrandmarkt* zum Beispiel so: »Jegliche Vorstellung, die eine bestimmte ethnische Gruppe als einer anderen ethnischen Gruppe unterlegen oder überlegen betrachtet.«

Doch in einer Welt, in der Ungleichheit besteht, ist auch Rassismus ungleich gewichtet. Viele Menschen gehen davon aus, dass grundsätzlich jede Person von Rassismus betroffen sein könnte. Diese Menschen sehen Rassismus als rein individuelle Haltung. Wie ein einzelner Mensch die Welt für sich ordnet, hat erst einmal wenig Konsequenzen. Doch Rassismus ist ein System, das mit der Absicht entstanden ist, eine bestimmte Weltordnung herzustellen. Es wurde über Jahrhunderte aufgebaut und ist mächtig. Darin wurde die Hierarchie rassifizierter Gruppen festgeschrieben, und die lautet, ganz grob, so: *Weiße* ganz oben, Schwarze ganz unten. Wenn also jemand glaubt, Schwarze seien von Natur aus *Weißen* überlegen, dann ist das zwar theoretisch ein rassistischer Gedanke – aber praktisch ein recht wirkungsloser. Dafür gibt es keine Echokammer, dieser Gedanke wird sich nicht in der Welt widerspiegeln. Anders ist es, wenn jemand glaubt, *weiße* Menschen seien Schwarzen überlegen. Diese

Vorstellung füttert das ohnehin bestehende System. Die Echokammer dafür ist riesig. Dieses System nennt sich *White Supremacy* – *Weiße* Vorherrschaft. Wenn ich von Rassismus spreche, dann meine ich diesen wirkungsvollen, systemischen Rassismus, der die Fähigkeit hat, Menschen zu unterdrücken. Dieser Rassismus steckt überall. In meinem Alltag äußert er sich meist in kleinen, unbedachten Handlungen.

Eine Person, die das schon lange vor mir erklärt hat, ist Noah Sow. Sie merkt in ihrem wichtigen Buch *Deutschland Schwarz Weiß* an, dass Rassismus nicht erst bei dem Unterlegenheitsgedanken anfängt. Sow schreibt: »Heutzutage ist Rassismus der Glaube, dass Menschen bestimmte Prädispositionen (Veranlagungen) jedweder Art haben.« Würde man also annehmen: »*Weiße* Menschen sprechen hoch, Schwarze Menschen haben ein tiefe Stimme«, dann mag da erst einmal keine Wertung vorliegen. Rassistisch ist die Aussage trotzdem.

Wenn man Rassismus als Denkweise begreift, die ausschließlich bewusst und mit böser Absicht erfolgt, dann ist die Kaffeebudenbesitzerin keine Rassistin. Die Spardose, die sie hat, bleibt allerdings rassistisch. Und während ich vor ihr stehe, frage ich mich: Hätte sie wohl die Spardose so amüsant gefunden, wenn sie einen lächerlichen *weißen* Menschen abgebildet hätte? Vielleicht wäre dann die Identifikation höher gewesen. Vielleicht wäre ihr aufgefallen, wie degradierend die Figur eines geldfressenden Menschen ist – völlig abgesehen vom geschichtlichen Kontext. Denn das ist meine Auffassung von Rassismus: Er ist schon so lang und so massiv in unserer Geschichte, unserer Kultur und unserer Sprache verankert, hat unsere Weltsicht so sehr geprägt, dass wir gar nicht anders können, als in unserer heutigen Welt rassistische Denkmuster zu entwickeln. (Wer will, kann diesen Satz noch einmal lesen, er ist nämlich sehr wichtig, auch für den Rest des Buchs). Rassismus ist in unserem System.

So sehr, dass er oft unbewusst geschieht – besonders der sogenannte Alltagsrassismus.

Rassismus wird man also nicht los, nur weil man behauptet, nicht rassistisch zu sein. Es kann zum Beispiel sein, dass man am Tag gegen Rassismus demonstriert – und trotzdem Angst bekommt, wenn ein Schwarzer Mann einem nachts über den Weg läuft. Oder dass man kurz überrascht ist, wenn eine Frau mit Hijab perfekt Deutsch spricht. Auch wenn diejenigen, die auf die andere Straßenseite wechseln oder kurz verdutzt sind, nicht weiter darüber nachdenken und glauben, diese eine Sekunde, diese eine harmlose Handlung bliebe unbemerkt und würde keinen großen Unterschied machen, tut sie es doch. Und zwar für die Betroffenen. Eine deutsche Hijabi bekommt täglich verdutzte Blicke, wenn sie den Mund aufmacht. Ein Schwarzer Mann sieht in seinem Leben Hunderte verängstigte Gesichter, wenn er durch die Straßen läuft. Sie bemerken es. Ich bemerke es.

Diese kleinen Momente, sie wirken wie Mückenstiche. Kaum sichtbar, im Einzelnen auszuhalten, doch in schierer Summe wird der Schmerz unerträglich. Diese Mückenstiche haben einen Namen: Mikroaggressionen. Auch davon gibt es unterschiedliche Abstufungen. Das können Angriffe oder Beleidigungen sein wie die Verwendung des N-Wortes oder Aussagen wie: »Wir sind hier in Deutschland.« Es können unbewusste Handlungen sein, wie wenn eine Frau ihre Tasche umkrallt, sobald ich mich in der Bahn neben sie setze. Aber auch das Negieren und Absprechen der eigenen Perspektive und Erfahrungen gehört dazu. Viele Menschen glauben mir nicht, wenn ich sage, dass alte Frauen Angst vor mir haben und mich für eine Diebin halten. Auch Ignoranz ist eine Form der Mikroaggression. Wer vermeidet, sich mit dem Thema auseinanderzusetzen, kann sich immer mit unschuldiger Unwissenheit herausreden. Nur, weil man sich nie bewusst Gedanken über Herkunft, Hautfarbe und Identität gemacht hat, läuft man nicht vorurteilsfrei durch die Gegend. Man bemerkt bloß nicht, dass man diese Vorurteile hat.

All diese Verhaltensmuster tragen dazu bei, das rassistische System aufrechtzuerhalten. Es ist quasi Mikro-Unterdrückung.

Diese Unterschiede im Alltag, die für die meisten um mich herum unsichtbar bleiben, habe ich selbst lange nicht als Form von Rassismus wahrhaben wollen. Ich wusste um den offenen, gewalttätigen, radikalen Rassismus in Deutschland, dessen Opfer ich werden könnte, wäre ich zur falschen Zeit am falschen Ort. Ich hatte schreckliche Angst vor Nazis. Rostock-Lichtenhagen, Solingen, Mölln, die NSU-Morde, Polizeigewalt – diese Vorfälle, und diese Vorfälle allein, waren Rassismus für mich. Davon war mein Alltag weit entfernt. Meine Erlebnisse mit dem gleichen Begriff zu beschreiben, kam mir lange anmaßend vor, als ob ich Opfern offener rassistischer Gewalt das Rampenlicht stehlen oder ihr Leid kleinreden wollte. Stattdessen habe ich selbst von mir gedacht, ich sei zu empfindlich und sollte andere nicht mit meinen Gefühlen belasten. Lieber mitlachen, nichts sagen, lieber bestätigen, dass alles in Ordnung sei. Das wäre doch eine kleine Bürde im Vergleich dazu, um das eigene Leben fürchten zu müssen. Doch gerade die vergangenen Jahre haben aufgezeigt, dass man eine Gesellschaft eben nicht in »die bösen Rassist*innen« und »die Guten« aufteilen kann.

Noch einmal: Rassismus steckt überall in unserer Gesellschaft. Es ist das Märchen über angeborene Eigenschaften, die Annahme, dass wir von Natur aus verschieden seien. Es braucht nur einen bestimmten Kontext, die passende Stimmung und Verkettung von Ereignissen – schon trägt Rassismus nicht mehr nur am rechten Rand Früchte, sondern wuchert überall. Ein blöder Witz, ein heimlicher Gedanke, ein unüberlegtes Vorurteil – es stammt alles aus der gleichen Geschichte, aus der gleichen historischen Wurzel, und gerade treibt und keimt sie ordentlich. Längst sind Dinge wieder salonfähig geworden, die vor ein paar Jahren noch verpönt schienen. Heute diskutieren wir darüber, ob man überhaupt Menschenleben auf dem Mittelmeer retten muss. Wir haben nichts mehr dagegen, wenn nicht-*weiße* Menschen unter Generalverdacht gestellt werden, Leute haben ernsthaft Angst davor, Muslim*innen könnten in den nächsten Jahren Deutschland vollkommen einnehmen und ein Kalifat errichten. In dieser Stimmung begann ich mich zu fragen, wie lange ich noch mitlachen, schweigen, gut zureden musste. Wie viele Mückenstiche ich noch ertragen musste. Wie schwer die Bürde sein dürfte, bevor ich anfangen könnte, mich zu beschweren. Aber ich begriff, dass es die falsche Haltung war. Da hätte ich lange warten können. Die richtige Frage war: Warum muss ich überhaupt irgendeine Bürde tragen? Wer hat mir die auferlegt?

Ich stand also vor der Kaffeebudenbesitzerin und wusste nicht genau, was nun der beste Schritt für mich und für sie war. Sollte ich eine lange Diskussion riskieren, wenn ich doch einfach nur einen Cappuccino trinken wollte, oder diesen einen weiteren Mückenstich aushalten? Ich schaute sie an und versuchte, möglichst nett zu sagen: »Na ja, das ist doch ein wenig rassistisch, oder?« Wie erwartet fiel ihr das Lächeln aus dem Gesicht. Sie schaute ungläubig auf die Spardose. »Das hier?«, fragte sie. Ich nickte, erzählte ihr von meiner Mutter und ihrer damaligen Aktion in Irland. Die Frau blickte verunsichert auf die Dose. Mir tat es direkt leid, dass ich ihr nun die Freude an ihrer rassistischen Sparbüchse genommen hatte. Als ob ich gerade einem Kind erzählt hätte, dass es den Weihnachtsmann nicht gibt. Meine Harmoniebedürftigkeit geht halt nicht so gut mit Rassismus einher. Weil ich befürchtete, dass sie gleich zu einer Rechtfertigung ansetzen könnte, nahm ich den Kaffee und ging zu meinem Platz. Mehr brachte ich nicht übers Herz – aber immerhin, mehr als sonst.

Ich glaube, dass man rassistisches Verhalten nur durch bewusste Konfrontation ändern kann. Das ist nicht leicht. Wer wirklich etwas gegen Diskriminierung tun möchte, sollte bei sich selbst anfangen. Damit meine ich wirklich alle, auch mich. Rassismus ist vielschichtig, nur weil ich davon betroffen bin, heißt das nicht, dass ich nicht dazu beitrage, das System aufrechtzuerhalten. Allerdings müssen vor allem diejenigen, die nicht betroffen sind, sich mal bewegen. Das verlangt Offenheit. Aushalten. Von Scham, von Wut, von Traurigkeit. Von diesem unangenehmen Gefühl, das sich in der Magengegend ausbreitet, sich auf die Brust legt und in den Kopf schießt. Das einen erst einmal dazu bewegt, den Kopf zu schütteln. Sich den eigenen Vorurteilen zu stellen, verlangt Veränderung. Loslassen von Dingen, die einem lieb sind. Und Verantwortung. Klingt erst einmal nicht so toll. Klingt aber auch wie Therapie. Und danach geht es einem bekanntlich meist besser.

Ein Diskurs über Rassismus lohnt sich nicht, wenn Menschen nur das Ziel haben, ihren eigenen Hintern vor Vorwürfen zu retten. Wer Rassismus bekämpfen will, muss Veränderung befürworten – und die fängt bei einem selbst an. Das kann hier und da unbequem werden, und es ist normal, dass wir empfindlich auf Rassismusvorwürfe reagieren. Aber wir sollten lernen, das auszuhalten. Gerade *weiße* Menschen brauchen da mehr Rückgrat. Ich will, dass sich etwas ändert, und ich habe die Hoffnung noch nicht aufgegeben, dass Kontext und Aufklärung zu dieser Veränderung beitragen können.

Als ich ein paar Wochen später wieder an der Kaffeebude stand, war die Spardose übrigens weg. Ich weiß nicht, ob mein verhaltener Hinweis der Grund war. Vielleicht hat die Frau selbst recherchiert. Vielleicht hat sie andere Menschen gefragt. Ich weiß es nicht, jedenfalls ist das Ding nicht mehr da. Und das machte mir Hoffnung, dass Reden vielleicht doch hilft.

DOPPELT ODER HALB?

»Na, wie alt bist du denn?« »Wie heißt du?« »Gehst du schon in den Kindergarten?« »Bist du schon in der Schule?« Ich erinnere mich an diese Fragen aus der Froschperspektive. Sie wurden mir von Erwachsenen gestellt, die heruntergebeugt mit hoher, manchmal etwas zu lauter Stimme mit mir sprachen. Es waren Freund*innen von Eltern, Menschen im Supermarkt, in der Bahn. So wie jedes andere Kind auch streckte ich die entsprechende Anzahl von Fingern in die Luft, beantwortete alle Fragen entweder sehr leise, sehr laut, nickte oder schüttelte den Kopf. Durch diese Fragen lernen Kinder, was sie in dieser Welt interessant macht, was für Informationen Menschen brauchen, um sie einzuordnen. An die Fragen sind Erwartungen und Bewertungen geknüpft. Seit ich denken kann, wurde mir allerdings noch eine Frage gestellt, die die *weißen* Kinder um mich herum nicht beantworten mussten: »Wo kommst du her?«

Ich lernte schnell, dass nicht nur Name, Alter, Familie und Bildungsstand Bedeutung hatten, sondern für mich noch eine weitere Sache essenzieller Bestandteil meiner Person war: meine Herkunft. Oder besser gesagt: die meiner Mutter. Ich kam nämlich, wie alle anderen auch, aus Köln – doch ich merkte schnell, dass das nicht die »richtige« Antwort auf die Frage war. »Woher kommst du wirklich?«, lautete stets die Nachfrage. »Wo liegen deine Wurzeln?«

Als ob mein Deutschsein nicht echt wäre und sich dahinter noch eine wahrhaftigere Identität verbergen würde. »Aus Amerika«, sagte ich stattdessen. Das führte allerdings dazu, dass die Menschen glaubten, ich sei dort geboren und könne deshalb alle weiteren Fragen über Amerika beantworten. Zu dem Zeitpunkt wusste ich wenig über die USA. Primär verband ich das Land mit Wolkenkratzern und McDonald's. Mir war klar, dass meine Mutter und meine Oma dort zur Welt gekommen waren und dass ich einen Onkel hatte, der dort lebte. Ich konnte Englisch sprechen. Mehr allerdings nicht.

Es gibt wohl zwei Wege, wie man mit der Wo-kommst-du-her-Frage umgehen kann. Man wehrt sich gegen das Schubladendenken, oder man versucht hineinzupassen. Das Erste ist zwar empfehlenswerter – leider war ich eher Typ zwei. Ich merkte, dass Menschen spannende Geschichten über mein Leben und meinen Alltag erwarteten. Die Wahrheit war jedoch, dass sich mein Alltag nicht besonders von dem der anderen Kinder unterschied. Ich hatte eine blühende Fantasie, also dachte ich mir manchmal Dinge über Amerika aus. Alles, was ich aus dem Fernsehen, aus Büchern und aus Erzählungen meiner Mutter und meiner Oma über die USA wusste, wob ich in meine Beschreibungen hinein.

Das funktionierte nur bedingt – denn die Fragen hörten nicht auf. Oft wollten Menschen wissen, wann und wie ich nach Deutschland gezogen sei und warum. Je nach Situation gestand ich entweder meine Lügen, gab sie teilweise zu oder log einfach weiter.

Besonders deutlich wurde mein Dilemma an einem Tag in der Grundschule. Unsere Klassenlehrerin hatte eine besondere Aufgabe für die nicht-*weißen* Kinder in unserer Klasse. Das waren die gleichen Kinder, die statt in den evangelischen oder katholischen Religionsunterricht in die »Auffanggruppe« geschickt wurden. Sie bat uns, etwas aus »unserer Heimat« mitzubringen – und anhand dessen etwas über »unser Land« zu erklären. Blöd nur, dass ich kein

Vorzeigeobjekt aus den USA besaß. Zumindest nichts, worüber ich eine Geschichte hätte erzählen können.

Ich beschloss, einen kleinen rosafarbenen Traumfänger mitzubringen, den mein Vater mir einmal auf einem Mittelaltermarkt geschenkt hatte. Ich erzählte, dass wir ihn in Amerika gekauft hätten, von »In*ianern«, und dass mir der »Häuptling« höchstpersönlich gesagt hätte, ich würde damit keine Albträume mehr bekommen. Das hat alle ziemlich beeindruckt, auch meine Grundschullehrerin. Wenn ich mich heute daran zurückerinnere, bin ich erstaunt, dass sie mir das überhaupt abgenommen hat. Ich frage mich auch, warum ich mir genau diese Geschichte ausgedacht habe, wenn ich doch bei »USA« zunächst an Hochhäuser und Fast Food dachte. Vielleicht wusste ich schon, dass ein gewisser Exotismus von mir erwartet wurde. Etwas Mysteriöses, das mit alten Bräuchen oder Aberglauben zu tun hatte.

Viele mögen die Frage nach der Herkunft als freundliche Neugier verbuchen, als besonderes Interesse am Hintergrund einer Person. Aber die Frage nach der Herkunft, wie sie mir auch heute noch gestellt wird, bekundet meist kein Interesse an mir, sondern an der Bestätigung bestimmter Vorurteile. Vorurteile, die eine ganz bestimmte Antwort erfordern. Das fing schon damit an, dass viele fragten: »Woher kommt dein Vater?«, selten hingegen: »Woher kommt deine Mutter?« Weil sie die Zuwanderung Schwarzer Menschen mit Männern verbanden anstatt mit Frauen. Genauso wenig zogen sie die USA als mögliches Herkunftsland in Betracht. Nicht selten kamen Nachfragen auf meine Amerika-Antwort, wie: »Meinst du Südamerika?«, oder: »Meinst du Afrika?«, oder: »Hast du noch Wurzeln anderswo?« Die Fragenden erwarten etwas »Exotisches«, sie wollen etwas über Orte hören, an denen die Sonne scheint und Kokospalmen wachsen. Etwas über andere Sitten, ein simpleres Leben, wo die Menschen zwar wenig haben, dafür aber viel lachen und tanzen, sie wollen etwas hören über scharfes Essen und wilde Tiere. Als Kind hatte ich das Gefühl, es läge an mir, diese rassistischen Klischees irgendwie zu erfüllen.

Die Frage nach Herkunft ist eine intime Frage, wenn sie von *weißen* Menschen an nicht-*weiße* Menschen gestellt wird. Sie schafft ein Ungleichgewicht. Ich muss mich erklären, ich muss Dinge über meine Familiengeschichte offenbaren. Mein Gegenüber muss das nicht. Diese Frage kann Wunden aufreißen: Sie kann indirekt nach Geschichten über getrennte Familien, Flucht, Verlassen- oder Verstoßenwerden verlangen. Sie will auch wissen, warum man denn jetzt in Deutschland ist, fordert also eine Art Rechtfertigung.

Ich müsste die Frage »Hast du noch Wurzeln anderswo?« ehrlicherweise so beantworten:

*»Ja, Teile meiner Wurzeln liegen in Afrika. Allerdings kann ich sie nicht mehr genau nachvollziehen, weil meine Vorfahr*innen entführt, ihrer Heimat entrissen, in die USA gebracht und versklavt wurden. Ihnen wurde verboten, ihre Sprache zu sprechen, sie mussten ihre eigenen Namen ablegen und den ihrer ›Besitzer*innen‹ annehmen. Die Spuren sind also absichtlich verwischt worden und nur schwer bis gar nicht recherchierbar. Das führt bis heute zu einer massiven Lücke in meiner Identität, so wie bei vielen anderen Afroamerikaner*innen auch. Die Sehnsucht, mehr über diese Wurzeln zu wissen, nimmt nicht ab, weil Afroamerikaner*innen bis heute als US-Bürger*innen zweiter Klasse gesehen und behandelt werden.*

*Die Identifikation mit den afrikanischen Wurzeln ist ein schwer diskutiertes Thema in der afrikanischen Diaspora, besonders bei Nachfahr*innen von versklavten Schwarzen, also denjenigen, die mehrheitlich in den Amerikas und der Karibik leben. Viele Menschen sind der Meinung, dass die Hervorhebung der afrikanischen Herkunft immer wieder an Wurzeln erinnere, die mittlerweile lange zurücklägen, und* *die ständige Betonung davon einen daran hindere, als gleichwertig akzeptiert zu werden. Man nennt* weiße *Amerikaner*innen ja auch nicht Euro-Amerikaner*innen.*

Wieder andere meinen, dass ein Herunterspielen dieser Wurzeln die vollendete Anpassung an eine kolonialisierte Welt sei. Eine Resignation im Kampf gegen ein rassistisches System, wo einzig der Lebensentwurf weißer *Menschen als erstrebenswert gilt. Man würde dem brutalen Entreißen aus afrikanischen Kulturen, dem Verlust von Familie und Identität letztendlich stattgeben. Ich persönlich finde beide Ansätze nachvollziehbar, für mich ist es ja noch komplizierter, weil ich als Tochter einer US-Amerikanerin in Deutschland geboren bin. Meine Wurzeln sind ein komplexes Thema, ich könnte darüber ein ganzes Buch schreiben.«*

Ich habe nur irgendwie das Gefühl, dass diese Antwort den Rahmen des Smalltalks sprengen würde.

Die eigentliche, versteckte Frage hinter »Wo kommst du her?« ist: »Warum bist du Schwarz?« oder »Wie Schwarz bist du?«. Als ich das verstand, formulierte ich im Laufe der Jahre meine Antwort um. »Ich bin halb deutsch, halb Schwarz«, sagte ich. Tatsächlich funktionierte das viel besser, es kamen meist keine Nachfragen. Mir ist es noch nie untergekommen, dass jemand diese Formulierung komisch fand, aber eigentlich ist sie das. Wie sieht denn eine halbe Identität aus? Eine halbe Nationalität? Mein deutscher Pass ist vollständig, mein amerikanischer auch. Somit ist meine Herkunft nicht halb, sondern doppelt. Das würde die Existenz mehrerer Herkünfte aber nicht defizitär, sondern positiv beschreiben – und das scheint irgendwie nicht vorgesehen, das wäre ja sonst unfair gegenüber den Menschen mit nur einer Herkunft.

Zusätzlich brachte mich meine Halb-Halb-Antwort dazu, zwei Dinge strikt zu trennen: deutsch und Schwarz. Ich war Schwarz, deshalb konnte ich wohl nicht deutsch sein. Ich teilte mich immer wieder in die Bestandteile meiner Eltern auf. Als ob meine Herkünfte wie Öl und Wasser wären, nicht zusammengingen. Als ob daraus nichts Neues entstehen könnte, das es wert wäre, einen eigenen Namen, einen eigenen Platz in der Gesellschaft zu bekommen.

Warum unterscheiden wir überhaupt zwischen Schwarz und *weiß*? »Tja, weil es ziemlich offensichtlich ist«, wäre eine einfache Antwort, aber das entspricht nicht ganz der Wahrheit.

Denn wo ziehen wir die Grenze zwischen Schwarz und *weiß*? Nicht unbedingt bei der Farbe der Haut. Farbenmäßig haben Schwarze Menschen ein weitaus breiteres Spektrum als *weiße*. Genetisch gesehen bin ich zu einem größeren Teil *weiß* als Schwarz, weil es im Stammbaum meiner Mutter schon *weiße* Menschen gab, auf der Seite meines Vaters aber, soweit ich weiß, keine Schwarzen Menschen. Aber *Weiß*sein ist wie ein exklusiver Club, da kommt man nicht einfach so rein. Meine Schwester zum Beispiel hat so helle Haut wie viele *weiße* Menschen auch. Doch sie wird genauso oft nach ihrer Herkunft gefragt wie ich, wegen ihrer lockigen Haare, ihrer braunen Augen und vollen Lippen. Es gibt Schwarze Menschen mit schmalen Lippen, glatten Haaren oder blauen Augen. Was also macht einen Schwarz? Wie muss man aussehen, wo muss man herkommen, um Schwarz zu sein?

Ein besonders anschaulicher Fall in dieser Frage sind die Zwillinge Lucy und Maria A. aus Großbritannien. Lucy hat rote wellige Haare und blasse Haut, Maria Locken und braune Haut. Das heißt, die eine ist Schwarz, die andere *weiß* – zumindest für den Rest der Welt. Doch sie haben dieselben Eltern, wachsen beide mit Schwarzen und *weißen* Einflüssen auf. Wo ist also der Unterschied?

Es wäre schön, sagen zu können, es gäbe keinen Unterschied, und damit die Diskussion um Hautfarbe, Herkunft und Rassismus einzustellen. Wir könnten uns darüber freuen, dass es Schwarz und *weiß* gar nicht wirklich gibt und dass wir alle eins sind. Hautfarbe ist egal, Bezeichnungen wie Schwarz und *weiß* sind obsolet. Wäre schön – so einfach ist es aber nicht.

Vor allem ist es wichtig, eines zu verstehen: Es gibt keine Menschenrassen. Es gibt allerdings die Erfindung der Menschenrassen – die Rassifizierung. Sie dient dazu, eine Hierarchie zwischen Menschengruppen zu etablieren. Bereits Aristoteles fing damit an. Er schrieb über die »Barbaren« und meinte damit Völker, die seiner Ansicht nach den Griech*innen kulturell unterlegen waren. Später wurde insbesondere nach Familienzugehörigkeit rassifiziert. Während der Reconquista, den Kreuzzügen und der damit einhergehenden Christianisierung wurde das Konzept der Blutlinien stärker etabliert. Adelsfamilien sicherten so ihren Status, aber es diente auch dazu, weiterhin zwischen »echten Christen« und beispielsweise ehemaligen Juden und Jüdinnen oder Muslim*innen unterscheiden zu können.

Ende des 15. Jahrhunderts setzte ein neues Zeitalter der Rassifizierung ein. Mit der Erkundung der Welt begannen Europäer*innen, eine globale Ordnung herzustellen, die auf Hautfarbe und Ethnie beruhte. Dieses Denken wurde bis zum 20. Jahrhundert kaum angezweifelt. Ziemlich lang also stützte sich das Verständnis der Europäer*innen von der Welt auf dieses ausgedachte Konstrukt. Dazu trug besonders die verwissenschaftlichte Rassifizierung ab dem 17. Jahrhundert bei. Sogenannte »Rassentheorien« gab es über die Jahrhunderte einige. Ein maßgeblicher Konstrukteur der Menschenrassen war der schwedische Zoologe Carl von Linné mit seinem *Systema Naturae*. Er unterteilte die Weltbevölkerung in vier Hautfarben: Weiß für die Europäer*innen, Rot für Amerikaner*innen, Braun für Asiat*innen und Schwarz für Afrikaner*innen. Später änderte er die Farbe der Asiat*innen von Braun zu Gelb.

In der Rassentheorie gab es, grob gesagt, zwei unterschiedliche Ansätze. Manche Forschende gingen tatsächlich von unterschiedlichen Menschenrassen aus, die nicht miteinander verwandt waren. Diese These nennt man die »Polygenese«. Andere Forschende vertraten die Theorie der Monogenese, die besagt, alle Menschen wären zwar derselben Abstammung, jedoch unterschiedlich weit entwickelt – beziehungsweise degeneriert. Viele waren damals der Ansicht, dass der Mensch *weiß* und vollkommen auf die Welt gekommen wäre und sich immer weiter von seinem Ursprung entfernt hätte. Ob Poly- oder Monogenese, alle Forschende kamen zum gleichen Schluss: Unter den »Menschenrassen« gab es eine Hierarchie. Ganz oben waren *weiße* Menschen.

Dass sich die Zuschreibung der Hautfarben bis heute gehalten hat, haben wir übrigens besonders einem Deutschen zu verdanken: Johann Friedrich Blumenbach. Er teilte 1775 die Menschheit in fünf Farben und Abstammungen ein: Weiß für die »kaukasische Rasse«, Gelb für Menschen ostasiatischer Abstammung (»mongolische Rasse«), Braun für Menschen südasiatischer Abstammung (»malayische Rasse«), Rot für indigene Völker amerikanischer Abstammung (»amerikanische Rasse«) und Schwarz für Menschen afrikanischer Abstammung (»äthiopische Rasse«). Blumenbachs Theorie ging in offizielle US-amerikanische Dokumente ein und sorgte so dafür, dass seine Farbzuschreibungen und Begriffe zum Teil erhalten blieben. Wegen ihr sprechen US-Amerikaner*innen oft von *caucasians*, wenn sie *weiße* Menschen meinen.

Schon damals hatten Forscher*innen unterschiedliche Haltungen dazu, wer genau in welche Kategorie gehörte. Besonders uneinig waren sie sich bei *weißen* Menschen. Wer durfte in den Club der Privilegierten – wer war am *Weißesten* –, wer unter ihnen war die tatsächliche »Herrenrasse«? Menschen aus dem Kaukasus und Europa, nur Menschen aus Europa? Waren Juden und Jüdinnen mit inbegriffen? Waren die aus Nordindien stammenden Arier*innen *weiß*, die mittlerweile im Irak lebten?

Forschende legten ihre Rassentheorien nach ihren eigenen Interessen aus. Sie erstellten diese Konstrukte, um eine Rechtfertigung zu finden, andere Menschen auszubeuten und zu vereinnahmen. Tupoka Ogette bringt es in ihrem Buch *exit RACISM* auf den Punkt:

»Die Europäer waren nicht zu Sklavenhändlern geworden, weil sie Rassisten waren. [...] Sie wurden zu Rassisten, um Menschen für ihren eigenen Profit versklaven zu können. Sie brauchten eine ideologische Untermauerung; eine moralische Legitimierung ihrer weltweiten Plünderungsindustrie. Kurz und plakativ: Sie wollten gut schlafen.«

Dieser riesige Teil Weltgeschichte hat unsere Gesellschaft geprägt – und tut es noch bis heute. Das kann man an großen Dingen sehen: zum Beispiel daran, dass Afrika als der ärmste Kontinent der Welt gilt, obwohl er so viele Bodenschätze besitzt, dass die Straßen eigentlich mit Gold gepflastert sein müssten. Oder an kleinen Dingen: dass ich nicht als deutsch wahrgenommen werde, weil ich Schwarz bin, und deshalb ständig gefragt werde, wo ich herkomme.

Hautfarbe ist nicht egal. Leider nicht. Das zu ignorieren, bringt uns nicht weiter. Deshalb bezeichne ich mich selbst als Schwarz. Es ist ein wichtiger Teil meiner Identität und spiegelt mein Verhältnis zur Weltgeschichte wider. Ich schreibe »Schwarz« groß, denn es bezieht sich nicht auf die tatsächliche Farbe meiner Haut, schon gar nicht auf eine biologische »Rasse«. Es ist meine Selbstbezeichnung, Teil meiner Identität.

Der Duden definiert Identität so: »Echtheit einer Person oder Sache; völlige Übereinstimmung mit dem, was sie ist oder als was sie bezeichnet wird«. Diese Identität ist aus gesellschaftspolitischen

Gründen entstanden. Mit *weiß* ist ebenso wenig eine biologische Rasse oder eine tatsächliche Farbe gemeint. Um das zu verdeutlichen, wird es in diesem Buch kursiv geschrieben.

Weiße scheinen sich allerdings erst noch daran gewöhnen zu müssen, dass man sie, wie alle anderen Menschen auch, kategorisieren kann. Oft merke ich, dass es *weißen* Menschen unangenehm ist, auszusprechen, dass sie *weiß* sind. Sie finden es sogar rassistisch, wenn man sie darauf hinweist. Aber *weiße* Menschen sind kein Neutrum, sondern haben eine ganz bestimmte Perspektive auf die Welt. Sie sollten merken, dass ihre Hautfarbe und ihre Herkunft ebenso von Bedeutung sind wie bei allen anderen auch. *Weiße* waren es, die Menschen rassifiziert und uns voneinander getrennt haben. Sie profitieren bis heute davon, so wie nicht-*weiße* Menschen bis heute noch die Nachteile dessen spüren.

Die Frage, wer *weiß* und wer Schwarz ist, wer welches Erbe trägt, wird im Zuge der Globalisierung nicht einfacher. Was ist mit Lucy und Maria A.? Sie beide tragen das gleiche Erbe, allerdings macht Maria wahrscheinlich jeden Tag Erfahrungen, die Lucy nicht macht. Lucy wird wahrscheinlich nicht von fremden Menschen gefragt, wo sie herkommt. Zumindest nicht, wenn sie ohne Mutter oder Schwester unterwegs ist. Ihre jamaikanischen Wurzeln werden übersehen. Das mag wieder mit eigenen Herausforderungen verbunden sein, was ihre Identität betrifft. Jedoch werden bei Lucy auch die mit ihren Wurzeln einhergehenden rassistischen Klischees übersehen.

Während wir klären, wie wir am besten mit diesen Konstrukten weiterverfahren, müssen wir also alle schön diesen Spagat aushalten und versuchen, die Geschichte von Rassismus einerseits anzuerkennen und sie andererseits nicht weiter fortzusetzen. Gerade machen wir es eher umgekehrt: Wir ignorieren sie und setzen sie deshalb weiter fort. Es gibt noch Einiges zu tun, schnell wird es nicht gehen, aber ich bin optimistisch.

Auf der To-do-Liste für einen besseren Umgang mit Rassismus steht auf jeden Fall: die Dinge beim Namen nennen. Wir finden keine Worte für essenzielle Begriffe, die wir brauchen, um über Rassismus sprechen und Identitäten anerkennen zu können. Deshalb bedienen wir uns oft aus dem Englischen. Wir bezeichnen alle Menschen, die nicht *weiß* sind, als People of Color oder, so wie in diesem Buch auch, als BIPoC – Black, Indigenous and People/ Person of Color – um anzuerkennen, dass Schwarze und indigene Menschen im Gegensatz zu vielen People of Color niemals und nirgendwo als *weiß* gelten, egal in welchem Kontext. Im Deutschen gibt es noch kein geläufiges Wort für nicht-*weiße* Menschen, das nicht beleidigend oder defizitär klingt. Im Englischen werden Begriffe leichter umgedeutet, im Deutschen scheint das kaum möglich. Wir brauchen ein Wort, das wie das englische *Race* klar macht, dass es sich bei Identitätsbeschreibungen nicht um eine biologische Trennung, sondern um eine soziokulturelle Unterteilung handelt. In diesem Buch weiche ich auf das Wort »Rassifizierung« aus.

Ein gutes Wort für Menschen, die unterschiedliche Rassifizierungen vereinen, gibt es im Deutschen ebenfalls nicht. Ich habe mich jahrelang als »Mischling« bezeichnet, aus Mangel an Alternativen. »Mischling« hängt jedoch sehr mit dem deutschen Begriff »Rasse« zusammen und suggeriert, dass ich ein Ergebnis unterschiedlicher Menschenarten bin. Heute lehne ich diesen Begriff ab. Wenn meine beiden Herkünfte benannt werden müssen, weiche ich auf das englische Wort *mixed* aus.

Mit zwölf entdeckte ich im Zimmer meiner Schwester ein Buch. Auf dem Cover waren mehrere Schwarze Frauen, die mir entgegenlächelten. Der Titel: *Farbe bekennen.* Seine Herausgeberinnen hießen Dagmar Schultz, Katharina Oguntoye und May Ayim. Ich war neugierig, denn so ein Buch hatte ich noch nie gesehen. Meine Schwester verdrehte die Augen. Irgendeine *weiße* Freundin unserer Eltern, die ihr wohl beim Bewältigen ihrer Identitätskrise helfen wollte, hatte es ihr geschenkt. Sie fühlte sich aber nicht so, als ob sie eine Identitätskrise hätte. Sie brauchte kein Buch, das ihr sagte, wer sie ist oder wer sie sein soll, besonders nicht, wenn es von einer *weißen* Person kam, die ohnehin keine Ahnung haben konnte. Sie las das Buch nicht, ich auch nicht. Hätten wir es mal getan. Dann hätte ich gesehen, dass schon lange vor mir vor allem Schwarze Frauen nach ihrer deutschen Identität suchten, sie einforderten und diskutierten. Die Frauen waren Teil der Neuen Schwarzen Bewegung, die sich in den 1980er-Jahren formierte. Und sie gaben sich einen Namen, der Schwarz und deutsch, die zwei scheinbar nicht zusammengehenden Faktoren, vereinte: Afro-deutsch.

Ehrlich gesagt bin ich gar nicht so versessen darauf, mich als deutsch zu identifizieren. Ich wünsche mir, dass Nationalitäten unwichtiger werden – oder eben flexibler. Ich bin mehr als eine Sache. Ich bin deutsch. Ich bin afroamerikanisch. Ich bin Schwarz. Ich bin *mixed.*

Einen perfekten Umgang mit der Wo-kommst-du-her-Frage habe ich übrigens immer noch nicht. »Meine Mutter kommt aus Philadelphia, mein Vater aus Düsseldorf, ich komme aus Köln«, sage ich meistens. Meine Herkunft ist ja kein Geheimnis, das ich unter allen Umständen für mich behalten möchte. Doch der Zeitpunkt ist entscheidend. Die Herkunft meiner Eltern sollte nicht zu den ersten Informationen gehören, die ich über mich preisgeben muss. Ich finde, beim Smalltalk sollte man über Gemeinsamkeiten und nicht über Unterschiede sprechen. Damit macht man sich eher Freund*innen.

»Heißen Sie Nancy?«, fragt mich der Gast, nachdem ich ihn im Restaurant begrüßt und ihm einen Apéritif angeboten habe. Er ist um die sechzig und in Begleitung einer Frau und eines Mannes im gleichen Alter. Der andere Mann sagt nichts, ignoriert uns alle und liest demonstrativ Zeitung. Die Frau schielt derweil auf meinen Rock. Ich kann an ihrem Blick erkennen, dass sie ihn zu kurz findet für eine Kellnerin, die in einem gehobenen Restaurant arbeitet. Ich werde nicht ernst genommen, und ich werde bewertet. Das passiert in diesem Job häufig, eine Kellnerin muss das aushalten, denke ich in dem Moment. Wer die Nerven behält, gewinnt. Das war immer meine Haltung – bis zu der Begegnung mit diesen Gästen.

Als der Mann mir diese Frage stellt, denke ich noch, er verwechselt mich. Auch wenn der Ton weniger neugierig, sondern fordernd ist, als ob er die Antwort schon kennt. »Nein«, sage ich und lächle pflichtbewusst. Der Gast nickt zu seinem lesenden Freund und sagt: »Weil, seine Braut heißt Nancy, und die kommt aus Kenia.« Mein Lächeln verschwindet.

Binnen Sekunden passiert in mir sehr viel. Im Nachhinein kann ich es nur als Orchester der Abwehrmechanismen bezeichnen. Es fängt an mit einem Paukenschlag. Einerseits weiß ich genau, was das für eine Bemerkung war. Er wertet diese mir unbekannte Frau namens Nancy ab, indem er sie als »Braut« bezeichnet und sie auf ihr Herkunftsland reduziert. Er wertet mich ab, weil er mir meine Individualität abspricht, wenn er mich mit Nancy gleichsetzt, einzig, weil ich auch eine Schwarze Frau bin. Ich weiß, dass es sich hier um unverblümten Rassismus handelt. Aber mit welchem Selbstbewusstsein dieser daherkommt, ist ungewöhnlich für mich.

Dann setzen die Flöten ein, trällern eine friedliche Melodie: Ich hatte mich darauf eingestellt, freundlich zu sein, weil ich gerade bediene und das mein Job ist. Ich, dreiundzwanzig Jahre alt, kellnere schon, seitdem ich neunzehn bin. Ich bin stolz darauf, nur schwer aus der Ruhe zu kommen. Kurze Geigentöne im Crescendo – der Klang von Trotz. Gerade diesen Menschen möchte ich nicht gönnen, dass ich ihretwegen die Nerven verliere. Mein Gehirn sucht blitzschnell nach Lösungen. Das Horn erklingt im tiefen Ton, wie ein Ruf zur Schlacht: Ich stehe vor einem verbalen Waffenschrank und muss mir aussuchen, wie ich mich verteidigen möchte.

Ich hasse Konflikte. Fast genauso sehr wie rassistische Sprüche. Doch jetzt bin ich in dieser Situation. Ich kann nur noch entscheiden, ob ich mich der Auseinandersetzung stellen möchte oder nicht. Das Problem ist: Selbst, wenn ich mich dem Konflikt stelle und diesen Menschen zeige, dass sie gerade eine Grenze überschritten haben, sind die Chancen auf Einsicht gering. Wütende Frauen, egal, welcher Hautfarbe und Herkunft, werden oft nicht ernst genommen. Männliche Wut gilt als ein Ausdruck von Macht, weibliche Wut hingegen als Ausdruck von Schwäche. Wütende Männer bestätigen ihre Geschlechterrolle, wütende Frauen gelten als unweiblich. Wut ist männlich, das zeigen auch Studien: Selbst Kleinkinder assoziieren wütende Gesichter bereits mehr mit Männern als mit Frauen.

So weit die sexistische Dimension von Wut. Doch es gibt auch eine rassistische: Wenn BIPoC wütend werden, wird das als irrational wahrgenommen – aber im Gegensatz zur *(weißen)* weiblichen Wut nicht als harmlos. Die Wut von nicht-*weißen* Menschen gilt als gefährlich. Die Reaktion auf die Wut von BIPoC ist oft Angst, manchmal sogar Panik. Alte koloniale Strukturen leben hier wieder auf. Dabei scheint es völlig egal, ob man ruhig eloquent oder emotional brüllend auftritt. Egal, was man tut, diese Wut wird als aggressiv wahrgenommen. Heißt also: Besonders für Schwarze Frauen ist Wut ein Minenfeld.

Das ist übrigens ein klassischer Fall von Intersektionalität. Das bedeutet, dass mehrere Formen von struktureller Diskriminierung aufeinandertreffen. Intersektionalität ist viel älter als der Begriff selbst. Die afroamerikanische Juristin Kimberlé Crenshaw entwickelte ihn in den 1980er-Jahren, als sie merkte, dass die spezifische Diskriminierung von Schwarzen Frauen weitestgehend übersehen wurde.

Sie stieß auf den Fall der Afroamerikanerin Emma DeGraffenreid, die gegen ein Automobilunternehmen klagte, das sie nicht anstellte, weil sie eine Schwarze Frau war. Das Gericht ließ die Klage nicht zu, mit der Begründung, das Unternehmen stelle Schwarze Personen ein, Frauen auch. Die Schwarzen, die dort arbeiteten, waren Männer, Mechaniker, die Frauen waren *weiße* Sekretärinnen. Für beide Aufgaben war DeGraffenreid anscheinend nicht geeignet. Doch juristisch war diese spezifische Benachteiligung nicht greifbar. Weil Diskriminierungsformen oft nur separat voneinander betrachtet werden, wird die Erfahrung von Mehrfachdiskriminierten häufig übersehen. Meine Perspektive als Schwarze Frau ist insofern intersektional, als ich von Sexismus und Rassismus betroffen bin. Die beiden Dinge gehen Hand in Hand, ich kann sie nicht trennen. Ich erfahre sexistischen Rassismus, rassistischen Sexismus. Als Hillary Clinton und Barack Obama gegeneinander als Kandidat*innen für den amerikanischen Präsidentschaftswahlkampf antraten, beschäftigten sich viele Medien mit der Frage: »Was ist härter: eine Frau oder Schwarz sein?« Diese Frage ist nicht nur unsinnig, denn Diskriminierung ist kein Wettbewerb. Sie ist auch ignorant gegenüber Schwarzen Frauen. Selbst wenn ich wollte, könnte ich diese Frage nicht beantworten. Ich bin immer beides. Man kann sich also nicht für die Gleichberechtigung der Geschlechter einsetzen und Rassismus ignorieren – sonst setzt man sich nicht für alle ein. Das gilt auch für andere Diskriminierungsformen.

Für Schwarze Frauen ist der Umgang mit Wut schwierig, weil sie ohnehin als aufbrausend und aggressiv gelten, ob sie wollen oder nicht. So sehr, dass dieses Stereotyp auch einen Namen hat: *The Angry Black Woman* – die wütende Schwarze Frau. In Filmen, Büchern, Comedyserien und Musikvideos sind Schwarze Frauen häufig dauerwütend. Ihre Augen aufgerissen, dann wieder zusammengekniffen, einen Zeigefinger erhoben, hin- und herwedelnd, parallel zum Kopf. Immer eifersüchtig auf andere Frauen und nie zufrieden mit ihren Männern. Sie nutzen Geschirr als Wurfgeschoss, haben das Nudelholz stets griffbereit, um Familienmitglieder damit verprügeln zu können, und immer einen frechen, witzigen Spruch zum Kontern in petto. Sie schnippen mit den Fingern, sorgen für dramatische Auftritte oder Abgänge – und das bereits seit dem späten 19. Jahrhundert, als dieses Narrativ in Unterhaltungsshows für *Weiße* etabliert wurde. Ihre Attitüde soll eine vermeintliche Unabhängigkeit vermitteln, als sei sie weder von Sklaverei oder kolonialen Strukturen unterdrückt noch irgendwie eingeschränkt. Die Wut der Schwarzen Frau wurde so häufig ins Lächerliche gezogen, dass sie für viele amüsant wirkt. Ich habe oft erlebt, dass Menschen anfingen zu lachen, wenn ich mich aufregte. Manchmal machten sie mich sogar nach. Oder zumindest das, was sie meinten, gerade gesehen zu haben. Sie hoben dann den Zeigefinger, wackelten mit dem Kopf und zeigten mir ihre Interpretation einer wütenden Schwarzen Frau, damit ich selbst sehen konnte, wie lächerlich ich in ihren Augen aussah. Meine Wut wurde nicht ernst genommen. Es ist also kein Wunder, dass ich Konflikten lieber aus dem Weg gehe.

Im Laufe der Geschichte hat sich immer wieder gezeigt, dass die Unterdrückung von Wut eine erfolgsbringende Taktik im Kampf gegen Rassismus sein kann. Martin Luther King Jr. zum Beispiel hat mit seinem friedlichen Widerstand unglaublich viel erreicht. Er und seine Mitstreiter*innen wehrten sich nicht, wenn sie angegriffen wurden, sie ließen sich beschimpfen, schlagen, bespucken – ohne Gegenwehr. Ihr Kampf um die eigenen Rechte war entschlossen, aber sanft. Liebe gegen Hass. Unmenschlichkeit mit Menschlichkeit begegnen. Wer die eigene Wut im Zaum hält, entlarvt die willkürliche Aggression der Gegner*innen. Den eigenen Ärger beiseiteschieben – Aushalten –, das ist Stärke. Das ist Größe. Diesen Menschen werden Denkmäler gesetzt. Widerstandskämpfer*innen, die ihre Wut offen äußern, nicht.

Zurück zum Restaurant, wo mich der Gast gerade Nancy genannt hat. Ich überlege kurz und komme zu einer Entscheidung: Da die Gäste in mir offensichtlich nur ein wandelndes Klischee sehen, werde ich dafür sogen, dass ich diesen Eindruck nicht verstärke. Ich werde das tun, was sie nicht von mir erwarten: einfach weiterhin freundlich sein. So freundlich, dass sie sich am Ende nur schlecht fühlen können. Das Orchester setzt wieder ein, die Flöten bekommen ihr Solo. Meine Waffe: Freundlichkeit. Mein Lächeln kehrt zurück. »Ich heiße nicht Nancy, und ich komme nicht aus Kenia«, sage ich mit möglichst gelassenem Ton. Jetzt schaut der andere Mann, der anscheinend mit Nancy liiert ist, von seiner Zeitung hoch: »Offensichtlich kommt sie nicht aus Kenia. Sie kommt aus Nordostafrika, aus Äthiopien oder Eritrea, das sieht man doch«, sagt er.

Nicht, dass ich erwartet hätte, dass er weniger rassistisch ist, weil er mit einer Schwarzen Frau zusammen ist. Aber nach dieser Bemerkung habe ich den Beweis. Ich stehe in dem Moment da wie ein Untersuchungsobjekt. Die drei Augenpaare scannen mich ab, analysieren meine Gesichtszüge, meine Hautfarbe, meinen Körperbau. Ich bin mir nicht zu schade, ihnen zu erklären, dass ich nicht aus Afrika komme und meine Mutter Amerikanerin ist. Informationen, die diese Menschen überhaupt nichts angehen. »Sie sprechen aber gut deutsch«, sagt die Frau mit anerkennender Stimme und schaut mit hochgezogenen Augenbrauen in die Runde. »Das kommt daher, dass ich in Deutschland geboren bin«, antworte ich ruhig, nehme die Demütigung hin. Schließlich gehen wir zur Bestellung über, die ich aufschreibe, und dann darf ich endlich gehen.

In der Hoffnung, mich ein wenig abreagieren zu können, gehe ich zu meinen *weißen* Kolleg*innen an der Bar und erzähle ihnen, was passiert ist. Sie schauen mich ungläubig an und lachen. Das tut erst einmal gut, denn lachen nimmt dem Ärger die Macht. Doch nur für einen Moment. Sie gehen dazu über, mich scherzhaft Nancy zu nennen, und merken nicht, wie verletzend das ist. Noch mehr Grund zu Wut – aber ich lasse sie mir nicht anmerken. Auch das halte ich aus. Ich mache den Scherz mit. Niemand soll sich unwohl fühlen. Alle meinen es ja nur gut.

Meine Schwester arbeitet an dem Abend als Köchin im selben Restaurant. In der Küche erzähle ich ihr von den Gästen. Doch sie reagiert anders als meine *weißen* Kolleg*innen. Bis heute kann ich mich an ihren Blick erinnern und an ihre Sprachlosigkeit. In dem Moment halte ich das kaum aus. Denn sie ist die Einzige, die sich traut, die ganze Sache ernst zu nehmen. Sie will das so nicht stehen lassen. Fragt, ob wir unsere Chefs rufen sollen. Ich winke ab, sage, es sei nicht so schlimm. Das sage ich mehr zu mir selbst als zu ihr. Platz für Wut schaffen? Nein, mein Plan ist ein anderer. Wer wütend ist, ist auch verletzt, und ich will nicht wahrhaben, dass diese Gäste die Macht besitzen, mich verletzen zu können. Der Wut jetzt nachzugeben, würde sich anfühlen wie verlieren.

Aus irgendeinem Grund habe ich mich zu Beginn der Begegnung mit den Gästen dazu entschlossen, diese Situation allein auszutragen, obwohl sie mir ungefragt vor die Füße geschmissen wurde. Ich fühle mich regelrecht dazu verpflichtet, obwohl ich sie nicht verursacht habe. Vielleicht liegt es daran, dass täglich Menschen in Talkshows oder Leitartikeln sagen, dass das Thema Rassismus hochgekocht sei, dass Menschen hysterisch darauf reagierten. Man wisse ja gar nicht mehr, was man noch sagen dürfe. Die typische Reaktion auf das R-Wort eben. Diese Haltung ist eine Delegitimierung der Wut von Diskriminierten. Ein mediales: »Komm mal runter!« Die Kultur der Empörung, heißt es dann, kreiere eine bedrohliche Atmosphäre für alle, die potenziell diskriminieren könnten. Die Meinungsfreiheit sei bedroht, von Sprach- und sogar Gedankenpolizei ist die Rede.

Meist wird das von Menschen geäußert, die nicht von Diskriminierung betroffen sind. Täter*innen-Opfer-Umkehr eben. Doch noch kniffliger wird es, wenn Menschen, die selbst von Diskriminierung betroffen sind, den Diskriminierenden zur Seite springen. Wenn also beispielsweise eine Frau sagt, dass sie Feminismus doof findet oder Schwarze Personen Rassismus für ein Hirngespinst halten. Diese Menschen behaupten oft, sie hätten Diskriminierung noch nie erlebt, und folgern daraus, man würde die Konflikte selbst erzeugen, weil man Aufmerksamkeit bräuchte oder verweichlicht sei. Diese Menschen meinen, besser zu wissen, wie man struktureller Benachteiligung begegnen soll: Man könne all das vermeiden, wenn man sich nur »richtig« verhalten würde. Sie geben dann gerne Ratschläge, etwa: »Dann mach doch die Bluse zu«, oder sagen: »Also, ich bin nicht beleidigt, wenn mich jemand mit dem N-Wort bezeichnet.« Dahinter steckt die Annahme, dass die Welt einfach so sei, wie sie ist, und anstatt die Welt zu ändern, sollte man sich lieber selbst ändern. Man solle sich anpassen. Sie machen sich zu Kompliz*innen einer Denkweise, die gegen sie arbeitet. Und wenn man Dinge oft genug hört, dann wirken sie auch: An diesem Abend im Restaurant bin ich mir nicht mehr sicher, ob ich etwas gegen den Rassismus dieser Gäste sagen darf.

Auf einmal befinde ich mich in der Situation, dass niemand weiß, was in mir vorgeht, nicht mal ich selbst. Alles wird zum Kampf: jeder Gang zum Tisch dieser Gäste, die sich weiterhin angeregt über Nancy unterhalten und genau wissen wollen, ob sich der eine Mann wirklich eine Zukunft mit einer Afrikanerin vorstellen kann. (»Wollt ihr dann tatsächlich Kinder haben?«) Vor meinen Kolleg*innen so zu tun, als ob ich ihre Scherze witzig fände, um ihnen kein schlechtes Gefühl zu geben. Und meiner Schwester den Eindruck zu vermitteln, alles sei in Ordnung, weil ich nicht möchte, dass sie sich Sorgen macht.

Als ich den Hauptgang abräume und kurz an der Bar pausiere, merkt mein Kollege, dass ich gestresst bin. »Komm, ich bediene sie. Du musst da nicht mehr hingehen«, sagt er schließlich. In dem Moment fällt eine Last von mir ab. Ich bin selbst erstaunt über das Ausmaß der Erleichterung, und mir dämmert, dass ich mich von Anfang an dieser Situation hätte entziehen müssen. Ich hätte die Gäste einfach sofort rauswerfen sollen. Dann hätten sie sich eben beschwert, verwirrt dreingeschaut, mich vielleicht sogar beschimpft. Es wäre immer noch besser gewesen als diese Demütigung. Ich setze mich hinter die Bar und bin richtig erschöpft. Die Tränen, die in dem Moment aufsteigen, schlucke ich runter.

Wenig später verlassen die Gäste das Lokal. Sie schauen zu mir hinter die Bar, verabschieden sich mit einem »Tschüs« und schauen nur leicht irritiert, als ich mit Schweigen antworte. Sie gehen aus diesem Abend, ungestraft und genauso rassistisch wie zuvor. Meine Kolleg*innen gewinnen eine weitere Anekdote über unmögliche Gäste. Ich gehe aus dem Abend – abgekämpft und wütend.

Wohin also mit meiner Wut? Die steht wie ein Fass, randvoll mit Erlebnissen wie diesem, in mir. Das immer schwerer wird, ins Wanken kommt und droht überzuschwappen. Irgendwo muss die Wut hin, sie muss raus. Wenn nicht, kann das sogar gesundheitliche Folgen haben. Die Künstlerin und Autorin Grada Kilomba beschreibt in ihrem Buch *Plantation Memories*, wie es sich anfühlt, rassistischen Aggressionen aus dem Weg zu gehen:

»Sometimes I have to ignore ... not ignore. I have to ›verdrängen‹. Pretend I forgot everything. It is as if I have to cut it from myself, to cut my personality like a schizophrenic. As if some parts of me didn't exist.«

Es gibt einige Studien über die Auswirkungen von Rassismuserfahrungen auf die psychische Gesundheit. Einige legen nahe, dass Rassismus Depressionen, chronische Erschöpfung und eben Wut auslösen kann. Es ist ein Teufelskreis: je mehr Rassismuserfahrungen, desto mehr Wut, desto mehr Rassismuserfahrungen.

Die Menschen, die diese Wut verursachen, sollten von ihr wissen. Mittlerweile denke ich nicht mehr, dass man Aggressionen immer oder ausschließlich mit Freundlichkeit begegnen sollte. Am Ende braucht es weniger emotionale Energie, Konflikte offen anzusprechen, als sie alleine zu tragen. Ich werde wahrscheinlich nie ein impulsiver oder aggressiver Mensch werden. Muss ich auch nicht, um mich zur Wehr setzen zu können. Das, was man braucht, ist Mut. Mut, sich verletzlich zu zeigen und anderen zuzumuten, sich in solchen Situationen genauso unwohl zu fühlen wie man selbst.

EINZIGARTIG UND UNSICHTBAR

Ich habe oft gelesen, dass Schwarze Menschen, die in einem *weißen* Umfeld aufgewachsen sind, sich an diesen einen speziellen Moment in ihrem Leben erinnern: der Moment, in dem sie verstanden, dass sie Schwarz sind und damit anders als die Menschen um sie herum.

Ich kann mich nicht an diesen Moment erinnern. Ich glaube, ich wusste schon immer, dass ich Schwarz bin. Anscheinend identifizierte ich mich bereits früh mit Schwarzen Menschen. Meine Mutter erzählte mir, dass ich sie als Kind gezielt auf der Straße ansprach. Ich wollte von ihnen wissen, wie sie hießen und ob sie Kinder hatten.

Damals war ich davon überzeugt, dass es nirgendwo in Deutschland noch eine Familie wie unsere geben könnte: Schwarze Mutter, *weißer* Vater, drei Schwarze Töchter.

Weder in meinem Umfeld noch in Büchern noch in Zeitschriften sah ich uns. Abgebildete Familien waren überwiegend *weiß*. In Serien aus den USA, wie *The Cosby Show* oder *Alle unter einem Dach*, sah ich zwar auch Schwarze Familien, nie jedoch waren die Familien gemischt. Ich hielt es auch für ausgeschlossen, dass es irgendwo auf dieser Welt mit ihren Milliarden Menschen noch eine weitere Person gab, die Alice Haruko hieß, braune Haut und Locken hatte. Jemanden wie mich oder wie meine Familie gab es kein zweites Mal. Wir waren einzigartig.

Einzigartigkeit scheint im ersten Moment etwas Begehrenswertes zu sein. Schließlich will niemand so sein wie alle anderen. Ich musste meine Individualität im Gegensatz zu anderen Kindern jedoch nicht entdecken, geschweige denn sie mir erarbeiten. Sie war einfach da. In meiner Schulklasse, in meinem Freundeskreis, im Café, im Bus, auf Konzerten, am Arbeitsplatz war und bin ich oft die einzige Schwarze Frau. Ich falle auf. Das wurde – und wird mir bis heute – gern als Vorteil ausgelegt. Dadurch hätte ich bessere Chancen auf Jobs und sei beliebter bei Jungs, wurde mir prophezeit. Das Gegenteil ist der Fall.

Doch dazu werden wir noch kommen.

Die einzige Schwarze im Raum zu sein, hat auch damit zu tun, dass ich in Deutschland zu einer Minderheit gehöre. Es wird in

Deutschland auf unabsehbare Zeit mehr *weiße* Menschen geben als Schwarze. Auch wenn rechte Meinungsmacher*innen gerne das Gegenteil behaupten. Rechte beschweren sich darüber, dass man auf der Straße »keine Deutschen« mehr sehen würde. Sie meinen damit *weiße* Menschen. Abgesehen davon, dass das nicht stimmt, ist die Furcht davor doch interessant. Ich denke, ihr Problem ist nicht, dass sie keine *weißen* Menschen mehr auf der Straße sehen, sondern, dass sie nicht mehr ausschließlich *weißen* Menschen begegnen. Das reicht schon, um ein Gefühl von Unsicherheit und Kontrollverlust auszulösen.

Ihnen würde ich am liebsten sagen: Tut mir ja leid, dass ich euer Bild von Deutschland mit meiner braunen Haut störe, aber ich will euch Mut machen: Ich sehe schon mein ganzes Leben kaum Personen, die so aussehen wie ich – und ich komme auch irgendwie klar. Ihr kriegt das bestimmt hin.

Lange wusste ich nicht, wie angenehm es ist, nicht aufzufallen. Das erste Mal wurde mir das richtig bewusst, als ich in den USA in einen Bus stieg. In Deutschland ist das meist der Moment, an dem kurz Blicke an mir haften. Sie sind weder eindeutig bösartig noch eindeutig wohlwollend – doch es gibt sie. Im Bus in den USA war ich auf einmal die Norm. Ich konnte erstmals ausschließen, dass mich Menschen vorrangig wegen meiner Hautfarbe wahrnahmen. Ich war nicht »die Schwarze«, ich war höchstens »die mit dem blauen Pullover« oder »die mit den offenen Haaren«. Das empfand ich als unglaublich angenehm. Ich war überrascht, wie anders sich das anfühlte, das Nicht-Auffallen. Es war, als ob mir eine Last abgenommen wurde, derer ich mir nicht bewusst gewesen war.

Wenn ich mit *weißen* Menschen darüber spreche, meinen sie, dieses Gefühl nachvollziehen zu können. Sie erzählen mir dann von ihren Urlaubserlebnissen in Ländern, die nicht mehrheitlich *weiß* sind. Wie sie angestarrt wurden, wie die Menschen ihre Haare anfassten und Fotos mit ihnen machen wollten. Manchmal klingen diese Anekdoten wie passiv-aggressive Verteidigungsversuche, um zu beweisen, dass auch *weiße* Menschen Opfer von Rassismus sein können. Andere Male scheinen sie wie ein aufrichtiger Versuch, nachempfinden zu wollen, wie ich mich fühlen muss. Ich glaube diesen Menschen, dass ihre Erlebnisse unangenehm waren und dass sie vielleicht ein Stück weit helfen können, das »Anderssein« nachzuempfinden. Doch die sogenannten »Rassismuserfahrungen« *weißer* Menschen sind nicht die gleichen, die ich mache. Wer zuvor gut aufgepasst hat, weiß, dass sich *weiße* Menschen selbst zu einer »überlegenen Rasse« erklärten. Diese Theorie trugen sie während der Kolonialisierung in fast jeden Winkel der Welt. Es stimmt also, dass *weiße* Menschen in diesen Momenten die Auswirkungen von Rassismus zu spüren kriegen, jedoch – anders als bei mir – nicht als Benachteiligte, sondern als privilegierte Person. Das, was vielleicht unangenehm sein mag, ist die unverdiente positive Aufmerksamkeit. Das heißt nicht, dass alle Begegnungen positiv sind. Doch der gravierende Unterschied ist: *Weißen* Menschen wird vielleicht unterstellt, dass sie wohlhabend seien, oder sie werden als besonders attraktiv wahrgenommen. Vielleicht in einem Ausmaß, das unangenehm oder sogar bedrohlich sein kann. Doch die Attribute, die ihnen zugeschrieben werden, sind positiv und höhergestellt. Die Attribute, die mir zugeschrieben werden, sind negativ und tiefergestellt. *Weiße* sind also niemals Opfer von Rassismus.

Als ich aufwuchs, sah ich mich selbst nicht in der Welt reflektiert, die mich umgab. Weder auf der Straße noch in den Figuren meiner Kinderbücher oder -filme. Ich, ein Schwarzes deutsches Mädchen, kam nicht vor. Nicht so zu sein wie alle anderen, bedeutet eben nicht immer, aufzufallen. Oft ist das genaue Gegenteil der Fall. Oft bedeutet es rauszufallen. Nicht nur aus Kinderbüchern, Filmen, Talkshows oder Theaterstücken. Es gibt zahlreiche alltägliche Situationen, bei denen ich aufgrund meines Aussehens ignoriert werde. Ich habe lange gebraucht, um das zu verstehen. Denn diese Ignoranz ist schwer zu greifen, schwer zu erkennen.

Ich versuche trotzdem, es anschaulich zu machen – mit einer weiteren Geschichte aus dem Irland-Urlaub, in dem meine Mutter die rassistische Spardose kaufte. Eigentlich war es gar kein Urlaub, sondern eine Workshop-Woche der Schauspielschule, an der meine Eltern damals unterrichteten. An einem Abend gingen wir zusammen mit den Kolleg*innen meiner Eltern und den Schauspielschüler*innen aus, zu einem traditionell irischen Tanzabend. Der Saal kam mir riesig vor. Rund um das Tanzparkett saßen Menschen an Tischen, tranken und schauten auf das Geschehen. Lange sitzen blieb allerdings keine*r. Nach jedem Lied gingen die irischen Männer und Frauen herum und forderten die Tourist*innen zum Tanz auf. Schüler*innen und Dozent*innen ließen sich erschöpft auf ihre Sitze fallen, während andere eine ausgestreckte Hand ergriffen und sich wieder ins Geschehen schmissen. Ich ging voll und ganz in der Musik auf. Die schnellen Geigen und Trommeln machten es schier unmöglich für mich, still sitzen zu bleiben. Auf das Parkett, wo Paare schnell hinwegfegten, traute ich mich nicht. Stattdessen blieb ich mit meiner Schwester am Rand, zwischen Tischen und Stühlen, wo wir versuchten, die Schrittabfolge der Profis nachzuahmen. Ich weiß nicht, wie lange wir dort waren, doch es kam mir vor wie eine Ewigkeit. Bis meine Mutter frustriert sagte, dass sie gehen wollte. Ich fiel aus allen Wolken und verstand nicht, was passiert war. Sie wollte gehen, weil niemand sie zum Tanzen aufforderte und ihr klar wurde, dass es auch niemand mehr tun würde. Ich hatte nicht bemerkt, dass meine Mutter seit Beginn des Abends ihren Stuhl nicht verlassen hatte, um wie die anderen zu tanzen. Die bebende Euphorie, die meinen Körper nicht still halten ließ, verwandelte sich in ein lähmendes, zähes Gefühl. Ich schämte mich. Wie hatte ich das übersehen können? Ich war acht, vielleicht neun Jahre alt, doch mir war klar, woran es lag, dass alle anderen, egal, wie tollpatschig sie sich anstellten, auf die Tanzfläche gebeten wurden und meine Mutter, eine professionelle Tänzerin, keine Möglichkeit bekam zu tanzen. Es war eine stille Demütigung. Wir blieben noch ein wenig, doch der Spaß war verflogen. Meine Mutter wurde weiterhin ignoriert. Alles, was uns übrig blieb, war, das Feld zu räumen. Vielleicht ließen diese Menschen meine Mutter nicht absichtlich außer Acht. In den seltensten Fällen ignoriert man Menschen gewollt. Es kann sein, dass sich in den Sekunden, in denen neue Tanzpartner*innen gesucht wurden, alle intuitiv nach dem umsahen, was sie gewohnt waren. Oder anders gesagt: sich von dem fernhielten, was sie nicht kannten. Es gab keine Schublade, in der »Schwarze Frau« und »irischer Volkstanz« zusammengingen – und keine*r wollte sie an diesem Abend aufmachen. Meine Mutter gehörte hier, der Meinung der anwesenden Männer nach, einfach nicht hin, und deshalb wurde sie nicht beachtet. Ich wollte etwas dagegen tun – doch das ist das Fiese daran, ignoriert zu werden: Man kann sich kaum dagegen wehren.

Selten hat man genug Zeit, auch den letzten Zweifel auszuräumen, dass man nicht beachtet wird. So bleibt vieles eher ein Gefühl, als sich zur Tatsache zu erhärten. Wurde ich von Lehrer*innen ignoriert, weil sie sich nicht vorstellen konnten, dass ich etwas Wertvolles zum Unterricht beitragen würde, oder waren das meine eigenen Selbstzweifel, die meine Wahrnehmung verzerrten? Ist es wirklich so, dass in der Bahn der Sitz neben mir häufiger frei bleibt, oder bilde ich mir das ein? Muss ich tatsächlich öfter Menschen ausweichen, als sie mir ausweichen? Ich weiß es nicht genau. Aber ich weiß, dass sich viele BIPoC die gleichen Fragen stellen.

Das Gefühl von Unsichtbarkeit bringt einen oft dazu, an der eigenen Wahrnehmung zu zweifeln. Doch es ist eine grundlegende Diskriminierungserfahrung. Nicht nur im rassistischen Kontext. In Diskussionen um Feminismus erzählen Frauen häufig davon, am Arbeitsplatz mit ihren Ideen ignoriert zu werden. Erst, wenn ein Mann das Gleiche wiederholt, wird es wahr- und ernst genommen. Das gibt es auch zwischen *Weißen* und BIPoC, zwischen Menschen mit verschiedenen Schulabschlüssen, Gehältern, Sexualität oder zwischen Menschen mit und ohne Behinderung. Was für Konsequenzen das »Unsichtbar-Sein« hat, beschreibt die Journalistin und Autorin Carolin Emcke in ihrem Buch *Gegen den Hass*:

»Nicht gesehen, nicht erkannt zu werden, unsichtbar zu sein für andere, ist wirklich die existentiellste Form der Missachtung. Die unsichtbar sind, die sozial nicht wahrgenommen werden, gehören zu keinem Wir. Ihre Äußerungen werden überhört, ihre Gesten werden übersehen. Die unsichtbar sind, haben keine Gefühle, keine Rechte.«

Emcke bezieht sich in ihrer Beschreibung auf einen Roman des Afroamerikaners Ralph Ellison aus dem Jahre 1953. Das Buch handelt von einem Mann, den niemand sieht – und beschreibt damit eine essenzielle afrodiasporische Erfahrung.

»Ich bin unsichtbar, verstehen Sie, weil sich die Leute weigern, mich zu sehen. Es ist, als wäre ich von Zerrspiegeln aus hartem Glas umgeben, so wie die körperlosen Köpfe, die man mitunter auf Jahrmärkten sieht. Wer sich mir nähert, sieht nur meine Umgebung, sich selbst oder die Auswüchse seiner Phantasie – in der Tat alles und jedes, nur mich nicht.«

Überhört und übersehen zu werden, bedeutet nicht immer, voll und ganz ignoriert zu werden. Es kann auch heißen, dass man falsch wahrgenommen wird. Wie damals, als ich dreizehn Jahre alt war und mit einer Freundin und ihrer Familie Urlaub auf Mallorca machte. An einem Tag gingen wir auf den Markt. Unter den Verkäufer*innen waren viele Deutsche. Wir machten Halt an einem Schmuckstand und inspizierten still die einzelnen Stücke, bis mich der deutsche Mann hinter dem Stand auf Englisch anbrüllte, ich solle abhauen. Er hielt mich für eine Diebin. Die Worte blieben mir im Hals stecken. Erst, als meine *weiße* Freundin signalisierte, dass wir zusammengehörten, und ich zu meiner Sprache zurückfand, um auf Deutsch zu erklären, dass ich mich nur umgeschaut hätte, beruhigte er sich und sagte so etwas wie: »Ach so, na dann ist ja in Ordnung.« An eine Entschuldigung von ihm kann ich mich nicht erinnern.

Ein weiteres Beispiel: Ich war im Zug, ging auf die Toilette. Zappenduster. Das Licht war kaputt. Ich musste mir also mit meiner Handytaschenlampe aushelfen. Insgesamt eine eher ungemütliche Situation. Nicht empfehlenswert. Weshalb ich der grauhaarigen Frau, die vor der Toilette wartete, raten wollte, eine andere Kabine im Zug aufzusuchen. »Das Licht geht nicht, am besten gehen Sie auf eine andere Toilette«, sagte ich. Sie riss ihre Augen auf. »What? Se Toilät? Se Toilät?«, fragte sie aufgeregt mit stark deutschem Akzent und zeigte verwirrt auf die Tür, aus der ich gerade herausgetreten war. Sie hatte mich anscheinend nicht richtig verstanden. Ich war verunsichert. »Sprechen Sie Deutsch?«, fragte ich langsam. »Ja ja«, antwortete sie eifrig nickend. »Okay, merken Sie, dass ich auch deutsch mit Ihnen spreche?« Sie schaute verdutzt, ihr Blick änderte sich, und erst dann schien sie zu erkennen, wen sie da vor sich hatte. Erst dann konnte sie mich hören und als Person wahrnehmen.

Es sind solche Momente, in denen ich am eigenen Leib merke, wie stark unsere Wahrnehmung von Vorurteilen bestimmt wird. Ich schätze, dass die Frau »Schwarze Person« und »Zug« im Kopf automatisch zu »geflüchtet« zusammengerechnet und aus »geflüchtet« »nicht der deutschen Sprache mächtig« gefolgert hat. Sogar ein wenig nachvollziehbar, wenn es seit 2015 eines der wohl am häufigsten abgebildeten Szenarien ist, in denen BIPoC in den Medien zu sehen sind. Und damit kommen wir zum Elefanten im Raum: die Medien. Sie sind zum Sündenbock für alle gesellschaftlichen Diskurse und Probleme geworden. Teilweise zu Recht. Doch auch wenn wir gerne von »den Medien« sprechen, habe ich als Medienmacherin gelernt, dass dieser Begriff Personen, die diese Medien produzieren, unsichtbar macht. Medien werden von Menschen gemacht – hauptsächlich von *weißen* Menschen. Doch die fühlen sich meist nicht angesprochen. »Die Medien« sind für sie immer die anderen. Der Begriff »die Medien« verleitet Medienmacher*innen dazu, passiv zu bleiben. So wird der Eindruck erweckt, die Medien seien unveränderbar und alle gleich.

Medien können Vorurteile immens verstärken. Sie können aber auch helfen, sie aufzubrechen. Letzteres passiert leider selten, und das liegt an mangelnder Präsenz und fehlendem Mitspracherecht von nicht-*weißen* Menschen dort, wo die Geschichten geschrieben werden. Geschichten über BIPoC werden sehr einseitig erzählt. BIPoC werden gezeigt, wenn es um Armut, Rassismus oder Verbrechen geht, in lieblosen Beziehungen oder Familienstrukturen. Oder sie sind wahnsinnig weise und erhaben. Oder einfach nur witzig. Auf jeden Fall haben sie nur eine Eigenschaft. Sie wissen entweder alles oder nichts und sind nur im Kontext von *weißen* Menschen relevant – um ihnen das Leben entweder zu erschweren oder zu erleichtern. Ein eigenes Leben, eigene Interessen, Antriebe oder Wünsche haben sie nicht. Die Geschichten über BIPoC, die wir in Büchern,

Nachrichten oder Filmen rezipieren, sind von einem *weißen* Blick geprägt – dem sogenannten *White Gaze*.

Diese fehlenden oder klischeehaften Erzählungen haben mein Selbstbild und mein Verhältnis zu meiner Umwelt massiv beeinflusst. »Die Medien« haben mir eine Art Empathie-Intensivkurs für *Weiße* verpasst. Der Großteil aller Geschichten, die ich kenne, handelt von ihnen. Europäische Literatur und amerikanische Filme befähigen *weiße* Menschen – insbesondere *weiße* heterosexuelle Männer – dazu, sich als komplex und vielschichtig wahrzunehmen. So sehr, dass ich mir Figuren automatisch *weiß* vorstelle, wenn ihre Hautfarbe nicht beschrieben wird. *Weiß* ist Neutrum, Schwarz ist Ausnahme. *Weiß* ist Haupt-, Schwarz ist Nebenrolle.

Die Welt zeigte mir jeden Tag, dass mir nicht der gleiche Platz, der gleiche Redeanteil, die gleichen Positionen zustanden wie anderen Menschen um mich herum. Ich machte mich also selbst zur Nebenrolle. Lernte, jegliche Konflikte und Gedanken still mit mir auszumachen, während ich meinen Freund*innen zuhörte und ihnen half, jedes kleine Problem zu analysieren und zu lösen. Daraus generierte ich meinen Selbstwert. Ich dachte, es sei meine Aufgabe, wenig von mir preiszugeben und gleichzeitig wahnsinnig weise und gütig zu sein.

Ich glaube, dass unser Selbstbild eine Summe dessen ist, worin wir uns wiederkennen und wo wir eingeordnet werden. Das Ziel ist natürlich, sich nicht von anderen Menschen in Schubladen stecken zu lassen und sich von Fremdzuschreibungen zu emanzipieren. Für mich ist das oft leichter gesagt als getan. Ein Beispiel: Bis heute habe ich ein ambivalentes Gefühl, wenn es darum geht, Raum einzunehmen. Das mag an meiner Introvertiertheit liegen. Oder eben daran, dass es mir als Schwarzer Frau nie erlaubt wurde. Nebenrolle halt. Bin ich also introvertiert, weil die Welt mich so geformt hat oder weil ich eben einfach so bin? Ich weiß es ehrlich gesagt nicht. Damit sich BIPoC solche Fragen künftig nicht mehr stellen, muss Folgendes passieren: Mehr Chancen, mehr Optionen, mehr Bilder müssen angeboten werden. Mehr Geschichten müssen erzählt werden. Und ganz wichtig: Menschen mit unterschiedlichen Hautfarben, Herkünften, Körpern, Geschlechtern und Sexualitäten müssen mitentscheiden. Es reicht nicht, BIPoC vor die Kamera zu stellen. Passiert nur das und nichts anderes, kommt es zum Maskottchen-Effekt. Den Begriff habe ich mir ausgedacht. Ich finde, das klingt ganz gut. Aber es gibt auch einen englischen Begriff dafür: *Tokenism*. Wir brauchen BIPoC auch hinter der Kamera. Sie müssen durch die Linse schauen, das Licht einrichten, das Skript schreiben, den Ton abnehmen, Regie führen, den Sendeplan bestimmen und Produktionen und Redaktionen leiten. So macht man sie nicht nur sichtbar, sondern trägt auch zu einer strukturellen Veränderung bei – und die ist nötig. Vielfalt ist wichtig, weil sie real ist. Wenn wir divers besetzten, ob in Redaktionen, im Bundestag oder im Lehrer*innenzimmer, dann nicht, weil man einer Utopie nachkommen möchte – sondern der Realität.

2 SCHULE

DEUTSCH UND GESCHICHTE

Elf Jahre bin ich zur Schule gegangen, ohne auch nur einmal die Verbindung Deutschlands zu Afrika im Unterricht behandelt zu haben. Doch jetzt saß ich da, kurz vor dem Abitur, in einer neuen Schule. Ich war gerade ein Jahr lang in Philadelphia gewesen. Wegen der geringen Leistungskursauswahl an meiner alten Schule war ich auf ein anderes Gymnasium gewechselt. Mein neuer Geschichtslehrer sprach so langsam und monoton, dass ich regelmäßig abdriftete. Es ging um Imperialismus – den »Wettlauf um Afrika«. Wir sahen uns eine Karikatur an: Ein Engländer, ein Franzose, ein Niederländer, ein Portugiese und ein Deutscher starrten gierig auf den afrikanischen Kontinent. Ich erinnere mich nicht mehr an viel, wie gesagt, mein Lehrer machte den Unterricht alles andere als spannend. Doch folgende Situation blieb mir im Gedächtnis: Im Text, den wir lasen, stand das N-Wort. Der Kontext war historisch und das Wort in Verbindung mit dieser Zeit wohl kaum vermeidbar. Eine kritische Auseinandersetzung mit dem Wort gab es allerdings nicht. Alexander meldete sich. Er wollte einen Gedanken zur Darstellung der Schwarzen Menschen äußern. Doch er druckste rum und schaute mich, die einzige Schwarze im Klassenraum, immer wieder verlegen an. Er wusste nicht, wie er »die da« nennen sollte. Das N-Wort sage man ja nicht mehr. (Nicht, dass er das N-Wort tatsächlich zensiert hätte, schön wäre es gewesen.) »Was sagt man denn dann? Maximalpigmentiert?« Es folgten Gelächter, viele auf mir haftende Augenpaare und ein kurzes Auslassen darüber, dass diese »krampfige Diskussion über Bezeichnungen« überbewertet wäre. Mein Geschichtslehrer gab ihm recht. »Ich bezeichne mich als Schwarz«, sagte ich verunsichert. Alexander hatte allerdings Hemmungen, das zu übernehmen. Das klinge irgendwie so negativ. Jedes Mal, wenn er »Schwarz« sagte, bremste er ab, wurde leiser, malte große Anführungszeichen in die Luft und schob ein »oder afrikanisch, farbig oder eben maximalpigmentiert« hinterher, in der Hoffnung, die amüsierte Stimmung aufrechtzuerhalten. In dem Moment zwischen diesen ganzen *weißen* Mitschüler*innen zu sitzen, war wie unter Wasser Luft anhalten. Unterdrückung. Der Atem stockt in der Lunge, baut sich auf zu einem riesigen Druckball. Ein unangenehmes, von Adrenalin getriebenes Gefühlsgemisch stieg in mir auf. Von außen nicht erkennbar. Ich sagte nichts, blieb ruhig und hoffte, dass die Situation verfliegen würde, bevor ich platzte.

Es sind solche Momente, die Schulerfahrung vieler BIPoC prägen. Man gehört dann auf einmal nicht mehr zum Rest der Klasse. Weder unter Lehrer*innen noch Mitschüler*innen gab es eine Sensibilität dafür, dass nicht alle den gleichen Bezug zu den im Unterricht behandelten Themen haben. Der Lehrplan geht von einem *weißen* deutschen Standard aus. Alles, was davon abweicht, wird ignoriert. Es gibt keinen Leitfaden für den Umgang mit Emotionen, Spannungen oder Unsicherheiten, die auftreten können, wenn Menschen von Lehrgegenständen unterschiedlich betroffen sind. Das liegt unter anderem daran, dass es kein Bewusstsein dafür gibt, dass der Unterricht überhaupt von einer bestimmten Perspektive geprägt ist: *weiß*, männlich, christlich und heterosexuell.

Dieses Problem taucht in allen Fächern auf. Bei Textaufgaben in Mathematik, wo es meist um Familie Schmitz oder Müller geht, oder bei Abbildungen von ausschließlich *weißen* Körpern im Biologieunterricht, aber am meisten ärgere ich mich über Deutsch und Geschichte. In der Schule wird ein kollektives Gedächtnis geschaffen. Wir können Lehrgegenstände kritisch hinterfragen, sie diskutieren und seitenlange Aufsätze darüber verfassen. Doch die Dinge, die man nicht lernt, die nicht Teil des Unterrichts sind, die stellt man auch nicht infrage. Für die gibt es kein kritisches Bewusstsein. Sie sind natürliche Gegebenheiten. Afrika ist arm, Europa ist reich. Deutsche sind *weiß*. Die Römer*innen haben die Zivilisation erfunden. Das ist halt so. Kein Kontext, keine weitere Erklärung notwendig.

In der Oberstufe sprachen wir lang und breit über die Zeit der Aufklärung im 18. Jahrhundert. Es gab kein schlechtes Wort über die Aufklärung. Sie war einfach nur toll. Sturm und Drang, Säkularisierung, Universitäten. Hurra! Und Immanuel Kant. Der Advokat der Vernunft und Mündigkeit. Begründer der klassischen deutschen Philosophie. Mein Deutschlehrer liebte ihn. Wir besprachen einen Kant-Text nach dem anderen. Er schrieb Schlüsselsätze wie: »Aufklärung ist der Ausgang des Menschen aus seiner selbstverschuldeten Unmündigkeit«, oder: »Habe Mut dich deines eigenen Verstandes zu bedienen«. Was für ein kluger Mann, dieser Immanuel! Sowieso: So viele kluge *weiße* Männer während der Aufklärung. Menschenfreunde durch und durch. Sie standen für Frieden, Fortschritt und Fakten, nein, sie definierten diese Dinge regelrecht. Wo wären wir heute nur ohne sie? Doch sie hatten noch viel mehr drauf: Kant trug maßgeblich dazu bei, das Bild des *weißen* Mannes als allgemein akzeptierten Standard zu etablieren. In der Schule lernten wir, dass Kant über Aufklärung, Vernunft und über Liebe schrieb. Seine anderweitig bedeutenden Schriften fanden allerdings keine Erwähnung im Unterricht. Kant ist nämlich auch dafür verantwortlich, dass der Begriff »Rasse« in Deutschland etabliert wurde. Er schrieb Sätze wie:

»Auf diese Weise sind Neger und Weiße zwar nicht verschiedene Arten von Menschen (denn sie gehören vermutlich zu einem Stamme); aber doch zwei unterschiedliche Rassen; weil [...] beide mit einander notwendig halbschlächtige Kinder, oder Blendlinge (Mulatten) erzeugen. Dagegen sind Blonde und Brunette nicht verschiedene Rassen der Weißen; weil ein blonder Mann von einer brunetten Frau auch lauter blonde Kinder haben kann [...]. Daher sind sie Spielarten der Weißen.«

Oder auch:

»Die Negers von Afrika haben von der Natur kein Gefühl, welches über das Läppische stiege.«

Die Idee des Menschen, der nur durch Wissen zu seiner Vollkommenheit gelangen konnte, funktionierte bei Kant über Abgrenzung. Die *Weißen* waren klug, weil die Schwarzen es nicht waren. Diese Weltsicht hätte man im Deutschunterricht schon mal erwähnen können. Klingt meines Erachtens nämlich nicht so sehr nach Menschenfreund, Friede und Fortschritt – und schon gar nicht nach Fakt. Die Deutschen taten sich im 18. und 19. Jahrhundert nicht nur mit Dichten und Denken hervor, sondern auch mit Rassismus. Georg Wilhelm Friedrich Hegel, ebenfalls einer der berühmtesten Philosophen der Welt, hatte zu dem Thema auch etwas zu sagen. Er ist bekannt für Begriffe wie »Dialektik« und »Logik«. Hegel verfasste aber auch Sätze wie diese:

»Der Neger stellt, wie schon gesagt worden ist, den natürlichen Menschen in seiner ganzen Wildheit und Unbändigkeit dar: von aller Ehrfurcht und Sittlichkeit, von dem was Gefühl heißt muß man abstrahieren, wenn man ihn richtig auffassen will: es ist nichts an das Menschliche Anklingende in diesem Charakter zu finden.«

Hegels Wikipedia-Artikel ist sehr lang, von Rassismus ist da allerdings an keiner Stelle die Rede. Nur davon, dass er von seinen Vorgängern, zu denen auch Kant gehörte, beeinflusst wurde. Die Aufklärung soll als das Zeitalter in Erinnerung bleiben, in dem Gewaltenteilung und Menschenrechte geschaffen wurden. Wie kann man da ausblenden, dass diese Menschenrechte nie für alle vorgesehen waren? Es ist kein Zufall, dass die Kolonialisierung und die Versklavung massiv zunahmen, als diese Theorien etabliert wurden.

Auch in Frankreich, das zu dieser Zeit kurz vor der Revolution stand, waren viele Schriften mit dem gleichen Prinzip im Umlauf. Voltaire zum Beispiel, Autor von inspirierenden Sprüchen wie: »Lass uns lesen und lass uns tanzen, das sind zwei Vergnügen, die niemals einen Schaden anzurichten imstande sind«, schrieb:

»Die Rasse der Neger ist eine von der unsrigen völlig verschiedene Menschenart [...] Man kann sagen, dass ihre Intelligenz nicht einfach anders geartet ist als die unsrige, sie ist ihr weit unterlegen.«

In den USA schrieb einer der »Gründerväter der Nation«, Thomas Jefferson, 1787 die bis heute in den Himmel gelobte amerikanische Verfassung mit, während er gleichzeitig auf seiner eigenen Plantage Menschen versklavte. Er zeugte sechs Kinder mit einer versklavten Frau namens Sally Hemings. Freiheit bekam Hemings von ihm jedoch nie. Thomas Jefferson ist wohl das beste Beispiel für das aktive Verdrängen von kognitiver Dissonanz. Es war schließlich nicht so, als ob in dieser Zeit niemandem diese Widersprüchlichkeit von Jefferson – einerseits Gleichheit predigen, andererseits Menschen versklaven – aufgefallen wäre. Während des 18. Jahrhunderts formte sich weltweit die Abolitionismus-Bewegung. Sie setzte sich für die Abschaffung der Sklaverei ein. Unter den Aktivist*innen waren viele Schwarze Menschen. In Deutschland waren es vor allem christliche Vereine, die sich für das Verbot starkmachten. Das heißt allerdings nicht, dass Abolitionist*innen nicht rassistisch gewesen wären. Voltaire zum Beispiel war gegen die Sklaverei, so wie viele andere Aufklärer*innen auch. Portugal war das erste westliche Land, das 1794 Sklaverei verbot. Brasilien, eine ehemalige portugiesische Kolonie, war 1888 das letzte.

Apropos Kolonialismus. Zurück zum Geschichtsunterricht und dem »Wettlauf um Afrika«. Die Erzählung über Kolonialismus klang im Unterricht nach einer Abenteuergeschichte, wie globales Monopoly. Ein Wettkampf, eine Entdeckungsreise: Die Europäer*innen erschlossen sich die Welt, und dann brachten sie allen das Lesen und Schreiben bei. Im Unterricht entstand der Eindruck, dass alle Menschen in Afrika, dem zweitgrößten Kontinent der Erde, absolut nichts taten, nur mit Speer und Bastrock rumsaßen, bis dann die *Weißen* kamen. Bis heute hält sich das Bild: Menschen in Afrika seien hilflos, unfähig und ohne Unterstützung des Westens verloren. Dabei waren über lange Zeit hinweg weite Teile Afrikas durchaus fortschrittlicher als Europa. Landwirtschaft, Königreiche, Universitäten und Bibliotheken, Hygiene und Kosmetik: All das gab es in Afrika lange, bevor es in Europa entstand. Doch der Sklav*innenhandel und die Kolonialisierung machten vieles davon zunichte.

Das alles lernen wir nicht in der Schule. Es gehört nicht zum Allgemeinwissen. Dinge, die wir nicht lernen, können wir nicht kritisch behandeln. Armes Afrika, reiches Europa, *weißes* Deutschland. Das bisschen, was wir lernen, bleibt bei den wenigsten hängen. Da die Möglichkeit bestand, dass ich aufgrund der absoluten Trägheit meines Geschichtslehrers einfach nur nicht aufgepasst hatte und wir doch ganz viel über deutsche Kolonialgeschichte gelernt hatten, fragte ich ehemalige Mitschüler*innen und Freund*innen, woran sie sich noch erinnern konnten. Ernüchternde Antwort: so gut wie nichts. Die meisten verbanden die Kolonialzeit mit Englisch- statt Geschichtsunterricht. *The Empire where the sun never sets* – dieser Satz über die britischen Kolonien war manchen noch ein Begriff. Die Rechtfertigung dafür, dass deutsche Kolonialgeschichte nicht so wichtig ist, lautet meistens so:

Erstens: »Die anderen« – allen voran Großbritannien – waren eine weitaus größere Kolonialmacht.

Zweitens: Die Deutschen waren super spät dran und haben sich lange rausgehalten. Während andere Länder, allen voran Portugal, schon Ende des 15. Jahrhunderts mit der Kolonialisierung anfingen, kam Deutschland erst Ende des 19. Jahrhunderts so richtig dazu. Und da war Sklav*innenhandel ja größtenteils schon verboten. (Das lag aber nicht an Deutschlands großer Güte, sondern unter anderem daran, dass das deutsche Kaiserreich erst 1871 gegründet wurde. Im privaten Sektor machten sich allerdings viele schon lange davor die Taschen voll: Deutsche Kaufleute, Finanziers und Handelskompanien waren sehr wohl im transatlantischen Sklav*innenhandel involviert. Sie besaßen Plantagen in Südamerika, Afrika und Asien, wurden reich, indem sie mit Gold, Baumwolle, Gewürzen und Menschen (!) handelten.)

Drittens: Deutschland musste seine Kolonien 1919 nach dem Ersten Weltkrieg wieder abgeben und hatte deshalb viel früher als alle anderen keine mehr. Nach dem Motto: Die anderen waren viel schlimmer, und Deutschland wollte ja nur irgendwie mithalten. Selbst wären sie nie auf die Idee gekommen, andere Länder zu vereinnahmen. Deshalb ist es im Vergleich zu anderen europäischen Ländern wie Portugal oder Frankreich auch nicht wichtig.

Deutschland besaß das drittgrößte territoriale Kolonialgebiet und das viertgrößte in Bezug auf die Bevölkerungsanzahl. Hört sich für mich jetzt nicht wirklich irrelevant an. Bismarck, der zu der Zeit Deutschland regierte, lehnte den Begriff »Kolonie« übrigens ab. Stattdessen verwendete er den Namen »Schutzgebiete«, denn es ging nicht um eine Erweiterung Deutschlands, sondern darum, den ländlichen Besitz zu vergrößern, um Deutschland im sich ausweitenden globalen Handel im Spiel halten zu können – unter anderem dadurch, dass den Kolonien Bodenschätze entnommen wurden und die Bevölkerung Zwangsarbeit leisten musste.

Zu den deutschen Kolonien zählten Kiautschou, ein Teil des heutigen Chinas, sowie die ozeanischen Inseln, aufgeteilt in Deutsch-Samoa und Deutsch-Neuguinea. Der größte Teil der Kolonialgebiete lag in Afrika. Da war Deutsch-Ostafrika – ein Gebiet, das das heutige Tansania, Burundi, Ruanda und Teile Mosambiks umfasste. In Westafrika besetzte Deutschland Togo, den östlichen Teil Ghanas und Kamerun. Außerdem Deutsch-Südwestafrika, das im heutigen Namibia lag.

Wie kam es, dass Deutschland gerade diese Teile Afrikas übernahm? Gute Frage, und die Antwort sollte zum Allgemeinwissen gehören, weil sie zu einem großen Teil beantwortet, warum Afrikas Ländergrenzen heute so verlaufen, wie sie es eben tun. Weil sich die Kolonialstaaten immer wieder in die Quere kamen und sich nicht einigen konnten, wem jetzt was zustand – besonders wenn es um Kongo und Niger ging –, lud Bismarck 1884 und 1885 zur Berliner Konferenz ein. Vertreter aus europäischen Staaten, den USA und dem osmanischen Reich kamen zusammen, um Afrika unter sich aufzuteilen. Das konnten sie ohne schlechtes Gewissen gegenüber der dort lebenden Bevölkerung machen, denn was von Schwarzen Menschen zu halten war, hatten Aufklärer*innen hundert Jahre zuvor ja schon beschrieben.

Deutschland ist für den ersten Genozid des 20. Jahrhunderts verantwortlich. Er kam Jahre vor dem Holocaust. Die ersten deutschen Konzentrationslager standen in Deutsch-Südwestafrika. Errichtet wurden sie unter anderem von Adrian Dietrich Lothar von Trotha. Er wurde beauftragt, den sich formierenden Aufstand der einheimischen Herero niederzuschlagen. Seine Taktik beschrieb er selbst so:

»Gewalt mit krassem Terrorismus und selbst mit Grausamkeit auszuüben, war und ist meine Politik. Ich vernichte die aufständischen Stämme mit Strömen von Blut und Strömen von Geld.«

Die Herero formierten und wehrten sich gegen die Ausbeutung, Ermordung und Vergewaltigung ihrer Leute. Es gelang ihnen, Teile des Landes zu befreien. Nicht nur durch die wirtschaftliche Gefährdung, auch aus der rassistischen Überzeugung, dass die Deutschen den Einheimischen überlegen waren, ging von Trotha besonders brutal gegen die Herero vor. Er verfasste einen Brief an das Volk, der heute als »Vernichtungsbefehl« bekannt ist:

»Innerhalb der Deutschen Grenze wird jeder Herero mit oder ohne Gewehr, mit oder ohne Vieh erschossen, ich nehme keine Weiber und Kinder mehr auf, treibe sie zu ihrem Volke zurück oder lasse auf sie schießen. Dies sind meine Worte an das Volk der Hereros.«

Mit dem brutalen Vorgehen gegen die Herero lehnten sich die bis dato mit Deutschland verbündeten Nama ebenfalls auf. Im August 1904 wurde ein großer Teil der Herero in die Omaheke-Wüste getrieben. Von Trotha ließ jeglichen Zugang zu Wasserstellen abriegeln, sodass sie kläglich verdursteten. Das Morden hörte danach nicht auf. Herero und Nama kamen in Konzentrations- und Arbeitslagern um, bis der Krieg 1908 für beendet erklärt wurde. Man schätzt, dass von den 60 000 bis 80 000 Personen des Hererovolkes 1911 nur noch etwa 16 000 Personen lebten. Der Völkermord in Deutsch-Südwestafrika hatte 40 000 bis 60 000 Herero sowie etwa 10 000 Nama das Leben gekostet.

Die Aufstände der Herero und Nama sind die bekanntesten Beispiele für Gegenwehr in den deutschen Kolonien. Doch es waren nicht die einzigen. 36 Mal erhoben sich Völker, Berufsgruppen oder Vereinigungen zwischen 1885 und 1918 gegen die deutsche Kolonialherrschaft. Es gibt einen Begriff für die Verbrechen gegen Menschen afrikanischer Abstammung, den jedoch kaum jemand kennt: *Maafa*. Dieser Begriff aus dem Swahili bedeutet »Große Katastrophe«. Der Genozid an den Herero und Nama macht nur einen Bruchteil der Opfer der Maafa aus. Auf der Berliner Konferenz ging der Kongo, die heutige Demokratische Republik Kongo, in den Privatbesitz des belgischen Königs Leopold II. über. Dort wuchsen unter anderem Kautschukbäume. Eine Pflanze, die zu elastischem Material weiterverarbeitet wurde und im Zuge der Industrialisierung sehr gefragt war. So gefragt, dass man vom Kautschukboom spricht.

Mit der Absicht, möglichst viel Profit zu machen, heuerte König Leopold II. Söldner an, die mit äußerster Brutalität und Menschenverachtung gegen die zur Zwangsarbeit verurteilte Bevölkerung vorgingen. Leopold selbst betrat jedoch nie afrikanischen Boden. Wie viele Menschen in den 23 Jahren, in denen er über den Kongo herrschte, starben, können Wissenschaftler*innen nur schätzen. Die Zahl der Opfer liegt zwischen fünf und 15 Millionen. Und hierzulande weiß so gut wie niemand etwas über dieses Kapitel europäischer Geschichte.

Wie viele Menschen während der Maafa umgekommen sind, ist schwer zu schätzen. Die Toten wurden nicht gezählt oder dokumentiert, außerdem gibt es keine Einigkeit darüber, wann oder ob sie aufgehört hat. Die Seychellen waren die letzte europäische Kolonie in Afrika – sie erreichten erst 1976 ihre Unabhängigkeit von den Briten.

Afrika ist arm, Europa ist reich – das ist keine Selbstverständlichkeit, und es war nicht immer so. Der globale Norden ist durch Ausbeutung zum Reichtum gelangt. Für diesen Reichtum sind Millionen Menschen ums Leben gekommen. Nicht nur auf dem afrikanischen Kontinent. Indigene Völker in Amerika, der Karibik, Australien, Neuseeland und Ozeanien wurden nahezu ausgerottet, als Europäer*innen diese Gebiete besiedelten. Bis heute kämpfen indigene Völker weltweit um Rechte auf ihrem eigenen Land.

In Deutschland scheinen die Spuren des Kolonialismus heute auf den ersten Blick wie ausgelöscht, doch das sind sie bei Weitem nicht. Bis heute gibt es zahlreiche Straßennamen in Deutschland, die nach ehemaligen Kolonialherren und Kaufleuten benannt sind. Die Carl-Peters-Straßen, Lüderitz-Straßen oder Nachtigal-Straßen des Landes zum Beispiel.

Europäische Museen sind heute noch voll mit Kunstobjekten, die während der Kolonialzeit gestohlen wurden. Und nicht nur das. Hunderte Gebeine und Schädel afrikanischer, indigener und asiatischer Menschen lagern in deutschen Naturkundemuseen. Sie wurden früher ausgestellt oder zu »Forschungszwecken« genutzt. Die Rückgabe an die Nachkommen verläuft nur schleppend.

Nicht nur in Europa, auch in den ehemaligen Kolonien sind Spuren der deutschen Zwangsherrschaft bis heute zu finden: Straßen, Gebäude und Städte tragen noch Namen ehemaliger Kolonisator*innen. Der Tintenpalast in Namibia ist heute ein Regierungsgebäude. Er wurde von Deutschen entworfen und von Zwangsarbeiter*innen erbaut.

Hamburg, Amsterdam, London, Lissabon, Brüssel und Paris zum Beispiel wären nicht so prachtvolle Städte, mit derart schönen Regierungssitzen und Kirchen, ohne den in der Kolonialzeit erbeuteten Reichtum. Die willkürlichen Grenzen zwischen afrikanischen Ländern, die auf der Berliner Konferenz gezogen wurden, bestehen zum großen Teil noch heute. Die unfairen Machtverhältnisse, die die Kolonialmächte hinterlassen haben, waren und sind immer noch Auslöser für Bürgerkriege im globalen Süden. Der Biafra-Krieg in Nigeria und der Genozid in Ruanda sind nur zwei von vielen Beispielen.

Aufgrund der Maafa haben westliche Länder bis heute einfachen und billigen Zugang zu Rohstoffen in den ehemaligen Kolonialgebieten. Die Ausbeutung läuft weiter, in Form von unfairen Handelsabkommen und Unternehmen, die unmenschliche Arbeitsbedingungen dulden. Auch die Sklaverei hat nie aufgehört. Sie ist sogar größer denn je. Der *Global Slavery Index* hat berechnet, dass es heute mehr Sklav*innen gibt als zu Zeiten, in denen Menschenhandel noch legal war. 2017 filmte CNN, wie angekettete Schwarze Männer in einer Halle in Libyen versteigert wurden, als würden wir uns wieder im 19. Jahrhundert befinden. Das Gerede über »Wirtschaftsflüchtlinge«, die sich am »Reichtum Europas« bedienen wollen, ist in Anbetracht der Vergangenheit einfach nur lächerlich. Doch die Reaktion in Europa: Grenzen schließen. Wegschauen. Nationalstolz. So tun, als ob man nichts damit am Hut hätte, und weiterhin Kaffee trinken, Schokolade essen, Gold und Diamanten, Smartphones und Tablets kaufen.

Es ist eine unerträgliche Wahrheit, und weil man nicht weiß, wo man anfangen soll, diese Ungerechtigkeit wieder auszugleichen, lassen wir es oft ganz. Denn auch wir, wie Jefferson damals, müssen täglich unsere kognitive Dissonanz verdrängen. Die Verführung, zum alten Narrativ zurückzukehren – Afrika arm, Europa reich: ist halt so –, ist groß. Doch es lässt sich nicht zur Seite wischen. Die Konsequenzen von Hunderten Jahren Kolonialisierung und Versklavung zeigen sich in den humanitären Krisen von heute. Und nicht nur dort: auch in der Klimakrise. Sie ist die Konsequenz von Ausbeutung, Industrialisierung und wirtschaftlichem Wachstum.

Wieso haben wir all das nicht in der Schule gelernt, wenn es heute noch so relevant ist?

Es scheint, als ob durch die Bemühungen, den Holocaust ausführlich aufzuarbeiten, für alles andere kein Platz mehr sei. Doch wir verschieben Kolonialismus nicht nur nach hinten, wir blenden ihn aktiv aus, so wie bei Kant und in der Aufklärung. Und wenn wir die Schattenseiten dieser Zeit nicht im Unterricht behandeln, können wir auch die NS-Zeit nicht richtig einordnen. Mit dem jetzigen Vorgehen entsteht quasi der Eindruck, als ob Hitler Rassismus ganz allein erfunden hätte. Als sei es dieser Mann gewesen, das böse Genie, das sich all diese Theorien selbst ausgedacht hätte. Denn Hitler hat sich den Antisemitismus nicht aus den Fingern gesogen, da gab es bereits im 18. Jahrhundert schon zahlreiche »wissenschaftliche« Theorien, bei denen einem genauso übel werden könnte wie von den anderen Zitaten der großen Denker der Zeit.

Auch wenn der Nationalsozialismus lange im Geschichtsunterricht behandelt wurde – selbst hier bleiben manche Aspekte einfach aus. Was ist eigentlich mit Schwarzen Menschen während der NS-Zeit passiert? Das war eine Frage, die ich mir selbst oft gestellt habe, mich aber nicht traute zu fragen. Ich war mir nicht einmal sicher, ob es in den 1930er-Jahren schon Schwarze Menschen in Deutschland gegeben hatte. In der Schule wurde uns damalige Nazi-Propaganda gezeigt. Plakate, Zeitungsartikel, Lieder und Kinderspiele. Ausgiebig sprachen wir über Hetze, Manipulation und darüber, wie ein ganzes Land rechtsradikal werden konnte.

Wenn im Geschichtsunterricht die Frage behandelt wurde, ob wir uns damals wohl von der Nazi-Propaganda hätten beeinflussen lassen, kam ich ins Stocken. Ich fand es schwer, mir vorzustellen, wie ich während der NS-Zeit gehandelt hätte. Ich musste die Frage in meinem Kopf übersetzen in: Wie hätte ich gehandelt, wäre ich *weiß* gewesen? Selbst hier, wo es so explizit um Rassismus ging, wurde dieser gerade eben stattfindende Rassismus einfach ausgeblendet. Was allerdings mit mir, Alice, um 1933 passiert wäre, wusste ich schlicht und ergreifend nicht.

Natürlich gab es während des Nationalsozialismus schon Schwarze Menschen in Deutschland. Schwarze Menschen leben bereits seit dem 15. Jahrhundert in Europa. Wenn man genauer darüber nachdenkt, ist es eigentlich absurd, davon auszugehen, dass *Weiße* die ganze Zeit von Kontinent zu Kontinent schipperten, Schwarze Menschen versklavten und durch die halbe Welt entführten, dabei aber nie eine*r von ihnen nach Europa gelangt wäre. Im 18. Jahrhundert galt es als schick, Schwarze Menschen von Reisen aus Übersee mitzubringen. Sie wurden als sogenannte »Kammerm*hren« verschenkt. Ja, verschenkt – als Souvenir. Oft waren es Schwarze Kinder, die versklavten Familien entrissen wurden, um in Europa für adeligen Nachwuchs als Spielgefährt*innen, Erziehungsprojekt und schlicht und einfach Diener*innen weiterzuleben. Sie wuchsen meist unter Reichen auf, in einer ambivalenten Welt zwischen Privilegien und Unterdrückung. Manche studierten und erlangten hohe Positionen.

Der bekannteste von ihnen war wohl Anton Wilhelm Amo. Er studierte unter anderem Philosophie und Rechtswissenschaften in Halle. Dort steht heute ein Denkmal, das ihm gewidmet ist. Amo schrieb damals schon über die rechtliche Lage Schwarzer Menschen in Deutschland. 1743 kehrte er aufgrund des stärker werdenden Rassismus zurück nach Ghana und geriet vor seinem Tod in die Hände von Sklav*innenfängern.

Anfang des 20. Jahrhunderts bestand die größte Gruppe Schwarzer Menschen in Deutschland aus den sogenannten »Landsleuten«. Sie stammten aus den ehemaligen deutschen Kolonien und besaßen die deutsche Staatsangehörigkeit. Diese Gruppe bestand mehrheitlich aus Männern, von denen einige Familien gründeten. Nachdem Deutschland 1918 den Ersten Weltkrieg verloren hatte, wurden das linke Rheinufer, Teile Frankfurts und des Saarlandes von französischen Soldaten besetzt. Darunter waren etwa 10 000 Soldaten aus französischen Kolonien, mit nord- oder ostafrikanischer oder asiatischer Herkunft. Diese zwei Gruppen hatten unterschiedliche Stellungen in Deutschland. Die »Landsleute« waren Erinnerung an die ehemalige Kolonialzeit Deutschlands. Die Soldaten im Rheinland waren Symbol für die Niederlage des Ersten Weltkriegs. Sauber getrennt wurde im Alltag jedoch nicht. Während der Wirtschaftskrise verschärfte sich in den 1930er-Jahren die Stimmung gegen Schwarze Menschen. Viele verloren ihre Beschäftigung (»Die nehmen uns die Arbeitsplätze weg« war nämlich auch damals schon ein gängiges Vorurteil).

Zum Teil blieb diesen Menschen nichts anderes übrig, als bei den damals beliebten »Völkerschauen« mitzumachen. Völkerschauen hatten ihren Boom während der Kolonialzeit. Es war eine buchstäbliche Zurschaustellung verschiedener außereuropäischer Gruppen, damit *weiße* Menschen sie betrachten, bestaunen, anfassen und an ihnen schnuppern konnten. Diese Schauen waren in zoologischen Gärten von Berlin bis München zu sehen – vor allem Carl Hagenbeck, Namensgeber des Hamburger Zoos, organisierte Völkerschauen im großen Stil. Deshalb spricht man heute auch von »Menschenzoos«. Nachdem Deutschland seine Kolonialgebiete verloren hatte, dienten die Menschenzoos sowie Filme über die Kolonialzeit als nostalgische Erinnerungen. Sie sollten Hoffnung darauf machen, eines Tages diese Gebiete wieder zurückzuerobern.

Mit dem Inkrafttreten der Nürnberger Rassengesetze 1935 verloren die »Landsleute« ihre deutsche Staatsangehörigkeit. Viele verließen in dieser Zeit Deutschland. Die französischen Soldaten und ihre Nachkommen wurden Gegenstand einer Hetzkampagne, die bereits um 1919 unter Hindenburg begonnen hatte und von den Nazis später instrumentalisiert wurde: Die Soldaten wurden als »Schwarze Schmach« dargestellt, die aufgrund ihres »animalischen Sexualtriebs« deutsche Frauen vergewaltigten. Ihre Kinder wurden als »Rheinlandbastarde« diffamiert, die den »gesunden Volkskörper« verunreinigten. 1937 orderte die Gestapo die Sterilisierung dieser Kinder an. Die Zwangssterilisierung von 436 Schwarzen Menschen wurde in Nazi-Akten dokumentiert. Die Dunkelziffer liegt wohl höher. Auch unter den 1945 befreiten KZ-Überlebenden befanden sich Schwarze Deutsche. Da die Hautfarbe der Inhaftierten nicht verzeichnet wurde, gibt es keine genauen Zahlen darüber, wie viele in Konzentrationslagern umkamen, doch die Opfer werden auf 2000 geschätzt.

Ein paar Schwarze deutsche Zeitzeug*innen schrieben ihre Geschichte auf. Die Biografien von Theodor Wonja Michael, Marie Nejar und Hans-Jürgen Massaquoi geben wertvolle Einblicke in Schwarzes Leben und Überleben während der NS-Zeit.

Wer nach diesem Kapitel immer noch denkt, hinter Wörtern wie »N**ger«, »M*hr« oder »In*ianer« würde keine böse Absicht stecken, dem oder der kann ich auch nicht mehr weiterhelfen. Diese Wörter gehen nicht. Nicht für die Bezeichnung von Süßigkeiten, Cola-Bier, Menschen, die Dinge für einen erledigen sollen, nicht in Kinderbüchern oder an Karneval. Nirgendwo. Punkt. Sie sind verletzend, und wer sie benutzt, ignoriert einen wichtigen Teil der Geschichte von BIPoC. Oder scheint ihn zumindest nicht zu respektieren.

Die Geschichte von Schwarzen Menschen – egal ob alte oder moderne – wird in vielen Köpfen abgewertet. Auch heute noch. Ein Beispiel: Ich saß einmal mit meinem Kommilitonen Lennard zusammen, als ich auf meinem Smartphone las, dass Muhammed Ali gestorben war. Ich reagierte niedergeschlagen. »Was ist los?«, fragte Lennard. Ich sagte es ihm. Er war sichtlich unbewegt. »Ach so, ja. Ich interessiere mich nicht so für Sklavengeschichte«, sagte er abfällig.

1969 wurde der Februar in den USA zum *Black History Month* erklärt. Heute ist er dort so etabliert, dass Schulen, Medien, Museen und jegliche andere Institutionen den Februar zum Anlass nehmen, um afroamerikanische Geschichte aufzuarbeiten. Die Initiative Schwarzer Menschen in Deutschland (ISD) bemüht sich seit den 1990er-Jahren, ihn auch in Deutschland zu etablieren. Doch die meisten Deutschen wissen nichts davon. Ich schätze, die meisten sähen auch nicht die Notwendigkeit. Was haben Schwarze denn schließlich mit deutscher Geschichte zu tun?

INTELLIGENZ

Ich denke oft, ich sei nicht klug genug. Das ist mein größter Minderwertigkeitskomplex. Damit meine ich nicht, dass ich täglich traurig darüber bin, kein Genie zu sein, sondern dass ich manchmal jegliches Selbstvertrauen in meine intellektuellen Fähigkeiten verliere. Ich muss mir regelmäßig gut zureden, dass ich intelligent genug bin, um Journalistin zu sein, um eine ernst zu nehmende Meinung zu haben, um Menschen etwas beibringen zu können. Ich frage mich manchmal, wo ich mir diese Selbstzweifel eingefangen habe. Wann? Im Kindergarten habe ich mich jedenfalls noch für unglaublich schlau gehalten. Ich war eines dieser besserwisserischen Kinder, das dachte, es könne locker mit Erwachsenen mithalten. Ich bin in einer Wohnung mit vielen Büchern und Instrumenten aufgewachsen. Meine Eltern schenkten mir Hörspielkassetten, die Titel hatten wie *Johann Sebastian Bach für Kinder.* Sie brachten mir bereits vor der Schule das Schreiben bei. Was ich sagen will: Ich hatte eine privilegierte Startposition. Dann kam ich in die Grundschule.

Während meiner Grundschulzeit war die Pause mehr Stress als Entspannung. Das lag hauptsächlich an Svenja. Sie war die Anführerin meiner Klasse. Svenja mochte mich nicht, und damit war ich raus. Wer mit ihr befreundet sein wollte, musste mich ignorieren. Ich weiß nicht mehr genau, was Svenja gesagt hat, wie genau sie mir täglich das Leben schwer machte. Doch es war so schlimm, dass ich meine Eltern unter Tränen anbettelte, mich krankzumelden. Sie schickten mich trotzdem in die Schule. Anstatt hinzugehen, bog ich jedoch eines Tages anders ab. Auf Straßen, die ich noch nie gesehen hatte. Bis ich das Gefühl hatte, ich sei weit weg von allem Bekannten – meinem Zuhause, meiner Schule und Svenja. Dort ließ ich mich nieder, setzte mich an eine Straßenecke auf meinen mit Schmetterlingen bedruckten Ranzen und weinte still vor mich hin. Es dauerte vielleicht eine halbe Stunde, bis die Besitzerin des Kiosks gegenüber sich meiner annahm. Sie rief die Polizei, und die Beamten brachten mich nach Hause. Es stellte sich heraus, dass ich nur fünfhundert Meter davon entfernt war.

Falls jetzt alle auf eine Szene warten, wo Svenja mir sagte, sie mochte mich nicht, weil ich Schwarz sei – das ist nicht passiert. Zumindest blieb mir nichts davon im Gedächtnis. Ich weiß zwar noch, dass sich manche Kinder über meine Haare lustig machten, andere behaupteten, ich sei schmutzig. Doch die meisten Beleidigungen hatten nicht direkt etwas mit meinem Schwarzsein zu tun. Svenja behauptete, ich sei zu merkwürdig, zu langweilig oder einfach nicht würdig, mit ihr oder ihren Freund*innen zu spielen. Was ich weiß, ist, dass ich die einzige Schwarze in meiner Klasse war und Svenja mich behandelte, wie sie es eben tat. Selbst wenn sie mich nicht bewusst aufgrund meiner Hautfarbe ausschloss, kamen mir diese Gedanken von ganz allein. Schließlich suchte ich nach einem Grund, warum ausgerechnet mit mir niemand befreundet sein wollte.

Wer nicht gerne in die Schule geht, verliert auch schnell die Freude am Lernen. Ich hörte auf, meine Hausaufgaben zu machen, wurde immer schlechter in Mathe, und in Diktaten schrieb ich nur Sechsen. Meine Lehrerin dachte, sie könne meinen Leistungsabfall durch erhöhten Druck aufhalten. So besprachen wir gemeinsam mit allen Kindern in der Klasse, dass ich schlechter im Vorlesen geworden war, und gingen meine Versprecher einzeln durch. Wenig überraschend machte das alles nur noch schlimmer. Ich glaube, es ist vor allem meinen Eltern zu verdanken, die Zeit hatten zu reagieren und fortan dafür sorgten, dass ich meine Hausaufgaben machte, dass ich doch die Empfehlung für das Gymnasium bekam.

Ein schlechtes Selbstbewusstsein kann sich durchaus negativ auf die schulischen Leistungen auswirken. Niedrige Erwartungshaltungen von Lehrer*innen auch. In der Psychologie nennt man das den »Golem-Effekt«. Er kann potenziell bei allen Menschen eintreten. Jedoch scheint dieser Effekt bei stigmatisierten Gruppen besonders stark. So stark, dass er einen eigenen Namen bekommen hat: *Stereotype Threat*. Eine Studie des Wissenschaftszentrums Berlin für Sozialforschung erklärt es so:

»Stereotype Threat *beeinflusst mit hoher Wahrscheinlichkeit die schulischen Leistungen, wenn Schülerinnen und Schüler bei anderen negative Stereotype über die intellektuelle Leistungsfähigkeit ihrer sozialen Gruppe vermuten.*«

Dass dieser Effekt sehr schnell eintreten kann, hat wohl kein anderes Experiment immer wieder so bewährt gezeigt wie das von Jane Elliott. Die Grundschullehrerin aus den USA entwickelte es in den 1960er-Jahren und führt es bis heute immer wieder vor. Sie unterteilte ihre Schüler*innen in zwei Gruppen: Blauäugige und Braunäugige. An einem Tag erzählte sie, dass blauäugige Kinder braunäugigen überlegen seien. Sie bevorteilte blauäugige Schüler*innen und verbot ihnen, mit Kindern der anderen Augenfarbe zu spielen. Und siehe da: Die blauäugigen Kinder schnitten bei der anschließenden Vokabelabfrage besser ab als ihre braunäugigen Mitschüler*innen. Am nächsten Tag behauptete sie das Gegenteil. Und auch das Ergebnis kehrte sich um, auf einmal waren die braunäugigen Kinder die leistungsstärkeren.

BIPoC haben ein hohes Risiko, von *Stereotype Threat* betroffen zu sein. Wenn sie beispielsweise in der Schule verhaltensauffällig sind, wird das oft mit ihrer Herkunft in Verbindung gebracht. *Weiße* werden als Individuum gesehen, BIPoC als Stellvertreter*innen einer ganzen Gruppe. Am schwersten wiegt jedoch immer noch die Unterstellung, BIPoC seien unintelligent. Es ist ein Stereotyp, das nicht totzukriegen ist, weil es seit Jahrhunderten besteht und somit genug Zeit hatte, sich tief in unsere Gesellschaft einzunisten.

Die Feststellung, dass es keine Menschenrassen gibt, sollte eigentlich reichen, um zu erkennen, dass man Intelligenz weder an Hautfarbe noch an Herkunft ausmachen kann. Aber auch heutzutage wird noch das Gegenteil behauptet. »Vererbbare Dummheit« oder »evolutionsbedingte Intelligenz« waren zuletzt prominent Thema in deutschen Sachbuchbestsellern. Dort wurden diese Thesen niedergeschrieben, die aus tot geglaubten – oder tot gewünschten – Pseudowissenschaften stammen: Eugenik beziehungsweise Dysgenik. Erfunden von *weißen* Männern namens Francis Galton und David Starr Jordan im 19. und 20. Jahrhundert. Sie nahmen an, dass man »Menschenrassen« positiv oder negativ züchten könne, wie Pflanzen oder Zuchttiere. Menschen mit »schlechten« Erbanlagen sollten sich nicht fortpflanzen, und jene mit besonders »guten« Erbanlagen sollten viele Kinder miteinander kriegen, um »ihre Rasse« zu verbessern. In der NS-Zeit war Eugenik nicht nur die Rechtfertigung dafür, nicht-*weiß* rassifizierte Menschen zu sterilisieren oder umzubringen, sondern auch Menschen mit körperlichen, geistigen oder psychischen Behinderungen.

Bis heute hält sich die Befürchtung, dass die Gesamtbevölkerung immer »dümmer« würde, weil »dumme« Menschen mehr Kinder bekämen als intelligente. So funktioniert das mit Intelligenz aber nicht. Weil es darüber so viele Missverständnisse gibt, hier ein kleiner Exkurs darüber, wie unser Verständnis von Intelligenz überhaupt zustande kam:

In wissenschaftlichen Studien ist es bis heute üblich, Intelligenz mit dem sogenannten Intelligenzquotienten zu bemessen, kurz IQ.

Die moderne Messung von Intelligenz entstand 1905 in Frankreich, als dort nach der Säkularisierung die Schulpflicht eingeführt wurde. Doch nicht alle Kinder gleichen Alters zeigten die gleiche Leistung. Um feststellen zu können, welches Kind Nachhilfe brauchte, wurde ein Mann namens Alfred Binet beauftragt, einen Test zu entwerfen. Es ging darum, den Leistungsstand der Kinder messbar zu machen. Zusammen mit seinem Assistenten Théodore Simon entwickelte Binet den ersten verlässlichen Intelligenz-Test und den Vorläufer des IQ. Binet ging es darum, das »mentale Alter« der Kinder zu berechnen. Er selbst betonte, dass man mit seinem Test Intelligenz nicht permanent bestimmen konnte, weil sie seines Erachtens viel zu individuell, komplex und wandelbar war. In seinem Buch *Les idées modernes sur les enfants* schrieb er:

»Einige moderne Philosophen haben dem bedauerlichen Urteil ihre moralische Zustimmung gegeben, dass die Intelligenz eines Individuums eine festgelegte Eigenschaft ist, die nicht gesteigert werden kann. Wir müssen gegen diesen brutalen Pessimismus protestieren und etwas dagegen unternehmen.«

Binet meinte damit Menschen wie den Engländer Charles Spearman. Er forschte zur gleichen Zeit wie Binet über Intelligenz. Sein Ansatz war jedoch ein völlig anderer. Er entwickelte die Theorie von »Genereller Intelligenz« – oder auch »g«. Spearman war der Meinung, dass Menschen, die zum Beispiel gut im Lesen waren, meist auch gut mit Zahlen umgehen konnten und ein gutes Gedächtnis aufwiesen. Diese Theorie wurde über Jahre immer wieder wissenschaftlich bestätigt. Er glaubte, dass Intelligenz angeboren war – entweder besaß man sie oder eben nicht. Für seine Forschung nutzte Spearman unter anderem Binets Test. Binet konnte nicht mehr dagegen protestieren, er starb 1911. Im Laufe der Zeit ging es bei Intelligenzmessung immer mehr darum, Menschen zu klassifizieren, anstatt ihnen zu helfen. Spearmans These über »g« beeinflusste die Forschung massiv. Ein Detail sollte man über Charles Spearman vielleicht auch noch wissen: Er war Eugeniker – und die Wissenschaftler*innen, die seine Theorie immer wieder bestätigten, zum großen Teil auch. Binets IQ-Test wurde weiterentwickelt und ist weiterhin essenziell für die Intelligenzforschung.

Wissenschaftlicher Konsens heute ist: Ja, Intelligenz ist auch erblich. Aber (!) nur zum Teil. Wie groß dieser Teil ist, hat noch niemand herausgefunden. Wenn also behauptet wird, Intelligenz sei zum allergrößten Teil vererbt, dann ist das unhaltbar. Dass die Umwelt unsere Intelligenz beeinflusst, weiß man zum Beispiel aus Zwillingsstudien. Denn eineiige Zwillinge haben die gleichen Gene, aber oft einen unterschiedlichen IQ. Studien lassen vermuten, dass Faktoren wie beispielsweise Ernährung, Stress sowie psychische und physische Gesundheit auf unsere Intelligenz einwirken können. Sie liegt jedenfalls nicht auf einem einzigen Gen, das man hat oder nicht oder das in bestimmten Regionen der Welt weiter verbreitet ist als anderswo. Man kann also sagen: Bei Intelligenz gibt es generell keine herkunftsbedingten Unterschiede.

Doch viele sind auch heute davon nicht überzeugt und sprechen von »Intelligenzabfall«, als sei das ein sich ausbreitendes Virus. Diese Menschen schüren die Angst, dass *weiße* Kinder »verdummen«, weil sie jetzt mit nicht-*weißen* Kindern in einer Klasse sitzen. Sie haben nicht nur falsch ausgelegte Wissenschaft, sondern auch Zahlen parat, die ihre Thesen vermeintlich belegen.

Im Frühjahr 2018 wurden Daten der 2015 durchgeführten PISA-Studie neu aufbereitet. Das Ergebnis: 43 Prozent, also fast jede*r zweite Jugendliche mit Zuwanderungsgeschichte, zeigt sehr schwache Leistungen in der Schule. Die Zahl ist zweieinhalbmal so hoch wie bei Schüler*innen ohne ausländische Wurzeln. Das ist ziemlich krass. Studien zu dem Thema gehen davon aus, dass das familiäre Umfeld und gute Sprachkenntnisse der Eltern beziehungsweise Kinder wichtige Faktoren für den Lernerfolg sind. Der Grund, warum Kinder mit Zuwanderungsgeschichte durchschnittlich schlechter abschneiden, wird also bei der Familie gesucht. Dass das private Umfeld Auswirkungen auf den Lernerfolg hat, ist sicherlich nicht falsch. Doch in dieser Begründung klingt auch etwas Rassistisches durch. Sie unterstreicht das Vorurteil, dass Eltern, die nicht aus Deutschland kommen, weniger Interesse an der Leistung ihrer Kinder hätten oder sie insgesamt weniger fördern würden. Verallgemeinerung greift hier viel zu kurz. Die Gründe für Leistungsabfall sind komplex. Dass Rassismus eine Rolle bei der Bildungsungleichheit spielen könnte, wird in der PISA-Studie weitestgehend ignoriert. Vorsichtig wird angedeutet, dass Kinder mit Zuwanderungsgeschichte öfter angaben, sich nicht zugehörig zu fühlen, als *weiße* Kinder.

Ein weiteres Problem mit empirischen Zahlen: Sie verstärken Vorurteile. Da wären wir wieder beim *Stereotype Threat*. BIPoC laufen ständig Gefahr, mit dem eigenen Verhalten irgendwelche Statistiken zu bestätigen. Diese Zahlen beeinflussen anscheinend auch die Erwartungshaltung der Lehrer*innen. Die Studie »Vielfalt im Klassenzimmer« stellte fest, dass Lehrpersonen bei türkeistämmigen Erstklässler*innen niedrigere Leistungserwartungen hatten als bei Kindern ohne Zuwanderungsgeschichte. Eine weitere Studie der Universität Mannheim fand heraus, dass angehende Lehrer*innen Diktate tendenziell schlechter benoteten, wenn sie einen Murat statt einen Max hinter dem Verfasser vermuteten – auch wenn die Rechtschreibfehler die exakt gleichen waren.

Hier haben wir wieder einmal einen Teufelskreis: Eine geringe Erwartungshaltung der Lehrenden, vielleicht auch der Mitschüler*innen, können Kinder demotivieren. Dadurch zeigen sie schlechtere Leistungen. Wiederum dadurch verfestigt sich die Erwartungshaltung der Lehrenden. Doch selbst wenn die Leistung nicht leidet, bleibt das Risiko bestehen, dass Kinder schlechter bewertet werden, wenn sie nicht *weiß* sind.

Nur weil der Rassismus an deutschen Schulen nicht empirisch festgehalten ist, heißt das nicht, dass er nicht existiert. Das zeigt sich, wenn man offen danach fragt: Die Erziehungswissenschaftlerin Aylin Karabulut führte für eine Studie Interviews mit nicht-*weißen* Schüler*innen zum Thema. Das Ergebnis: Fast alle Befragten berichteten über diskriminierende Erfahrungen. »Man merkt, dass du keine Deutsche bist«, bekam ein Mädchen nach der Rückgabe eines Diktats zu hören, bei dem sie schlecht abgeschnitten hatte. Eine muslimische Schülerin erzählte, dass sie mit dem IS verglichen wurde. 2018 twitterten BIPoC unter dem Hashtag #metwo über diskriminierende Erfahrungen. Viele dieser Erfahrungen waren Erinnerungen aus der Schulzeit. Über Lehrende, die trotz guter Noten keine Empfehlung für das Gymnasium ausstellen wollten. Andere schrieben, sie wurden in den Sprachförderunterricht gesteckt, obwohl ihre Muttersprache Deutsch war.

BIPoC bekommen an Schulen mit vielen kleinen oder großen Handlungen vermittelt, sie seien anders und somit fehl am Platz. Sei es beispielsweise durch die Aufgabenstellung, etwas über das Herkunftsland zu erzählen, zu dem man keinen Bezug hat, oder durch eine ständige Missachtung des eigenen Namens. Es gibt auch traumatischere Erlebnisse: Meine Schwester zum Beispiel wurde von ihrer Musiklehrerin während einer Chorprobe lauthals wegen ihrer abstehenden Haare ausgelacht, bis alle Schüler*innen mitlachten. Meine Schwester verließ danach den Schulchor. Als ich in der Oberstufe war, erzählte mir ein Schwarzer Mitschüler, er sei von einem Lehrer mit dem N-Wort beschimpft worden. Er beschwerte sich, doch niemand glaubte ihm. Solche Geschichten gibt es zuhauf. Sie sind keine Einzelfälle, sie gehören zum Alltag von BIPoC, und die Schule ist da keine Ausnahme.

Oft setzen sich Eltern gegen die ungerechte Behandlung ihrer Kinder ein. Nur ist es eben nicht leicht, mit Lehrer*innen in einen angemessenen Dialog zu treten, wenn man von ihnen nicht ernst genommen wird. Eine Englischlehrerin war einmal davon überzeugt, dass sie, weil sie Anglistik studiert hätte, besser Englisch sprechen könne als meine US-amerikanische Mutter. Ein anderes Mal wurde meine Mutter abgewimmelt, als sie mehr über das Tanzförderprogramm der Schule wissen wollte, mit der Begründung, sie unterschätze, wie viel Disziplin so ein Ballettvortanzen erfordere. Sie – die es auf die renommierteste Ballettschule Amerikas geschafft hatte. Ihr wurde auch gesagt, dass sie keine Ahnung von Pädagogik habe, obwohl sie seit Jahren Workshops für Kinder an Schulen gab.

Wäre meine Mutter eine *weiße* Amerikanerin, wäre ihr das vermutlich nicht passiert. Das Stigma der »Migrant*inneneltern«, die ihre Kinder vernachlässigen und unintelligent sind, trifft nicht alle gleich. »Migrant*innen« meint nicht alle Ausländer*innen. Also, theoretisch schon, das Statistische Bundesamt zum Beispiel unterscheidet da nicht. Aber Menschen tun es. Mit »Migrationshintergrund« sind für gewöhnlich BIPoC gemeint und vor allem die, die ein geringes Einkommen haben und wenig Zugang zu institutioneller Bildung.

Nicht Wissen, sondern vor allen institutionelle Bildung ist Macht. Je höher der akademische Abschluss, desto größer die Chance auf ein hohes Gehalt und gesellschaftlichen Einfluss. Denn auch das bezweckt das Schulsystem: Es verteilt Macht.

Menschen mit Abitur bekleiden häufiger einflussreiche Positionen als Menschen mit Hauptschulabschluss. Sei es in der Politik, im Finanzbereich, in den Medien oder in Bildungsinstitutionen. Die Rechtfertigung dafür lautet in etwa so: Schlaue Menschen sollten mehr Macht haben, und schlaue Menschen kommen eben aufs Gymnasium.

Das stimmt nur so halb. Wer gute Noten erhält, kommt aufs Gymnasium. Wer Deutsch spricht, kommt aufs Gymnasium. Wer sich mit den Lehrenden und dem Schulmaterial wohlfühlt, kommt aufs Gymnasium. Wer Geld und frühen Zugang zu Bildung hat, kommt aufs Gymnasium. Das heißt: Vor allem *weiße* Kinder kommen aufs Gymnasium. Höhere Bildungsinstitutionen sind auf eine bestimmte gesellschaftliche Schicht ausgerichtet. Der Soziologe Aladin El-Mafaalani erklärt es folgendermaßen:

»Das Aufwachsen in einem ressourcenarmen sozialen Kontext korrespondiert mit Wahrnehmungs-, Denk- und Handlungsmustern, die auf diese Bedingungen abgestimmt sind. Sozial benachteiligte Milieus zeichnen sich insbesondere durch Mangel aus. Ein durch ökonomische und kulturelle Knappheit […] geprägtes Leben produziert einen Habitus der Notwendigkeit, geht einher mit einem umfassenden Funktions- und Verwertungsdenken und findet in Institutionen höherer Bildung sowie in höheren Milieus kaum einen Resonanzboden. […] Die fehlende Leichtigkeit bzw. Unbefangenheit in den Gängen der Institutionen führen zu einem ›Verlust an Natürlichkeit‹.«

Viele BIPoC werden für ihre Knappheitsbewältigung nicht belohnt. Sie machen einen überproportionalen Schüler*innenanteil an Hauptschulen aus und sind auf Gymnasien unterrepräsentiert. Außerdem brechen sie häufiger ihre schulische oder akademische Laufbahn ab. Gesellschaftliche Ungleichheit wird durch das deutsche Schulsystem stabilisiert. Studien konnten bisher allerdings nicht eindeutig belegen, dass rassistische Voreingenommenheit bei der Übergangsempfehlung auf weiterbildende Schulen eine Rolle spielt. Kinder aus Familien mit geringen Einkommen und/oder geringen Bildungsabschlüssen werden jedoch nachweislich diskriminiert. Nach Veröffentlichung der PISA-Studie im Jahr 2003 kam die OECD zu dem Schluss, dass in keinem anderen OECD-Land die soziale Herkunft eine so hohe Auswirkung auf die schulische Laufbahn habe wie in Deutschland.

Nur hier ist das Ding: Auch von sozialer Benachteiligung sind BIPoC überproportional betroffen. Ob die Diskriminierung primär aus rassistischen oder klassistischen Motiven rührt, kommt für viele BIPoC aufs Gleiche hinaus und kann im Alltag nicht sauber voneinander getrennt werden. Stichwort Intersektionalität.

Lehrende, so wohlwollend sie auch sein mögen, müssen sich für

Rassismus und strukturelle Ungerechtigkeit sensibilisieren. Nicht nur, wenn sie in Form von Mobbing unter den Schüler*innen auftaucht. Sie müssen auch ihre eigenen internalisierten Denkmuster hinterfragen. Dies sollte fester Bestandteil des Lehramtsstudiums sein. Ich weiß, dass Lehrer*innen es nicht leicht haben. Es mangelt oft an Anerkennung, Unterstützung und Sicherheit. Der Druck ist riesig und die Politik zu langsam. Doch gerade bei zunehmender Belastung kann man schneller in stereotypisiertes Denken zurückfallen.

Außerdem braucht es unabhängige Antidiskriminierungsstellen für Schulen – und die müssen gut finanziert und unterstützt werden. Berlin führte so eine Stelle 2016 ein und beauftragte Saraya Gomis, sich um individuelle Vorfälle sowie strukturelle Probleme rund um das Thema Diskriminierung an Schulen zu kümmern. Ihr Name tauchte in den Medien auf, als bekannt wurde, dass sie an einer Schule mit Affengeräuschen begrüßt wurde und Drohbriefe erhielt. Saraya Gomis ist Schwarz. Vor Kurzem hat sie ihr Amt niedergelegt. Warum genau, ist nicht bekannt.

Noch mal zum Anfang. Wie komme ich wohl darauf, ich sei nicht klug genug? Ich denke, wenn man als Schwarzer Mensch in einer Welt lebt, in der jahrhundertelang behauptet wurde, man gehöre zu einer unintelligenten Spezies, wenn einem diese Lügen immer wieder in Form von Mikroaggressionen eingeflößt werden und sogar mittlerweile von Politiker*innen laut und schamlos wiederholt werden, scheint dieser Gedanke kaum vermeidbar. Dann geht es darum, sich jeden Tag gegen ihn zu wehren. Und ich hoffe, das tun nicht nur Betroffene.

Ich freue mich heute noch darüber, dass ich die Pubertät kein zweites Mal erleben muss. In dieser Zeit wächst und sprießt alles, neue Körperflüssigkeiten, Kleidergrößen, Hormon- und Gefühlschaos. Lipgloss auf meiner Kommode, Teddybären auf meinem Bett. Ich weinte entweder, weil ich erwachsen wurde, oder weil ich es noch nicht war.

Im Jahr zuvor, 2001, hatten die Mädchen aus meiner Klasse das Gespräch mit mir gesucht. Sie wollten mir alle gemeinsam einen guten Rat geben. Ich sollte mehr aus mir machen und nicht immer so weite Klamotten tragen. Engere Tops, engere Hosen, ein wenig Make-up – dann würde ich richtig gut aussehen. Doch das war nun eine gefühlte Ewigkeit her. Jetzt war 2002, ich war dreizehn, und was vor einem Jahr gegolten hatte, war nicht mehr wichtig. Ich und meine weiten Hosen waren jetzt cool. Alle trugen sie. Und ich schminkte mich. Kompromiss. Dass ich im Trend lag, hatte ich vor allem MTV und Viva zu verdanken.

Wer weiß, was aus mir geworden wäre, hätten wir kein Kabelfernsehen bekommen und keine Privatfernsehsender in unser Leben geholt. Vielleicht könnte ich jetzt Klavier spielen oder würde wenigstens eine Sportart richtig gut beherrschen. Doch ich fand meinen Zeitvertreib vor dem Fernseher, wenn die *Top100* aus den USA liefen. Dort sangen neben Britney Spears und N'Sync auch schon Destiny's Child, India. Arie oder Kelis. Wenn sie auf dem Bildschirm auftauchten und niemand anderes im Zimmer war, stand ich auf, übte die Tanzschritte und sang Playback zu ihren Songs, als sei ich Star meines eigenen Musikvideos. Sie sahen so aus wie ich. Ich wollte so sein wie sie.

Das wollten alle anderen jedoch auch. In der Pubertät entwickeln Freund*innengruppen meist eine obsessive Identität, die sie nicht allzu lang, dafür aber sehr intensiv ausleben. Wir entschieden uns für Hip-Hop und R'n'B. Wir knoteten uns Bandanas ins Haar, zogen Trainingsanzüge an und unsere Kappen tief ins Gesicht. Wir verknallten uns in die Bandmitglieder von B2K und lernten die Texte von Lauryn Hill auswendig, weil wir sie unbedingt mitrappen wollten. Meine ältere Schwester war mir weit voraus. Sie arbeitete bereits als Fünfzehnjährige in einem Sneakerladen in der Innenstadt und hatte die besten Markenklamotten: Fubu-Turnschuhe, bauchfreie Tops von Pelle Pelle und Helly-Hansen-Hoodies, die ich mir manchmal heimlich von der Wäscheleine klaute. Die beliebten Jungs aus meiner Klasse trugen Baggy-Jeans und Oversize-Pullover mit dem Logo von Mobb Deep oder dem Wu-Tang Clan. »Ich wäre auch gerne Schwarz«, sagten sie mir. Denn Schwarze könnten gut tanzen, singen, Basketball spielen. Wäre man Schwarz, könnte man coole Dinge mit den Haaren machen, Cornrows flechten wie Allen Iverson zum Beispiel. Man hätte einen viel besseren Flow beim Rappen, außerdem sei man witzig und schlagfertig.

Auf der einen Seite war ich geschmeichelt und nach vier Jahren Mobbing in der Grundschule erleichtert. Jetzt war ich nicht mehr grundlos uncool, sondern grundlos cool. Das Problem war, dass ich dem Bild der Schwarzen, die alle so beneideten, in den meisten Punkten nicht entsprach. Ich konnte nicht singen, rappen schon gar nicht, kein Basketball spielen, ich war weder schlagfertig noch besonders witzig. Wenn sich Schwarze aus einer Handvoll spezifischer Talente zusammensetzten und ich diese nicht besaß – war ich dann überhaupt richtig Schwarz?

Ich konnte allerdings gut tanzen. Wenn ich tanzte, fühlte ich mich mutig, glücklich, selbstbewusst, fast so sehr, dass ich mich, wenn die Musik aufhörte und mein Tagtraum von einem Videodreh beendet war, ein wenig schämte. Tanz war eine Ausdrucksform, in der ich Dinge über mich erzählen konnte, für die ich keine Worte fand –

oder von denen ich mich nicht traute, sie in Worte zu fassen. Wenn ich zu Hip-Hop tanzte, dann fühlte ich mich verbunden mit einer Schwarzen Tradition, einer Schwarzen Kultur, die ich intuitiv zu verstehen meinte. Darum wurde ich beneidet. »Alice, tanz doch mal«, sagten meine *weißen* Freundinnen, wenn wir gemeinsam Musik hörten. Ich sollte ihnen die Tanzschritte aus den Videos beibringen. Doch dieses Talent wurde nicht als mein persönliches Talent gesehen, sondern als etwas Selbstverständliches. Tanzen würde mir ja liegen. Ich hätte es im Blut. Ich hätte dieses Talent nicht, weil ich ich, Alice, war – sondern weil ich Schwarz war.

Wenn man denkt, dass Menschen aufgrund ihrer Hautfarbe, Herkunft oder Religion bestimmte Talente hätten, nennt man das »positiven Rassismus«. Das heißt nicht, dass es ein guter Rassismus ist. Guten Rassismus gibt es nicht. Auch rassistische Komplimente sprechen Menschen die Individualität ab. Tanztalent liegt in meiner Familie. Außerdem wurden wir früh zum Ballett geschickt, tanzten viel zu Hause. Und auch, weil ich mich in den Tänzer*innen in den Musikvideos wiedererkannte, hatte ich besonderes Interesse und Ehrgeiz, ihnen nachzueifern. Die Formulierung, etwas läge einem im Blut, spielt jedoch nicht auf meine spezifische Familienhistorie an, sondern auf meine Hautfarbe – und damit hat dieses Talent nichts zu tun.

Der Hype ums Schwarzsein erreichte unter den Mädchen einen regelrechten Peak mit einem Kinofilm: *Save the Last Dance*. Eine Geschichte über die *weiße* Ballerina Sara, die sich in einen Schwarzen Mann names Derek verliebt. Er bringt sie dazu, sich bei der Ballettschule ihrer Träume zu bewerben, und zeigt ihr zusätzlich coole Tanzschritte, damit sie im Hip-Hop-Club mit den Schwarzen mithalten kann. Nicht nur Sara verliebte sich in Derek, alle meine Freundinnen auch. Danach wollten alle einen Schwarzen Freund haben – und recht vielen gelang das auch, zumindest für ein paar Wochen.

Wir trafen die Jungs auf einer »After-School-Party«, die freitags und samstags von 16 bis 21 Uhr stattfand und für Kinder zwischen vierzehn und siebzehn Jahren veranstaltet wurde. In unseren Schüler*innenausweisen malten wir die 89 unseres Geburtsjahres zu einer 88, um eingelassen zu werden. Jugendliche aus allen Schulen, Vierteln und Vororten kamen in diesem Club zusammen, vereint durch ihre Liebe zu Hip-Hop und R'n'B. Diese Party war der Ort, wo das Reenactment der Musikvideos und Filme, die wir liebten, ihren Höhepunkt fand. Meine Freundinnen waren Sara die Ballerina, und die Schwarzen Jungs im Club waren Derek. Wer ich war? Eine Nebenrolle. Die coole Schwarze Freundin eben, die am besten tanzen konnte.

Das Jungs-Kennenlernen lief eher nonverbal. Sie schlichen sich von hinten an, und dann tanzte man zusammen, meist den ganzen Abend. So richtig geredet wurde erst um 21 Uhr, wenn die Party vorbei war, aber auch dann nur kurz, denn wir mussten um 22 Uhr zu Hause sein. Ein ausgiebiges Kennenlernen und Verlieben gab es nicht, aber es existierte sowieso eine Vorlage, die es nur nachzuspielen galt: *Save the Last Dance* – Sara und Derek. Die Schwarzen Jungs, die wir kennenlernten, hatten englische Namen. Mike, Roger und Bryan. Rückblickend bezweifle ich, dass das ihre richtigen Namen waren. Doch sie wussten ziemlich genau, welcher Film bei uns ablief, und versuchten deshalb, so amerikanisch wie möglich rüberzukommen, obwohl keiner von ihnen Wurzeln in den USA hatte. Für sie war es eine Chance auf Anerkennung, weil die Klischees zwischen »Afrikaner« und »Afroamerikaner« weit auseinanderlagen. Die »Beziehungen« hielten nur wenige Wochen. Die gemeinsamen Aktivitäten reduzierten sich im Großen und Ganzen auf abhängen in der Innenstadt, Händchen halten und ein paarmal knutschen. Dann war es wieder vorbei.

Der Aufschwung von afroamerikanischem Hip-Hop in Deutschland war für viele BIPoC Empowerment auf der einen, Korsett auf der anderen Seite. Hip-Hop schuf Repräsentanz und bot Identifikation. Doch es war der einzige Raum, den man mitgestalten durfte, und wirkte somit wie ein zugewiesener Platz. Dank Hip-Hop waren BIPoC nicht mehr unsichtbar, aber Individuen waren wir immer noch nicht. Doch meine Freundinnen und ich waren erst dreizehn – und gerade in der Pubertät sind Gruppenzugehörigkeit und eine klar abgesteckte Identität genau das, was man sucht: Die BIPoC unter uns waren auf einmal stolz. Wir schrieben uns »Brown is Beautiful« in unsere Freundschaftsbücher und auf die Zettel, die wir während des Unterrichts hin und her reichten. Wir gaben uns sogar einen Cliquen-Namen: Die Babylon Bastards. Wir fanden, das klang einfach unglaublich cool. Wir eroberten uns das Wort »Bastard« zurück – unsere Form des Reclaimings. Lange versuchten wir auszuhandeln, wer in diesen exklusiven Club aufgenommen werden durfte und wer nicht. Alle wollten ein Babylon Bastard sein. Meine *weißen* Freundinnen fingen an, von spanischen oder slawischen Wurzeln zu erzählen, die sie vermuteten.

Für mich war diese Zeit ein Drahtseilakt. Ich hatte Zugang zur afroamerikanischen Kultur, meiner Kultur. Sie war alltäglich, gegenwärtig. Sie war nicht mehr fremd, und dadurch wurde auch ich weniger fremd. Doch weil sie regelrecht begehrt wurde, stürzte nicht nur ich mich darauf, sondern alle wollten ein Teil davon sein. Es war so, als ob jemand ein Kleid für mich genäht hätte, und auf einmal kämen andere und rissen es vor mir von der Kleiderstange.

Früher hatte ich kein Wort für diese Dynamik. Ich dachte, ich sei einfach zu sensibel, sogar arrogant, dass ich in Erwägung zog, Hip-Hop aus den USA könnte für mich eine andere Bedeutung haben als für meine *weißen* Freundinnen, nur weil ich Afroamerikanerin bin. Es dauerte weitere dreizehn Jahre, bis mir ein Begriff zum ersten

Mal begegnete, der diese Dynamik benannte: *Cultural Appropriation* – kulturelle Aneignung.

2015 war in den USA eine Diskussion über eine Frisur entbrannt. Die Kardashians hatten einen neuen Trend etabliert: *Boxerbraids*. Es waren zwei am Kopf entlang geflochtene Zöpfe. Magazine, YouTube-Tutorials und Hashtags von Beautyblogger*innen übernahmen diesen Begriff in Windeseile. Doch diese Frisur war keine Erfindung der Kardashians. Afroamerikaner*innen tragen sie schon immer. Auf den Köpfen Schwarzer Menschen galt diese Frisur als unprofessionell. Jetzt, wo sie auf den Köpfen von *weißen* Frauen auftauchten, waren die Zöpfe auf einmal stylish und schick. Es war unübersehbar, dass mit zweierlei Maß gemessen wurde.

Die Kardashians bekamen Anerkennung, schlugen sogar Profit aus einer Sache, die aus Schwarzer Kultur hervorgegangen war. Das Gegenargument lautete: Kultur gehöre niemandem. Jede*r mit Haaren auf dem Kopf könne sich Zöpfe flechten. Außerdem sei das Feiern dieser Frisur doch eine Wertschätzung dessen, was Schwarze Menschen geschaffen hätten.

Es stimmt, dass Kultur prinzipiell niemandem gehört. Sie ist ein Produkt derjenigen, die sie leben. Sie verändert sich ständig, vermischt und erweitert sich, beeinflusst und wird beeinflusst. Dass es dennoch auch in westlichen, dominant *weißen* Kulturen eine explizit Schwarze Subkultur gibt, liegt daran, dass *weiße* Menschen Schwarz und *weiß* Hunderte Jahre voneinander trennten. In den USA geschah das zuerst durch Versklavung, dann durch diskriminierende Gesetze in der Jim-Crow-Ära, die BIPoC und insbesondere Schwarze Menschen weiterhin Armut und Gewalt aussetzten. Diese unterschiedlichen Lebensumstände brachten unterschiedliche kulturelle Ausdrucksformen mit sich. Anders gesagt: Der Aspekt der Unterdrückung durch *Weiße* ist eine treibende, prägende Komponente vieler Schwarzer Kulturen.

Im Hip-Hop ist das besonders stark zu erkennen. Deshalb bedeutete die Musik, die ganze Kultur mir so viel. Die Wut, die Traumata, der Stolz und das Bedürfnis, sich Gehör zu verschaffen, trug auch ich in mir. Auch meine US-amerikanische Familie, meine Mutter und meine Großmutter, wurden von diesen Umständen geprägt. Sie gaben diese Prägung an uns weiter, ob sie wollten oder nicht. Hip-Hop war für mich ein Resonanzraum für diese Gefühle, auch wenn ich das mit dreizehn noch nicht verstand.

Der Kontext wird also automatisch verändert, wenn *weiße* Menschen Formen Schwarzer Kultur ausüben, weil sie keine Unterdrückung, keinen Rassismus erfahren haben – ganz im Gegenteil sogar. Deshalb macht es auch einen Unterschied, wenn *weiße* Menschen das N-Wort mitrappen. In den USA sagt man: »You can't have the culture without the struggle« – du kannst die Kultur nicht ohne das Leid leben.

Kulturelle Aneignung hat jedoch nicht mit Hip-Hop angefangen und schon gar nicht mit den Kardashians. Der »King of Rock 'n' Roll« heißt Elvis Presley, und Frank Sinatra wird bis heute als bester Jazzsänger aller Zeiten gefeiert, obwohl diese Musikrichtungen ohne Afroamerikaner*innen nicht entstanden wären. Schwarze Kultur durchläuft seit Jahrzehnten ein *White Washing* – Schwarze Akteur*innen werden durch *weiße* Menschen ersetzt, die es dann in den Mainstream schaffen, Geld verdienen und Einfluss auf die Gesellschaft haben. Auch wenn heute Künstler*innen wie Beyoncé oder Rihanna vermuten lassen, dass all das der Vergangenheit angehört, ist es erstaunlich, dass sogenannte *Black Music* wie Hip-Hop und R'n'B zwar die beliebteste Musikrichtung unserer Zeit ist, finanziell aber vor allen Dingen nach wie vor *weiße* Menschen davon profitieren. Die meisten Chef*innen der großen Plattenlabels und Streamingdienste in den USA und Europa sind nämlich *weiß* und verdienen in der Regel weitaus mehr Geld als die Künstler*innen, die sie vertreten. Abgesehen davon sind es immer noch vor allem *weiße* Künstler*innen, die für ihre Musik ausgezeichnet werden. Rapper wie Eminem und Macklemore werden mit Preisen überhäuft, während ihre Schwarzen Kolleg*innen leer ausgehen oder erst gar nicht nominiert werden. Das Ungleichgewicht scheint aufzufallen. Als die *weiße* Sängerin Adele 2017 einen Grammy für »bestes Album« bekam, fand sie das selbst nicht gerecht. Sie sagte in ihrer Dankesrede, der Preis gebühre eigentlich Beyoncé, die in dem Jahr mit ihrem Album *Lemonade* nominiert war.

Kommen wir aber noch einmal zurück zu den Haaren: Tragen nicht-Schwarze Menschen dazu bei, das Stigma traditionell Schwarzer Frisuren zu brechen, indem sie ihnen einen neuen Namen und ein neues Image verschaffen? Hilft es zum Beispiel Schwarzen Menschen mit Dreadlocks, wenn *Weiße* sie auch tragen? Nicht wirklich, aber ein bisschen. Das Frustrierende an kultureller Aneignung ist, dass Kultur erst durch *Weiße* legitimiert wird. Sie entscheiden, was normal, trendy, akzeptabel oder mainstream ist. Sie sind es, die am Ende das größere Kapital daraus schlagen.

Auch in Deutschland spinnt sich die Dynamik um kulturelle Aneignung weiter. Die Importware Hip-Hop ist längst zum Mainstream geworden und hat teilweise nur noch wenig mit den Ursprüngen dieser Musik zu tun. Dennoch: Jede*r Rapper*in verkörpert in ihrer oder seiner Musik auch eine Interpretation von afroamerikanischer Kultur – bewusst oder unbewusst. Und auch hier gilt: *You can't have the culture without the struggle.* Zumindest nicht, ohne die Existenz dieses Leidens anzuerkennen.

Kulturelle Aneignung betrifft bei Weitem nicht nur afroamerikanische Kultur. Es gibt zahlreiche Formen und Auswüchse. Wenn zum Beispiel das traditionell hinduistische Holi-Fest, das Fest der Farben, hierzulande zu einem riesigen Techno-Rave umfunktioniert wird, ist das kulturelle Aneignung. Wenn Menschen auf diesen oder anderen Festivals Federkronen tragen und völlig außer Acht lassen, welche Bedeutung hinter diesem Schmuck steckt und woher er kommt, ist das kulturelle Aneignung. Wenn große Kleidungsmarken und Möbelhersteller*innen Jacken und Kissenbezüge mit westafrikanischen Prints anbieten, ohne Künstler*innen und Designer*innen aus dieser Region mit einzubinden, dann ist auch das kulturelle Aneignung. *Weißen* Menschen wurde die Teilhabe an anderen Kulturen nie explizit verweigert – deshalb sehen viele diese Grenzen auch nicht und bedienen sich weltweit an kulturellem Erbe. Es ist eine Fortsetzung kolonialer Strukturen.

Das Nachahmen von BIPoC ist ein großer Bestandteil *weißer* Kultur. Steile These, die jetzt ein wenig provokant daherkommt. Wir erinnern uns: *Weiße* Menschen haben die Menschenrassen erfunden. Damit dieses Konstrukt und vor allem die Hierarchie aufrechterhalten werden konnte, lag den Erfinder*innen viel daran, das Narrativ über die Welt und der auf ihr lebenden Menschen zu kontrollieren. Das fing früh an. Shakespeare schrieb schon 1603 ein Stück mit einem Schwarzen Hauptcharakter: *The Tragedy of Othello, the M**r of Venice.* Doch auch wenn zu dieser Zeit Schwarze Menschen in London lebten, die diese Rolle hätten übernehmen können, wurde das Gesicht eines *weißen* Schauspielers schwarz angemalt. Othello ist eine der bekanntesten und ersten Formen des sogenannten *Blackfacing.*

Die explizit rassistische Konnotation von Blackfacing verstärkte sich in den USA mit den sogenannten *Minstrel Shows*, die vom 19. bis zum 20. Jahrhundert aufgeführt wurden. Das waren Unterhaltungsstücke, in denen *weiße* Menschen mit schwarz angemalten Gesichtern, weit übermalten Lippen und weißen Handschuhen Schwarze spielten – die Minstrel-Charaktere. Sie waren meist faul, kleingeistig, tollpatschig und sangen und tanzten fröhliche Lieder. Sie waren eine Reproduktion zahlreicher rassistischer Stereotypen, die Schwarze Menschen zu Cartoonfiguren degradierten.

Der Vergleich kommt nicht von ungefähr: Diese Minstrel-Charaktere inspirierten einen der bedeutendsten Kinderfilmemacher des 21. Jahrhunderts, Walt Disney, und seine berühmteste Kreation, Micky Maus. Die schwarze Maus ist, so wie viele andere Cartoonfiguren, Minstrel-Charakteren nachempfunden. Als Micky Maus seinen ersten Auftritt 1928 in dem Cartoon *Steamboat Willie* hatte, sang er ein Lied, das aus einer Minstrel Show bekannt war. Außerdem trägt er, wie viele andere Cartoonfiguren, weiße Handschuhe. Bis heute sind sich Kulturwissenschaftler*innen uneinig. Manche glauben, Walt Disney hat aus pragmatischen Gründen die Lieblingscharaktere US-amerikanischer Kinder mit weißen Handschuhen gezeichnet. Etwa, weil die vielen Handbewegungen kompliziert zu zeichnen waren und man die Hände so direkt für viele Cartoonfiguren verwenden konnte. Der Filmwissenschaftler Nicholas Sammond hingegen ist sich sicher: Micky Maus und Co. sind eine versteckte Form von Blackface und halten die Minstrel-Tradition unbewusst aufrecht.

Die Minstrel Shows gibt es heute nicht mehr. Blackfacing allerdings schon. Auch heute werden auf deutschen Bühnen *weiße* Schauspieler*innen Schwarz angemalt, um Schwarze Menschen zu spielen. Oftmals wird damit argumentiert, dass Blackface eine lange Tradition hat (siehe Shakespeare) und man die Authentizität historischer Stücke erhalten wolle. Wenn Traditionen allerdings rassistisch sind – muss man sie dann unbedingt aufrechterhalten? Man könnte sich auch überlegen, Stücke mit rassistisch gezeichneten Figuren einfach gar nicht mehr aufzuführen. Nur so eine Idee.

Mein Aufruf an die Theatermacher*innen dieses Landes (und überall sonst) ist: Lasst die schwarze Farbe aus dem Gesicht! Wenn ihr Schwarze Charaktere in euren Stücken habt, findet Schwarze Schauspieler*innen, die diese Rollen übernehmen. Und falls ihr, warum auch immer, niemanden findet: Wenn eine *weiße* Person eine Schwarze spielt, dann muss sich das irgendwie anders übertragen. Es ist Theater – da ist die Vorstellungskraft des Publikums ohnehin gefragt. Es werden andauernd Dinge behauptet, die auf der Bühne so nicht zu sehen sind. Blackfacing geht nicht!

Blackfacing ist nicht nur im Theater ein Problem. In den Niederlanden gibt es bereits seit Jahren eine Diskussion über die dortige Version von Knecht Ruprecht, den Gehilfen des heiligen Nikolaus: den *Zwarte Piet*. Knecht Ruprecht wird hierzulande eher als eine bärtige, bucklige Person dargestellt, von deren Gesicht nicht allzu viel erkennbar ist. In Holland ist Knecht Ruprecht ein Schwarzer Mann. Der *Zwarte Piet* (übersetzt »Schwarzer Peter«) tritt im Gewand der damaligen »Kammerm*hren« auf. Er ist dafür zuständig, die Geschenke für Nikolaus zu tragen und die unartigen Kinder zu bestrafen. Quasi kein Assistent, sondern ein Diener. Mal wird er als lieb, aber tollpatschig dargestellt, mal als gemein und böswillig. Gespielt wird er nicht von Schwarzen Menschen, sondern von *weißen* Menschen in Blackface. Das verursacht schon seit einigen Jahren einen immer lauter werdenden Protest, ausgehend von Schwarzen Aktivist*innen, der langsam seine Wirkung zeigt. 2014 bestätigte ein Gericht in den Niederlanden, dass der *Zwarte Piet* zu einer negativen Stereotypisierung Schwarzer Menschen führe. Ein Blackface-Verbot hatte das oberste Verwaltungsgericht allerdings gestoppt. In einigen Paraden trägt der *Zwarte Piet* kein Blackface mehr und wurde zu einer Art Schornsteinfeger umfunktioniert. Doch für viele Niederländer*innen ist der *Zwarte Piet* – inklusive Blackface – eine liebgewonnene Kindheitstradition.

Ebenso schwierig ist die Tradition einen Monat später in Deutschland: Die Sternsinger*innen am 6. Januar. Warum muss einer der

Könige unbedingt schwarz angemalt werden? Von mir würde doch auch niemand verlangen, dass ich nur mit weißer Farbe im Gesicht einen *weißen* Charakter verkörpern kann. Abgesehen davon war keiner der Männer ursprünglich Schwarz, aber das ist eine andere Geschichte.

Wir sind noch nicht am Ende des Blackfacings. Denn jetzt kommt Karneval. Als ich noch im Kindergarten war, liebte ich Karneval. Ich wurde geschminkt, in Kostüme gepackt, es gab Musik, Süßigkeiten und Blumen. Meine Eltern gingen jedes Jahr am Karnevalsdienstag mit mir zum Nippeser Veedelszoch. Dort sah ich Karnevalsvereine, die stolz ihre Kostüme präsentierten. Jedes Jahr tauchte dann auf einmal eine Gruppe in Blackface auf. Ich glaube, sie nannten sich die »N**gerköppe«. Es war eine Schar von *weißen* Menschen, ihre Haut mit brauner Farbe angemalt, Afroperücken auf dem Kopf, eingehüllt in Tierfelle und Baströcke, manche trugen Keulen mit sich, andere hatten Knochen im Haar. Meine Mutter nahm es erstaunlich gelassen – zumindest zeigte sie ihre Wut darüber nicht. Ich hingegen schrie besonders laut und winkte ihnen zu. Ich merkte, dass sie sich mit ihren Kostümen auf Menschen wie mich bezogen, und war der Meinung, dass ich dann auch gerade von ihnen besonders viel *Kamelle* bekommen sollte. Das ist das Gefährliche: Ich identifizierte mich als kleines Kind mit diesen verkleideten *Weißen*, die Schwarze wie Kannibal*innen aus der Steinzeit darstellten. Solche Bilder prägten mein Selbstbild. Genau aus diesem Grund müssen solche Traditionen verschwinden. Das tun sie, wenn auch viel zu langsam. Viele rassistische Kölner Karnevalsvereine wurden mittlerweile aufgelöst. Doch das ist nicht das Ende von Rassismus an Karneval. Der größte Kostümhandel Deutschlands bietet bis heute Kostüme an wie »Die Geisha«, »Der Afrikaner«, »Der Chinese«. Die Beschreibungen für das Kostüm »afrikanische Dame« etwa lesen sich so:

»Als afrikanische Dame machst du nicht nur den Dschungel, sondern auch jede Kostüm- und Karnevalsparty unsicher! Mit einer wilden Afro-Perücke und einer dunkeln Netzstrumpfhose rundest du deinen wilden und animalischen Raubtier-Look perfekt ab.«

In den seltensten Fällen wird mal die Frage gestellt, wo diese Tradition des Blackfacing und die rassistische Darstellung von BIPoC an Karneval überhaupt herkommt. Warum wurden diese Karnevalsvereine überhaupt in ganz Deutschland gegründet? Es ist eine Folge der Kolonialzeit. Diese Kostüme bilden keine annähernd realistische Darstellung anderer Kulturen oder Völker ab, sondern reproduzieren das rassistische Narrativ, das *Weiße* über Jahrhunderte über BIPoC etabliert haben.

Es gibt also auf der einen Seite die rassistischen Vorstellungen über BIPoC, deren Darstellung eine lange Tradition in westlichen Kulturen hat und unter die Blackfacing, Yellowfacing oder auch Redfacing fällt. Auf der anderen Seite gibt es kulturelle Aneignung, bei der Kulturerzeugnisse ihrer Ursprungsbedeutung und ihrem Ursprungszweck entrissen werden, und am Ende profitieren Menschen, die nicht Urheber*innen dieser Kulturerzeugnisse sind.

Ersteres sollte man ersatzlos streichen. Es ist zwar schwer, Traditionen aufzugeben, aber wenn wir sie beibehalten, dann werden wir Rassismus nicht überwinden können.

Bei kultureller Aneignung ist es komplizierter. Wie gesagt, Kultur ist lebendig, organisch. Ein Austausch von Kulturen ist unaufhaltsam und eigentlich begrüßenswert. Doch mit diesem globalen Machtgefälle und der rassistischen Historie sollten wir eine Sensibilität dafür bekommen, dass nicht alle Menschen das gleiche Verhältnis zu Kulturen entwickeln können. Hinter Kultur steckt Geschichte. Jede*r von uns ist anders in dieser Geschichte verortet.

Indem wir das anerkennen, können wir dazu beitragen, dass diejenigen, die uns mit Kultur bereichern, auch diejenigen sind, die davon profitieren. Das Mindeste wäre es, Menschen nicht aufgrund ihrer Kultur zu diskriminieren.

Doch nicht nur BIPoC beeinflussen *weiße* Kulturen. Auch BIPoC übernehmen rassistische Narrative über sich selbst, die von *Weißen* etabliert wurden, und verändern ihren Kontext. Wie beim N-Wort im Rap zum Beispiel. Man kann sich darüber streiten, ob das N-Wort eine Form von internalisierter Unterdrückung oder ermächtigend ist, jedoch wird Macht und Bedeutung des Wortes verändert, je nachdem, wer es sagt.

Dass Kulturen sich vermischen, manifestiert sich auch in Menschen wie mir. *Weiße* Kultur ist auch meine, selbst wenn sie in vielen Punkten dafür gemacht worden ist, mich als Schwarze auszuschließen. Dennoch bin ich in ihr aufgewachsen, so wie meine Vorfahr*innen auch. Ein Verhältnis diesbezüglich zu finden, ist nicht leicht.

Die Musik von 2002 verbindet mich immer noch mit meinen Freund*innen von damals – mit den Babylon Bastards, der coolsten und peinlichsten Clique, zu der ich mich jemals zählen durfte. Doch hat es eine Weile gebraucht, den Wert, das Empowerment hinter dieser Zeit anzuerkennen. Denn wie bei den meisten Dreizehnjährigen verflog die übermäßige Identifikation mit afroamerikanischer Kultur. Als ich aus meinem Austauschjahr in Philadelphia zurückkam, war R’n’B nicht mehr so cool und wurde durch Indie-Musik ersetzt.

Die Central High School steht im Norden Philadelphias. Ein großes, quadratisches Backsteingebäude. Für amerikanische Verhältnisse ist sie richtig alt, seit 1836 gibt es sie. Damals gingen nur *weiße* Jungs auf diese Schule. Mittlerweile ist sie die diverseste öffentliche Highschool des ganzen Landes und eine der besten der Stadt. Ungefähr 2500 Schüler*innen lernen hier. Es war Sommer 2005, ich war 16 Jahre alt – und bereit, mein Jahr als Austauschschülerin anzutreten.

Um in der elften Klasse ein Jahr ins Ausland gehen zu können, braucht man normalerweise gute Noten und eine Menge Geld. Insbesondere, wenn man in die USA möchte, wird es teuer. Bis zu 10 000 Euro kostet die Vermittlung über eine Agentur. Wo genau sie ihre Zeit in den USA verbringen, können sich die Schüler*innen meist trotzdem nicht aussuchen, und so landen sie oft irgendwo zwischen Maisfeldern und Kuhweiden: Kansas, Wisconsin, Arkansas.

Gute Noten hatte ich, Geld nicht. Mein Onkel Bernie war meine Agentur. Ich zog bei ihm ein, und er organisierte einen Platz an der Central High für mich. Am ersten Tag pochte mein Herz immer lauter, je näher ich der Schule kam. Ich war bemüht, so routiniert wie alle anderen auszusehen, als ob dies kein besonderer Tag sei. Gelangweilter Blick, mittelschnelles Schritttempo. Wer als Teenager Fernsehen geschaut hat, meint zu wissen, wie eine Highschool aussieht. Die Flure sind von Spinden gesäumt, die Footballspieler laufen auf jeden Fall immer mit ihren Sportjacken herum, und die Cheerleader sind blond und gemein.

Abgesehen von den Spinden in den Fluren stimmte nichts von all den Erwartungen. Vor allem auf eine Sache war ich nicht gefasst: Metalldetektoren und Polizist*innen am Eingang. Meine Fassade als routinierte Schülerin bröckelte. Alle anderen liefen nacheinander durch die Scanner, als sei dies ein Flughafen und als wäre es völlig normal, dass man bei Schüler*innen Waffen vermutete. Willkommen in Amerika.

Hier gab es keine Schulklassen. Jede Stunde saß ich mit anderen Menschen in unterschiedlichen Klassenräumen. Schüler*innen hatten nicht alle gleichzeitig Pause, es gab keinen Schulhof, und das Gelände durften wir während des Schultags nicht verlassen – zu gefährlich. Der Tag begann nicht direkt mit Unterricht, sondern mit *Advisory*, einer halbe Stunde, in der die Anwesenheit der Schüler*innen kontrolliert wurde und sonst nicht viel passierte. Einige machten die letzten Hausaufgaben, andere frühstückten, die meisten unterhielten sich. Weil ich immer noch krampfhaft versuchte, nicht so zu wirken, als sei ich neu, traute ich mich nicht, jemanden nach dem richtigen Unterrichtsraum zu fragen. Stattdessen irrte ich zwanzig Minuten im Schulgebäude herum.

Als ich abgehetzt im Türrahmen des richtigen Raumes auftauchte, brach Jubel aus: »She made it«, riefen meine künftigen Mitschüler*innen und applaudierten, als hätten sie auf mich gewartet. Ein bisschen sogar, als ob sie mich bereits kannten. Ich verstand nicht, ob sie das aus Hohn oder aus Freundlichkeit taten. Miss Baker sorgte schnell für Ruhe und stellte mich vor: typischer Serienmoment. Die schüchterne und tollpatschige Neue von weit weg wird von der Lehrerin vorgestellt. Nahaufnahme ihres Gesichts: Sie lächelt gequält, fühlt sich offensichtlich unwohl, während sie die Neugier ihrer Mitschüler*innen aushalten muss. Totale auf den Klassenraum. Die restlichen Schüler*innen sitzen auf ihren Plätzen, mit schwer zu deutenden Blicken. Manche neugierig, andere ungeduldig, wieder andere gelangweilt. Doch in diesem Bild gab es einen entscheidenden Unterschied zu all den Fernsehserien. Die Klasse war nicht überwiegend *weiß*. Zum ersten Mal in meiner Schullaufbahn war ich eine Schwarze von vielen. Ich setzte mich auf meinen Platz, ein Stuhl mit eingebautem Tisch. »Hey Germany«, sagte der Junge neben mir. Das sollte mein neuer Spitzname werden: Germany. Da musste ich erst einmal über den Atlantik fliegen, um als deutsch angesehen zu werden.

Viele BIPoC, die in einem mehrheitlich *weißen* Land aufwachsen, sehnen sich beizeiten nach der »anderen Herkunft«. Also dem Land, mit dem sie von klein auf bei der Wo-kommst-du-her-Frage konfrontiert werden. Gerade wenn man jung ist, hat man die Hoffnung, dort nicht als »anders« zu gelten. Keine Mikroaggressionen mehr. Ein Leben ohne Mückenstiche – in den USA schien es auf einmal möglich: Hier konnte ich Schwarz und deutsch sein, etwas, das zu Hause unvereinbar schien. Ich war keine Vertreterin einer Gruppe, ich war ein Individuum. Hier konnte sich endlich etwas in mir entspannen, das in Deutschland permanent angespannt war. Es fühlte sich an wie nach Hause kommen.

Vieles fühlte sich jedoch ganz und gar nicht danach an. Ich war schließlich auf der anderen Seite des Ozeans, auf einem anderen Kontinent, sehr weit weg von zu Hause. Hier war vieles fremd. Ich war fremd.

Die Frage »Wo kommst du her?« musste ich mindestens genauso oft beantworten wie in Deutschland. Doch hier schien es mir berechtigt. Ich war schließlich von woanders her. Andere Fragen waren absurder: »Hast du fließendes Wasser zu Hause?«, wollte ein Mitschüler einmal von mir wissen. Ein Mädchen war überzeugt, dass Deutsche ständig nackt rumlaufen würden. Als ich im Unterricht zu viel quatschte, sagte meine Sportlehrerin zu mir: »Alice, this ist America. You cannot talk all you want.« Als ob ich aufgrund meines Deutschseins nicht aufgepasst hätte. Ich gab mir keine besondere Mühe, diese Menschen aufzuklären. Indem sie mich mit den blödesten Klischees über Europa und Deutschland konfrontierten, bestätigten sie gleichzeitig eines, das ich über Amerikaner*innen hatte: ignorant und unwissend. Manche würden sagen, ich hätte in den

USA Rassismus erfahren. Schließlich wurde ich mit Vorurteilen über Deutsche und Europäer*innen konfrontiert, die mich als unterlegen darstellten – rückständig und schmutzig. Für mich fühlte es sich allerdings nicht an wie Rassismus, eher wie Fremdenfeindlichkeit.

Fremdenfeindlichkeit und Rassismus sind zwei unterschiedliche Dinge. Ich unterscheide sie hier, in vielen Wörterbüchern ist die Definition mehr oder weniger die gleiche. Rassismus und Fremdenfeindlichkeit können gleichzeitig auftreten, tun sie auch oft, müssen sie aber nicht. Rassismus wird gerne Fremdenfeindlichkeit genannt, weil das weniger nach Ideologie, sondern nach missmutiger Einstellung klingt.

Die Fremdenfeindlichkeit, die ich erlebte, war eine ablehnende Haltung aufgrund eines realen Fremdseins. Sie bestand aufgrund von Ignoranz und eventuell mangelnder Toleranz. Doch in den USA war ich tatsächlich fremd. Was kein Grund ist, mich minderwertig zu behandeln, geschweige denn Klischees auszupacken.

Rassismus hingegen ist immer eine auferlegte Fremdzuschreibung. Fremdenfeindlichkeit existiert, wenn Menschen nur eine bestimmte Norm kennen, Rassismus existiert, wenn Menschen nur eine bestimmte Norm akzeptieren.

Rassismus folgt außerdem den systemischen Machtstrukturen, Fremdenfeindlichkeit nicht. Das bedeutet so viel wie: Ein *weißer* Engländer zum Beispiel mag in Deutschland Fremdenfeindlichkeit erleben, Rassismus allerdings nicht. Eine Schwarze Person, die in Deutschland geboren und aufgewachsen ist, erlebt in Deutschland Rassismus, aber keine Fremdenfeindlichkeit. Eine Schwarze Engländerin erlebt in Deutschland womöglich beides.

Am Unterricht merkte ich, warum Amerikaner*innen ihr Land für das beste der Welt hielten: Es wurde ihnen so beigebracht. Ich hatte ein Jahr lang *American History* bei Mr Appleman, dem ältesten Lehrer der Schule. Sein Unterrichtszimmer war tapeziert mit Postern von Soldaten. Er liebte die Army. Bei ihm lernten wir nichts über den Genozid an indigenen Völkern, auch nichts über transatlantischen Sklav*innenhandel.

Kritische Auseinandersetzung mit der eigenen Geschichte war im Unterricht überhaupt nicht vorgesehen. Ich erinnere mich, dass ich eine Stunde *American History* mit Bauchschmerzen beendete, weil ich so wütend war. Es ging um den Zweiten Weltkrieg und die Atombombenangriffe auf Hiroshima und Nagasaki. Wir sahen uns die Bilder an, wir lasen Zeitzeugenberichte von dem grausamen Geschehen. Doch als Mr Appleman fragte, wer von uns dachte, diese Bomben hätten nie abgeworfen werden sollen, war ich die Einzige, die ihre Hand hob. Alle anderen sahen den Angriff als logische Konsequenz der Attacke auf Pearl Harbor. Wenn du angegriffen wirst, hast du alles Recht zurückzuschlagen – das war ihr Argument. Ich hatte bis zu dem Zeitpunkt noch nicht einmal in Erwägung gezogen, dass man diese Bombenangriffe als etwas anderes sehen könnte als ein furchtbares Verbrechen. Ich verstand Patriotismus nicht – ich tue es bis heute nicht. Doch ich fand es interessant zu sehen, wie Patriotismus aussah, wenn er nicht mit Nationalsozialismus einherging.

Das bedeutete nicht, dass Rassismus in den USA keine Rolle spielte. Er war sogar viel offensichtlicher. Das war das Merkwürdige an den Staaten: Alles, einfach alles, schien größer. Straßen, Autos, Mahlzeiten, das Spektrum an Identitäten und eben Rassismus. Die Leute hier waren alle so unterschiedlich, aber alle waren Amerikaner*innen. Doch dass dieses Land jahrhundertelang Menschen nach Hautfarben sortiert hatte, war immer noch mehr als deutlich. Ich sah es im Bus auf dem Weg zur Schule, wenn die Häuser schlagartig von herausgeputzt zu abgewrackt wechselten – *weiße* Menschen hier, BIPoC dort. In der Schule hörte das nicht auf. Meine Pause war auf die fünfte Stunde gelegt. In den ersten Tagen saß ich alleine in der Cafeteria. Die Schule war zwar divers, jedoch nicht durchmischt. *Weiße,* Latinx, Asiat*innen und Schwarze saßen mehr oder weniger getrennt voneinander. Ich wusste nicht genau, wo ich hingehörte.

Ich traute mich nicht, mich zu den anderen Schwarzen zu setzen. Denn wenn ich das tat, musste ich mich mit der Realität konfrontieren, dass ich nicht so war wie sie. In Deutschland, vor dem Fernseher, war es ein Leichtes, sich mit Afroamerikaner*innen zu identifizieren. Doch hier merkte ich, wie deutsch ich war. Ich redete anders als sie, ich kannte die Spiele nicht, die sie spielten, ich trug andere Klamotten und glättete meine Haare nicht wie die anderen Mädchen. Das war mir unangenehm. Es bedeutete, dass es kein Land gab, in dem ich nicht »anders« war. Der Wunsch, hier die Zugehörigkeit zu erleben, die ich in Deutschland nicht fand, würde unerfüllt bleiben. Nicht Schwarz genug in den USA, nicht deutsch genug zu Hause. Nie, nie genug.

Mein damaliges Lieblingsbuch hieß *Zähne zeigen* und war von Zadie Smith. In dem Buch sagt ein Charakter namens Samad etwas, an das ich immer wieder denken muss. Die präzise Bedeutung ist bei der Übersetzung untergegangen, deshalb zitiere ich in beiden Sprachen:

»And then you begin to give up the very idea of belonging. Suddenly this thing, this belonging, it seems some long, dirty lie ... and I begin to believe that birthplaces are accidents, that everything is an accident. But if you believe that, where do you go? What do you do? What does anything matter?«

»Und dann fängst du an und verabschiedest dich schon allein von der Vorstellung, irgendwohin zu gehören. Plötzlich erscheint dir dieses Irgendwohingehören wie eine alte, schmutzige Lüge … und allmählich glaube ich, dass Geburtsorte Zufälle sind, dass alles ein Zufall ist. Aber wenn du das glaubst, wohin kannst du dann noch? Was machst du dann? Was ist dann überhaupt noch wichtig?«

Zu wissen, wo man herkommt, ist ein Privileg. Es nicht andauernd erklären zu müssen, auch. Zugehörigkeit ist nicht gleich Herkunft. Zugehörigkeit ist ein Bedürfnis. Herkunft ist ein Schicksal. Trotzdem hoffen wir, das eine im anderen zu finden. Wenn beides zusammengeht, dann nennt man das wohl Heimat.

Heimat ist ein Konstrukt, eine Wunschvorstellung. Wir suchen sie zwar oft in unseren Nationalitäten, in unserer Rassifizierung, doch Heimat kann nicht verortet oder an Bedingungen geknüpft werden. Philadelphia war lange ein fremder Ort, den ich Heimat nannte, bevor ich jemals dort war. Schließlich war es meine Antwort auf: »Wo sind deine Wurzeln?« Das Problem ist, dass wir gewohnt sind, Heimat als eine einzige Sache zu begreifen. Als ob es nur eine wahre Heimat geben könnte. Deshalb suchte ich vergebens nach einem Ort, dem ich vollständig zugehörte, wo ich das Wort »fremd« endlich von mir abschütteln konnte. Doch meine Heimat ist ein Mosaik. Und Philadelphia war nur ein Stein daraus.

Mir wurde bewusst, wie wenig ich eigentlich über meine amerikanische Herkunft wusste. Ich, die von sich behauptete, zweisprachig aufgewachsen zu sein, musste feststellen, dass mein Englisch alles andere als fließend war. Ich kam bei Unterhaltungen nicht mit, stieß immer wieder an die Grenzen meines limitierten Wortschatzes. Selbst meinen eigenen amerikanischen Namen sprach ich nicht korrekt aus.

»What's your name?«

»Alice.«

»What? Alix?«

»Alice. Like *Alice in Wonderland*?«

»Oh, you mean *Aaalice?*«

Alice – langes A, weiches L. In Deutschland sagten jedoch alle »Ellis«. Wer war ich, wenn ich meinen Namen noch nicht einmal richtig aussprach?

Ich gewöhnte mir die eingedeutschte Version meines Namens ab. Ich lernte Wörter, die in keinem Wörterbuch standen – »jawn«, »trippin«, »triflin«. Ich übte die spezielle Art, *water* auszusprechen, wie es nur Menschen aus Philadelphia tun. Ich lernte, wie man schaut, wenn man sauer ist, welchen Ton man anschlägt, wenn man sich freut, wann es angebracht ist, laut zu sein, wann nicht. Ich fing an, meine Haare zu glätten. Ich wurde immer besser im Amerikanischsein – oder eher: im Afroamerikanischsein. Und je besser ich wurde, desto mehr fand ich zu mir selbst.

Ich war gerade auf dem Weg zu Genetik, da stand auf einmal ein Schwarzes Mädchen vor mir. »Excuse me, are you the German girl?«, fragte sie mich. Sie schaute so ernst, dass ich zuerst dachte, sie sei von der Schulverwaltung und müsse mir mitteilen, dass ich etwas Wichtiges vergessen hätte. »Yes«, antwortete ich.

»Ich komme auch aus Deutschland«, sagte sie.

Damit hatte ich nicht gerechnet. Sie hieß Noura, und wir schauten uns an wie zwei Einhörner, die endlich zueinandergefunden hatten. Noura war in Deutschland geboren und mit zwölf zusammen mit ihren Eltern und ihrem kleinen Bruder nach Philadelphia gezogen. Wir tauschten sofort Nummern aus. »Wann hast du Pause?«, frage sie mich.

»Fünfte Stunde.«

»Ich auch«, sagte sie.

Was für ein Glück ich hatte.

Noura wurde mein Anker, meine beste Freundin. Und endlich hatte ich einen Tisch, an dem ich sitzen konnte. Ich lernte Wes, Danielle und Christina kennen. Nun saßen wir so gut wie immer zusammen. Diese Pausenstunde wurde zu meinem täglichen Highlight. Wir nannten uns die *Mixed Crew*, denn wir alle waren nicht nur afroamerikanisch. Noura hatte sudanesische Eltern, Wes hatte eine *weiße* jüdische Mutter, Danielles Vater war aus Brasilien, Christina war von zwei *weißen* Frauen adoptiert und wusste nicht genau, woher sie kam. Wir alle kannten das Gefühl, nirgendwo richtig dazuzugehören. Dieser Tisch ganz hinten in der Cafeteria war unsere kleine Insel, der Club der doppelten und halben Identitäten. Heimat für ein Schuljahr.

WAS KANNST DU SPÄTER MAL WERDEN?

»You can't be what you can't see« – du kannst nicht werden, was du nicht sehen kannst. Das hat die afroamerikanische Menschenrechtlerin Marian Wright Edelman gesagt, die sich für sozial benachteiligte Kinder einsetzte. Ich hörte den Spruch zum ersten Mal auf einer Podiumsdiskussion. In diesem simplen Satz steckte eine Menge drin. Ich verstand genau, was damit gemeint war, und wünschte, ich hätte ihn schon früher gekannt.

Was ich als Kind sah, waren Bühnen und Probenräume – denn da arbeiteten meine Eltern. Also wollte ich Schauspielerin werden. Ich schlich neugierig an unserer verschlossenen Wohnzimmertür vorbei, hinter der Dialoge geprobt wurden. Wenn ich versprach, ganz still zu sein, durfte ich zuschauen, wie mein Vater oder meine Mutter zusammen mit Schüler*innen oder Kolleg*innen Stücke einübten. Manchmal war ein Elternteil wochenlang weg, um in einer anderen Stadt oder in einem anderen Land zu arbeiten. Manchmal kamen wir alle mit. Nach Österreich, Italien, Frankreich, Irland. Meine Schwestern und ich verbrachten die Nachmittage in Theatersälen, während meine Eltern Proben leiteten, die wir kurz sehr spannend und dann sehr langweilig fanden. Wir schliefen bei stundenlangen Aufführungen Kopf an Schulter in der ersten Reihe. Wenn alles vorbei war und der Saal sich leerte, ging ich selbst auf die Bühne und stellte mir vor, wie es wohl war, vor Hunderten Menschen zu spielen.

Meine Eltern merkten, dass meine Schwester und ich uns für Schauspiel interessierten. Als ich sieben Jahre alt war, meldeten sie uns in einer Schauspielagentur für Kinder an. Mein erstes Casting war für eine Sendung namens *Die Anrheiner*. Ich sollte ein Kind spielen, das ohne Eltern irgendwo auftaucht, zu Trommelmusik tanzt und dann sagt, die Musik erinnere sie an ihr Zuhause. Ich bekam die Rolle nicht und war deswegen sehr traurig.

Mein großer Moment sollte ein paar Monate später kommen. Ich durfte als Sarah Mufango in der ARD-Serie *Der Fahnder* mitspielen. Der Plot: Die Mufangos geraten ins Visier von Neonazis und müssen auf ein Hausboot flüchten. Sarah lockt die Nazis versehentlich zum Versteck, weil sie sich noch einmal in ihr altes Haus schleicht, um ihre Puppe zu retten. Doch dort warteten schon die Bösen. Die Nazis tauchen mit Benzinkanistern auf, um das Hausboot samt den wehrlos und ängstlich in der Kombüse verharrenden Mufangos anzuzünden. Dann eilt in letzter Minute ihr Retter zu Hilfe: der Fahnder. Ein blonder, kerniger Typ mit aufgestelltem Mantelkragen. Ein Neunzigerjahre-Fernsehkommissar halt. Der Fahnder nimmt die Nazis fest, alles wird gut. Ende.

Monate später wurde die Folge endlich ausgestrahlt. Ich war wahnsinnig stolz. Nach dem Dreh hatte ich allerdings lange große

Angst vor glatzköpfigen *weißen* Männern. Jedes Mal, wenn mir einer auf der Straße entgegenkam, fing mein Herz an zu rasen.

Sarah Mufango war der Beginn und das Ende meiner Schauspielkarriere.

Ich ging zwar weiter zu Castings für Rollen, die nichts mit Trommeln oder Nazis zu tun hatten, doch immer erfolglos. Unserer Agentin wurde gesagt, dass sie meine Schwester und mich nicht mehr für »normale Rollen« schicken müsste. Denn uns zu besetzen, sei zu kompliziert: Man müsse dann extra erklären, wo wir herkämen, um das Publikum nicht zu verwirren. Wenn mal wieder Filme über Flucht oder Rassismus gedreht würden, dürften wir gerne noch einmal kommen. Wenig später flogen wir aus der Agentur.

Als Schauspieler*in zu scheitern, ist nicht ungewöhnlich. Die meisten Darsteller*innen bekommen keine Jobs, die wenigsten werden angemessen bezahlt. Selbst *weiße* Menschen können sich mit Schauspiel oft kaum über Wasser halten – obwohl bei ihnen Hautfarbe kein Ausschlusskriterium ist. *Weiße* dürfen alles spielen, ohne befürchten zu müssen, jemanden zu irritieren. Jake Gyllenhaal kann der *Prince of Persia* sein oder Christian Bale Moses, ohne dass erklärt werden müsste, warum sie eigentlich *weiß* sind. White Washing eben. Im Gegensatz zu Hollywood gibt es in Deutschland so gut wie nie Rollen, die *weiß* gewaschen werden könnten. Wenn nicht-*weiße* Menschen besetzt werden, dann oft nur als Klischees: als Kriminelle, als Putzkräfte oder als hilflose Opfer von Rassismus.

Doch es gibt Schauspieler*innen, die sich davon nicht beirren lassen. Sie stehen immer wieder auf. Bei ihnen wirkt ein Nein nicht so, als wäre ihnen eine Betäubungsspritze verpasst worden. Diese Menschen haben das Potenzial, neue Normen zu setzen, die Welt umzugestalten. Das sind Schauspieler*innen wie Thelma Buabeng, Denise M'Baye, Jane Chirwa, Tyron Ricketts, Selam Tadese oder Florence Kasumba. Sie sind held*innenenhaft. Durch sie verändert sich etwas im Filmbusiness. Ich hatte kein Durchhaltevermögen wie sie. Vielleicht, weil ich zu große Angst vorm Scheitern hatte und zu sehr auf andere hörte, wenn sie mir sagten, ich könnte bestimmte Dinge nicht, wie zum Beispiel als Deutsche im Fernsehen durchgehen. Das Frustrierende daran, wenn einem Chancen aus Rassismus verwehrt werden: Man erfährt nie, ob man Talent hat oder nicht. Vielleicht bin ich ja einfach eine schlechte Schauspielerin.

Nach dem Rauswurf aus der Agentur schrumpelte mein Traum zum Hobby. Ich sah mich nicht mehr professionell auf der Bühne stehen. Als meine *weiße* Freundin sich nach dem Abitur auf Schauspielschulen bewerben wollte, stand sie statt ich in unserem Wohnzimmer und übte Monologe mit meiner Mutter ein.

Ich hatte den Faden verloren – oder eher: die Vision. Ich hätte das tun können, was alle taten: Mich an einer Uni für irgendein Fach einschreiben, das mich interessierte. Psychologie oder Philosophie, Medien- oder Theater- oder Film- oder Politikwissenschaften. Doch ich konnte mir einfach nicht vorstellen, wie ich zur Uni gehe und in Hörsälen und Bibliotheken rumsitze. Welche Schwarze Person machte das schon? Studierende hießen doch Charlotte und Philipp, waren *weiß* und hörten Tomte und Tocotronic. Sie fanden Beyoncé lächerlich und feierten Rap nur »ironisch«, was auch immer das bedeutete. Außerdem benutzten sie Begriffe wie »Prolls« oder »Assis«, um vorwiegend türkisch-gelesene Männer zu beschreiben, deren Art zu reden sie sehr witzig fanden und gerne nachmachten. So war ich nicht. Dass ich mir Studierende so vorstellte, mag lächerlich klingen, denn natürlich gab und gibt es nicht nur den einen Prototyp. Natürlich studierten schon damals BIPoC in Deutschland. Ich kannte allerdings keine. Ich sah sie nicht.

Nachdem ich nach dem Abitur ein Jahr gekellnert, Jeans und Sneakers verkauft hatte, schien ich einen Kompromiss gefunden zu haben: Ich entschied mich dazu, Sport zu studieren.

Ein Sportstudium würde mir einen akademischen Abschluss bescheren, allerdings bliebe der Hörsaal- und Bibliotheksanteil verhältnismäßig niedrig. Mein Vater hatte Sport studiert – es war mir also nicht fremd. Und vor allem passte es gut ins Bild: eine Schwarze sportliche Person, das konnte ich sein. Das sah ich. Andere auch. Damit würde ich keine Erwartungen sprengen, kein Stirnrunzeln auslösen. Meine Freund*innen hielten meinen Plan für eine gute Idee. Wir alle schienen nur ein kleines, aber wichtiges Detail zu übersehen: Ich interessierte mich überhaupt nicht für Sport. Wenig war mir so egal. Ich war nie in einem Sportverein gewesen. Ich wollte nicht als Trainerin oder Lehrerin oder in der Forschung arbeiten. Was ich mir also von diesem Studium genau versprach, wusste ich nicht.

Es ist nicht so einfach, an der Sporthochschule in Köln zu studieren. An einem Tag muss man insgesamt 20 Prüfungen in sechs Sportarten absolvieren. Nur in einer darf man durchfallen. Etwa 35 Prozent der Bewerber*innen schafften den Eignungstest 2009 – ich war eine von ihnen. Beim Basketball kriegte ich zwar keinen richtigen Korbleger hin, meine Badminton-Performance war eher semi, und beim Sprung vom Einmeterbrett fiel ich durch. Aber ich war drin und schrieb mich ein für den Bachelor of Arts *Sport, Erlebnis und Bewegung.*

Ich wäre gern gewesen wie meine Kommiliton*innen. Sie kamen mir sehr unbekümmert vor. Im Winter Snowboarden, im Sommer Surfen, immer Wollmützen auf dem Kopf und zwischendurch viel feiern. Ich erlebte Sportstudierende als lebensfrohe Menschen, die sich nicht gerne intensiv mit dem politischen Weltgeschehen auseinandersetzen – es sogar einfach verdrängen konnten. Mir gelang das nicht.

Außerdem wurde mir bald klar, dass ich an etwa 80 Prozent der Kurse keinen Spaß hatte, an Anatomie, Kinetik, Statistik, Kraft- oder

Ausdauertraining. Wenn keine Anwesenheitspflicht bestand, war ich lieber bei Theaterprojekten oder lernte beim Unisender *Kölncampus*, wie man Radio macht. Dauernd fiel ich durch Klausuren oder Seminare. Ich hielt den Rekord in Drittversuchen. Ich hätte das Studium vielleicht abgebrochen, wäre ich nicht vom BAföG abhängig gewesen.

Ich verbrachte meine Zeit viel lieber im stickigen Studio des Uniradios als an der Sporthochschule. Dort machte ich bei der Kultursendung mit. Da saß ich nun doch mit ihnen zusammen, den Charlottes und Philipps. Ich redete anders als sie, ich hatte nicht die gleichen Bücher gelesen, ich ging nicht auf die gleichen Konzerte.

Manche sahen in mir die Sportstudentin, die in den Kursen kein einziges Buch aufschlagen musste und intellektuell unterlegen war. Ich weiß nicht, wie viel dieser Vorurteile mit meinem Studium zu tun hatten, wie viel mit meinem Schwarzsein oder meinem Geschlecht. Sicherlich spielte alles eine Rolle. Das tut es immer. Ich versuchte, mich anzupassen, beobachtete, wie sie sich ausdrückten, worüber sie redeten, was sie anzogen. Ich lernte, dass man wissen musste, wer Elfriede Jelinek ist. Und dass man *Die Blechtrommel* gelesen haben sollte, wenn man sich in der Kulturredaktion nicht blamieren wollte. Toni Morrison oder Maya Angelou waren eher unwichtig.

Von *Kölncampus* schaffte ich es zu einer Hörfunk-Hospitanz in einer Kulturredaktion. Je tiefer ich in die Welt des Kulturjournalismus eintauchte, desto weniger BIPoC sah ich. Und wenn es mal ein paar wenige gab, schienen die Redaktionen dadurch kaum diverser. Sie waren eher wie Carlton aus *Der Prinz von Bel-Air* – angepasst an eine *weiße* Norm. Ich bemühte mich, auch so zu sein. Mein Wissen über afroamerikanische Kultur hätte eine Bereicherung sein können, mir kam es vor wie ein Manko. Ich gewöhnte mir Wörter wie »Hybris«, »Tristesse« oder »obsolet« an und versuchte, Anglizismen zu vermeiden. Menschen, die englische Wörter nutzten, galten als Kulturbanausen. Hätten diese Menschen mal eine Unterhaltung zwischen meiner Mutter, meinen Schwestern und mir gehört, hätten sie wahrscheinlich nur den Kopf geschüttelt. Wir wechseln ständig vom Deutschen ins Englische, oft innerhalb eines Satzes. Der Begriff für solche Sprachwechsel ist *Code Switching*. (Sorry, Anglizismus ließ sich hier nicht vermeiden.) Viele Menschen, die mehrsprachig aufwachsen, machen das. Eigentlich schön, so eine Neuerfindung von Sprache. Doch der kreative Umgang mit Fremdsprachen wird in der Regel nur bei *weißen* Menschen als kultiviert empfunden. Und auch nur, wenn es sich um europäische Sprachen handelt.

Fremdsprachen werden nicht alle gleich gewertet. Arabisch oder Türkisch werden weniger geschätzt als Französisch oder eben Englisch. Und selbst da macht der Dialekt noch einen Unterschied. Das ist Eurozentrismus.

Umgangssprachlich wird Code-Switching oft anders benutzt: als Wechsel zwischen Sprecharten, die man in verschiedenen Kontexten anwendet. Ich lernte den Code der *weißen* Bildungsschicht und verstand immer besser, wie man gut durch Unterhaltungen kam. Es lief und läuft ungefähr so: Eine*r sagt etwas Schlaues. Wenn man weiß, worüber geredet wird, geht man darauf ein. Wenn nicht, fragt man nicht nach, sondern erwidert etwas anderes Schlaues und wechselt so elegant das Thema. Nach und nach spielt man dann seine schlauen Trümpfe aus, bis keiner mehr übrig bleibt.

Code-Switching bedeutete für mich, Wörter wie »Hybris« oder »obsolet« zu nutzen. Oder öfter zu erwähnen, dass meine Schwarze Mutter bei der berühmten Choreografin Pina Bausch getanzt hatte, um dem Vorurteil vorzubeugen, ich käme aus einem sogenannten »bildungsfernen Haushalt«. Der einzige Weg, einer Karriere näherzukommen, schien, mich zu verstellen.

Je besser ich den neuen Code beherrschte, desto schwerer fiel mir festzustellen, wann ich mich verstellte und wann ich authentisch war. Schließlich färbt das Umfeld auf eine*n ab, man entwickelt und verändert sich. Wann war ich also »wirklich« ich? Wer war ich überhaupt? Beim Versuch, in ein überwiegend *weißes* Umfeld vorzudringen, schien ich mich selbst zu verlieren. Ich steckte irgendwo zwischen Identitätskrise und Hochstapler*innensyndrom.

Ich war Carlton geworden. Für diejenigen, die *Der Prinz von Bel-Air* nicht kennen: Das ist eine Serienfigur aus den 1990ern, die mich geprägt hat, vielleicht sogar eine ganze Generation von Kabelfernsehkindern.

Will Smith (gespielt von Will Smith) zieht in der Serie von Philadelphia nach Los Angeles zu seiner reichen Tante Vivian und seinem Onkel Phil. Die ganze Familie ist Schwarz, doch davon merkt man wenig: Ihr Alltag findet zwischen Golfclubs und Dinnerpartys statt, ihr Bekanntenkreis ist *weiß*. Carlton, Wills gleichaltriger Cousin, hat meist einen pastellfarbenen Pullover über die Schultern gelegt, eine Vorliebe für Tom Jones und einen sehr eigenen Tanzstil. Er ist ziemlich uncool. Und damit der Gegenpart zu Will, der sich nicht anpasst, sondern seinen Kleidungs- und Sprachstil behält. *Der Prinz von Bel-Air* ist zwar eine Comedy-Serie, doch sie thematisiert eine große Frage, die heute noch viele BIPoC beschäftigt: Wie verändern sich Identität und Kultur mit sozialem Aufstieg?

Sozialer Status und Rassifizierung scheinen sich nur schwer voneinander trennen zu lassen. Das ist meist tief verankert: Reich/gebildet = *weiß*. Arm/ungebildet = BIPoC. Wie sieht eine typische wohlhabende Schwarze Akademikerin aus? Ich habe kein Bild dazu, weil es dieses Stereotyp nicht gibt.

In den USA gibt es einen Begriff für den Versuch von BIPoC, sich der *weißen* Bildungsschicht anzupassen: *Acting White*. Die Konsequenz für Schwarze Kinder, die sich benehmen und kleiden wie *Weiße*, ist oft sozialer Ausschluss aus der eigenen Gruppe.

Meine Mutter etwa wurde als Kind von anderen Kindern aus ihrer Nachbarschaft ausgegrenzt, weil sie eine bessere Schule besuchte und Ballett tanzte. Um dem entgegenzuwirken, organisierte sie eine Halloween-Party. Keines der *weißen* Kinder aus ihrer Schule war eingeladen, es sollte eine Feier für die Kinder aus der Gegend sein. Sie schmückte das Haus, besorgte Essen und Getränke – doch niemand kam. Meine Mutter blieb allein. Aufstieg oder Community: Oft scheinen BIPoC vor dieser Wahl zu stehen. Selbst ich spürte und spüre den Druck dieses Dilemmas noch, obwohl die Linien zwischen Schwarz und *weiß* in meiner Familie längst verwischt sind. Ich hatte noch nicht mal eine Schwarze Community, aus der ich hätte ausgegrenzt werden können. Ich musste nur aus den Erwartungen anderer an mich ausbrechen, aus allgemeinen Stereotypen, und das fiel mir schon schwer genug.

Als die afroamerikanische Schauspielerin Viola Davis 2015 als erste Schwarze Frau als beste Schauspielerin mit einen Emmy ausgezeichnet wurde, zitierte sie, sehr lose, die Schwarze Freiheitskämpferin Harriet Tubman aus dem 19. Jahrhundert:

»In meinen Gedanken sehe ich eine Grenze. Ich sehe grüne Felder und liebliche Blumen und wunderschöne weiße *Frauen, die ihre Arme nach mir ausstrecken, um mir über die Linie zu helfen. Aber es scheint nicht möglich zu sein. Es scheint, als ob ich nicht über diese Grenze treten kann.«*

Was Viola Davis damit sagt: Selbst wenn alle Möglichkeiten für BIPoC offen zu stehen scheinen und *weiße* Menschen verkünden, dass sie Diversität begrüßen, gibt es doch eine unsichtbare Grenze, die einen vom Aufstieg abhält. Eine Grenze, die sich in den Strukturen widerspiegelt. Selbst wenn man in dominant *weiße* männliche Räume vordringt, bleibt der Handlungsspielraum doch limitiert. Assimilation wird erwartet: Seid einfach wie Carlton. Neue Perspektiven, die die Kolleg*innen herausfordern würden, sollte man in Kulturredaktionen lieber für sich behalten.

Doch jetzt hing ich identitätsmäßig zwischen den Stühlen. Meine alten Freund*innen fanden mich auf einmal besserwisserisch. Wenn ich über Politik und Kultur redete, waren sie genervt. Sie meinten, ich würde ihnen unter die Nase reiben wollen, dass ich nun anders war als sie. Mein damaliger Freund warf mir vor, meine Karriere wäre mir wichtiger als unsere Beziehung. Eine starke Meinung haben, Karriere machen – das war der Job *weißer* Männer, nicht Schwarzer Frauen. Ich wollte niemandem auf die Füße treten, nicht egoistisch sein, schon gar nicht hochnäsig. Am allerwenigsten wollte ich so wirken, als ob ich *weiß* sein wollte. Aber die Wahrheit war: Ich wollte Karriere machen. Ich wollte Journalistin sein, ich wollte sein wie die *weißen* Frauen, die ich in den Redaktionen traf. Oder besser: Ich wollte das Gleiche machen. Ein Jahr lang schaute ich immer wieder auf die Webseite der DJS, der Deutschen Journalistenschule in München. Auch hier gab es einen aufwendigen Aufnahmetest, den es zu bestehen galt. Statt um Sprints und Turnküren ging es jetzt um Allgemeinwissen. 30 Masterstudierende wurden pro Lehrjahr aufgenommen, es bewarben sich Hunderte. Mein Vater sagte, ich sollte mir nicht zu viele Hoffnungen machen. Er meinte es gut. Doch Zweifel von außen hatten nicht mehr die gleiche Wirkung auf mich wie nach dem Abi. Ich war bereit. Aus dem Sportstudium wusste ich, dass man alles lernen kann, wenn man nur trainiert. Aus meiner Zeit unter Kulturjournalist*innen wusste ich, wie man sprechen muss, um für schlau gehalten zu werden. Und von den Castings in meiner Kindheit wusste ich, wie komisch es sich anfühlt, für seine Performance direkt bewertet zu werden.

Und tatsächlich, ich schaffte es.

Als Kölnerin fand ich München gewöhnungsbedürftig. So sah also eine Stadt aus, die nicht vollkommen pleite ist. Sehr schön, sehr langweilig. Die Jahre zwischen 2014 und 2016 waren eine merkwürdige Zeit, um Journalistin zu werden. Wenige Meter von meinem Haus entfernt wurden Beate Zschäpe und anderen Nazis der Prozess gemacht. Dann tauchten montagabends Demonstrant*innen am Odeonsplatz auf, an denen ich nach der Schule vorbeiradeln musste: Pegida. Sie hatten Angst um Deutschland, ich hatte Angst vor ihnen. Im Sommer 2015 schauten alle nach München, als dort Geflüchtete ankamen und viele Münchner Hilfsbereitschaft zeigten, für die sie bald von Rechten als »Bahnhofsklatscher« beleidigt wurden. Parallel wurde das Schimpfwort »Lügenpresse« immer populärer. Plötzlich musste ich meine Berufswahl verteidigen, Leuten ernsthaft versichern, dass ich noch nie Geheimdienstler*innen in Redaktionen gesehen hatte. Dann kam Silvester in Köln. Diese furchtbare Nacht löste einen rassistischen Dammbruch in Deutschland aus. Die AfD zog in die Landtage ein, bald darauf beschloss Großbritannien, die EU zu verlassen, und kurz vor Ende meines Studiums: Trump for President. Die Welt schien nach den zwei Jahren noch fragiler, rassistischer und verwirrender. Der Hass auf Minderheiten und auf Journalist*innen war laut, offen und angstfrei. Als ich die Journalistenschule beendete, wollte ich mehr als nur Theater- und Tanzrezensionen schreiben.

Weil all diese Ereignisse während meiner Journalist*innenausbildung so unumgänglich waren, merkte ich einmal mehr, wie *weiß* die Medienlandschaft war – genauso wie meine Klasse an der DJS. Ich war die einzige BIPoC und machte die meiste Zeit einen auf Carlton. Die meisten meiner Kommiliton*innen und Dozent*innen waren zwar neugierig, aber nicht besonders sensibel, was Rassismus betraf. Die Mehrheit schien sich nicht wirklich damit befassen zu wollen. Viele waren der Meinung, das Thema Rassismus wäre schon Hunderte Male durchgekaut worden. Mir kam es vor, als ob eine ernsthafte Diskussion darüber noch nicht mal angefangen hatte. Das war im *weißesten* Umfeld, in dem ich wohl jemals war, teilweise schwer auszuhalten. Doch ich lernte eine Menge. So waren, so sind sie also: die Menschen, die unsere Medien machen.

Bis heute liegt der Anteil der Journalist*innen mit Migrationshintergrund bei gerade einmal zwei Prozent – in einer Gesellschaft, in der 20 Prozent keine ausschließlich deutsche Herkunftsgeschichte haben. Nicht-*weiße* Journalist*innen müssen also damit rechnen, dass sie wenig andere BIPoC in der Redaktion finden werden. Zum Glück gibt es Social Media und Vereine wie die Neuen Deutschen Medienmacher*innen, die sich für mehr Diversität in Redaktionen einsetzen. Vernetzung ist wichtig.

Aber auch Journalist*innen, deren Eltern wenig Geld und/oder nicht studiert haben, sind oft allein in der Redaktion. Man muss sich erst einmal leisten können, reihenweise schlecht bis unbezahlte Praktika machen zu können. Ich schaffte es nur, weil ich dank meines Sportstudiums zwischendurch Jobs als Performerin machen konnte (Bewegungstheater als Hauptfach an der Sporthochschule sei Dank). Zusätzlich schob ich lange Gastronomieschichten nach einem ohnehin schon langen Tag im Praktikum.

Es ist eine Gratwanderung, wie viel Carlton-Habitus man braucht, um einen Fuß in die Tür zu bekommen. Wie viel man übernehmen kann, ohne sich selbst zu verlieren. Ich habe ständig Angst, dass das Einzige, was sich in diesem Umfeld verändert, ich selbst bin. Dass ich nichts bewirke, nur als Maskottchen für eine *weiße* Redaktion herhalte. Schließlich wird mir das auch gerne von *weißen* Menschen unterstellt. »Du hast Exotenbonus.« »Die haben dich bestimmt genommen, weil du Schwarz bist.« »Im Moment suchen doch alle Schwarze in ihren Redaktionen.« Das sagten Kolleg*innen und Kommiliton*innen zu mir, als ich meinen ersten Job bekam. Ein Dozent der DJS sagte am Tag der Abschlussfeier: »Ich glaube nicht, dass du lange als Journalistin arbeiten wirst.« Journalistin, das würde nicht so richtig zu mir passen. Er sah es anscheinend nicht.

Auf BIPoC, die in einem überwiegend *weißen* Umfeld arbeiten, liegt eine ungewollte Verantwortung. Unser Karriereweg ist politisch. Die Entscheidungen, die wir treffen, sind so oft größer als wir selbst. Ich hoffe, dass BIPoC, die heute in der Schule sind, sich in mehr Dingen sehen können als ich früher. Dass sie früher verstehen, was sie alles sein können, ohne sich verstellen zu müssen.

3 KÖRPER

HAARE

Ich stehe vor der Schlange zur Toilette im Club. Es ist ein kurzer Moment, in dem die wummernden Bässe etwas leiser werden und ich nicht schreien muss, um mich zu verständigen. Angelehnt an die zugetaggte Wand im schmalen Gang frage ich mich, warum Menschen, inklusive mir, sich so gerne die Nacht in dunklen stickigen Clubs um die Ohren schlagen und dabei monotone, viel zu laute Musik hören – wenn sie auch einfach schlafen könnten. Vor mir in der Schlange stehen zwei Frauen, die zwar wesentlich wacher scheinen als ich, aber nicht weniger betrunken. Eine dreht sich zu mir um. Bevor wir auch nur ein Wort miteinander gewechselt haben, spüre ich ihre Hand in meinen Haaren. Sie greift hinein, drückt meine Locken zusammen und zieht sie lang. »Du hast so schöne Haare«, sagt sie zu mir und strahlt mich an.

Es ist bei Weitem nicht das erste Mal, dass mir eine fremde Person ungefragt in die Haare fasst. Eigentlich passiert es fast immer, wenn ich ausgehe. Afrohaare scheinen wie ein Magnet für fremde Finger zu wirken. Ich bin mit meinen Erfahrungen nicht allein. Im Netz kann man diverse Erlebnisberichte durchlesen – und nicht ohne Grund schrieb die afroamerikanische Sängerin Solange ein Lied mit dem Titel »Don't Touch My Hair«.

Die Frau im Club fährt also weiterhin begeistert durch meine Haare. Ich lasse sie gewähren, fühle mich wie ein braves Tier im Streichelzoo und hoffe, dass es bald vorbei ist. »Nerven sie dich? Man möchte ja immer das, was man nicht hat«, sagt sie.

Nerven sie dich? Ganz ehrlich, wer fragt denn eine fremde Person, ob sie genervt von ihren eigenen Haaren ist? Doch die Frage kommt nicht von ungefähr. Eines hat die Frau wohl schon mitbekommen. Afrohaare gelten als widerspenstig, störrisch, unzähmbar – nervig eben.

Was im Zusammenhang mit meinen Haaren nervt, ist vor allem das übergriffige Verhalten anderer Leute. Abgesehen davon, dass ich schon unzählige Hände in meinen Haaren hatte, machen sich schon mein ganzes Leben lang Menschen über meine Locken lustig. »Hast du in eine Steckdose gefasst?«, fragten mich Kinder bereits in der Grundschule und nannten mich »Wischmopp« oder »Schaf«. Während des Gymnasiums bekam ich von einer Freundin den Spitznamen »Tingeltangel-Bob«, nach dem lockigen Bösewicht aus *Die Simpsons*. Eine Weile lang fragten mich ältere Jungs auf dem Schulhof, ob sie meine Haare rauchen könnten. Eine Frage, die nur durch eine Vermischung jeglicher Stereotype gegenüber Schwarzen entstehen kann. Als »Busch« werden meine Haare ebenfalls häufig bezeichnet. Sagen wir mal so, charmant sind diese Bemerkungen alle nicht, zutreffend schon gar nicht. Trotzdem haben anscheinend viele kein Problem damit, mir diese Dinge ins Gesicht zu sagen. Sie scheinen davon auszugehen, dass ich meine Haare genauso witzig und ungewöhnlich finde, wie sie es tun. Vielleicht liegt es auch daran, dass diese Aussagen oft mit einer gegensätzlichen einhergehen. Zuerst Kompliment (»Schöne Haare«), dann Abwertung (»Nerven sie dich?«). Dann Neid. Viele *weiße* Menschen sagen mir, sie hätten auch gerne so Haare wie ich. Ich weiß bis heute nicht, wie ich auf so eine Aussage reagieren soll, weil ich auch nicht genau verstehe, was sie meinen. Meinen sie damit, dass sie gerne Schwarz sein wollen? Oder wären sie weiterhin gerne eine *weiße* Person, aber mit

Afro? So oder so habe ich ihnen nie geglaubt. Spätestens beim ersten Friseurbesuch würden sie sich ihre glatten Haare zurückwünschen.

Als ich acht Jahre alt war, beschloss mein Vater, dass es Zeit war, meine bis zu den Ellbogen reichenden Haare abzuschneiden. Ich mochte meine langen Locken sehr. Zwar waren meine Haare nicht blond wie die meiner Barbiepuppen oder der Prinzessinnen auf den Märchenbüchern, die ich unglaublich schön fand. Im Kindergarten betonte ich deshalb oft: »Im Spiel hätte ich wohl blonde Haare bis zum Boden«. Doch mit acht hatte ich schon aufgegeben, eine Prinzessin sein zu wollen. Wenn ich nicht aussah wie eine, dann war ich eben keine.

Jedoch wurden mit den Haaren auch die Sitzungen länger, die ich lippenbeißend auf dem Boden hockte, während sich meine Mutter auf dem Sofa durch meine stark verknotete Mähne kämpfte, weil ich mich weigerte, sie beim Spielen im Zopf zu tragen. Ich ertrug das Ziepen an der Kopfhaut kaum. Und meine Mutter hatte nach dem Kämmen Muskelkater in den Armen.

Mein Vater brachte mich also zum ersten Mal zum Haareschneiden. Wir landeten »Bei Fred«, fünfhundert Meter von unserer Wohnung entfernt. Aufgeregt lächelte ich mein Spiegelbild an, während mir Fred höchstpersönlich einen Kittel umlegte. Fred war weniger begeistert. Er beschwerte sich, woher er denn wissen solle, wie man mit diesen Haaren umginge. Viel zu lockig seien sie. Er machte also stur das, was er immer tat. Am Ende schämte ich mich dafür, so eine Zumutung für den Friseur gewesen zu sein, auch wenn mein Vater versuchte, mich aufzubauen. »Cool siehst du aus«, sagte er mit Begeisterung. Doch ich war nur schwer zu überzeugen. Fred hatte mein Haar nass auf eine Länge geschnitten und nicht daran gedacht, dass es sich nach dem Trocknen zusammenziehen würde. Meine Haare formten nun eine Art Viereck. In der Schule hörte ich die gängigen

Sprüche, jetzt, wo meine Haare noch mehr von meinem Kopf abstanden.

Die Pflege von Afrohaaren ist in Deutschland nicht einfach. Die meisten Friseur*innen können nicht mit ihnen umgehen. Doch nicht nur das: Als ich aufwuchs, konnte ich mich auch nur schwer selbst um meine Haare kümmern. In den Drogerien waren nämlich keine Haarprodukte für mich zu finden. Es gab Shampoos für feines Haar, für welliges Haar, für mehr Volumen und für »normales Haar« – damit war meines nicht gemeint. Die Kämme waren zu fein, die Haargummis zu eng, und die minikleinen Haarklammern sprengte ich sofort mit meinen Locken. Auch in den Magazinen, die ich als Mädchen zu lesen begann, sah ich mich nicht. Schmink- und Frisiertipps in Hülle und Fülle – aber alle für glatte Haare, für helle Haut. Auch an meinen Haaren zeichnete sich das Problem mit der Repräsentation ab: auffallen und rausfallen. Sichtbar auf der einen, unsichtbar auf der anderen Seite.

Als ich aufwuchs, sah ich kaum Frauen mit Afrolocken. Das lag nicht nur daran, dass ich in einem mehrheitlich *weißen* Land aufwuchs. Auch Schwarze Frauen tragen ihre Haare selten so, wie sie aus ihrem Kopf wachsen. Denken wir mal an berühmte Schwarze Frauen: Beyoncé, Michelle Obama, Oprah Winfrey oder Rihanna. Potenzielle Idole, vor allem für Schwarze Frauen und Mädchen. Keine von ihnen trägt ihre Haare üblicherweise natürlich. Sie sind geglättet, gefärbt, unter Perücken versteckt oder mit Extensions versehen. Das ist kein Verbrechen. Diese Frauen dürfen mit ihren Haaren machen, was sie wollen. Zufall ist es allerdings auch nicht. Afroamerikanerinnen geben durchschnittlich neunmal so viel für Haarprodukte aus wie *weiße* Amerikaner*innen. Das Geld fließt zum großen Teil in künstliches Haar und chemische Glättungsmittel, auch *Relaxer* genannt. Es ist eine Paste, die so aggressiv ist, dass sie bei falscher Anwendung Verbrennungen an der Kopfhaut oder Haarausfall verursachen kann. Trotzdem: Dass Schwarze Frauen ihre Haare glatt tragen, ist keine Ausnahme, es ist die Norm – nicht nur in den USA, sondern weltweit. Ihnen wird, sehr erfolgreich, die Idee verkauft, dass sie mit glatten Haaren attraktiver wären.

Die Wahrheit ist: Das gesellschaftliche Schönheitsideal ist *weiß*. Oder anders gesagt: eurozentrisch. Das bedeutet, dass europäische beziehungsweise *weiße* Vorstellungen und Werte als erstrebenswerte Norm gelten. Menschen auf der ganzen Welt orientieren sich daran. Das hat unterschiedliche Ausmaße – Schwarze Menschen glätten sich die Haare, im Iran sind Schönheitsoperationen an der Nase gängig, in vielen asiatischen Ländern lassen sich Menschen Lidfalten operieren. Dass *weißes* Haar im Gegensatz zu Afrohaaren als schön gilt, merkt man allein schon an der Sprache. Glatte Haare sind seidig, wallend, geschmeidig. Afrohaare sind kraus, krisselig, störrisch. Ein Wort, das die Schönheit von Schwarzem Haar ausdrückt, gibt es nicht.

Ich glättete meine Haare das erste Mal mit sechzehn in Philadelphia. So gut wie kein Schwarzes Mädchen trug ihre Haare auf natürliche Weise. Die Bemerkungen über meine Locken hörten also in den USA nicht auf. Viele fanden es irritierend. »Warum glättest du deine Haare nicht?«, wurde ich immer wieder gefragt. »Vielleicht solltest du mal Relaxer benutzen«, riet mir eine Frau, als ich mir Haarprodukte kaufte. Als ich an einem Samstag bei Noura war, beschlossen wir, unseren Nachmittag mit meinem Umstyling zu verbringen. Es knisterte und qualmte, während sie das Glätteisen Strähne für Strähne durch meine Haare führte. Zwei Stunden später war Nouras Zimmer vernebelt vom Qualm, und meine Haare waren glatt. Ungläubig schaute ich in den Spiegel, fuhr mit den Fingern immer wieder durch die glatten Strähnen. Ich fühlte mich richtig schön. Am kommenden Montag bekam ich vor allem von Jungs Komplimente dafür, dass ich meine Locken geglättet hatte. Ich konnte endlich Frisuren ausprobieren, die ich in Magazinen sah, und musste mich nicht darum sorgen, dass ich auffiel. Mit glatten Haaren wurde die Welt ein bisschen einfacher. Ich kann also gut verstehen, warum viele Schwarze Frauen sich gegen ihre Locken entscheiden.

An Afrohaaren klebt Stigma. Schwarze Menschen, die ihre Haare natürlich und offen tragen, werden entweder als ungepflegt oder »wild« wahrgenommen. In meinem Leben wird das durch die Bemerkungen nicht-Schwarzer Menschen deutlich: Ich werde regelmäßig gefragt, ob ich meine Haare waschen oder kämmen könnte – und wenn ja wie? Als sei es schier unmöglich, meine Haare mit Wasser und Shampoo in Berührung zu bringen. Ich habe schon vielen Menschen, die mir oft komplett fremd waren, erklärt, wie lange es dauert, bis meine Haare nass sind, und wie lange, bis sie wieder trocken werden. Nur: Wie und wann man sich wäscht und pflegt, sind sehr private Informationen, die man nicht unbedingt jeder Person erzählen möchte. Ich kam mir vor, als ob mir mit diesen Fragen eine mangelnde Hygiene unterstellt wurde. Die Erklärung, wie ich meine Haare wasche, fühlt sich an wie eine ungewollte Rechtfertigung. Das ging mir besonders als Teenager so – als Körperhygiene ohnehin ein stressiges Thema wurde. Viele fanden es komisch oder eklig, dass ich meine Haare nur einmal die Woche wusch. Doch Afrohaare werden nun mal nicht fettig, sondern trocknen durch häufiges Waschen aus. Auch wenn *weiße* Menschen Afrohaaren eine gewisse Robustheit unterstellen und deshalb unbekümmert durch die Haare Schwarzer Menschen wuscheln, ist das Gegenteil der Fall. Afrohaare brechen schnell ab, sie brauchen Öl und Kuren, um elastisch zu bleiben.

Doch egal, wie gepflegt natürliche Afrohaare sind, die Assoziation von Seriosität und Professionalität scheinen sie in einer eurozentrisch geprägten Gesellschaft nicht zu wecken. Bei Bewerbungsgesprächen oder Interviews trage ich meine Haare oft zusammengebunden. Denn mögen sie vielleicht als cool oder schön wahrgenommen werden, wenn ich in einem Club bin, will ich dennoch nicht das Risiko eingehen, dass meine Interviewpartner*innen oder meine künftigen Arbeitgeber*innen an ein Schaf, einen Wischmopp oder die Simpsons denken müssen, wenn sie mich sehen.

Ungepflegt, anders, witzig, krass. Das alles sind Assoziationen, die in eine tiefe historische Wunde stechen. Nachdem Afrikaner*innen nach Amerika verschifft und versklavt wurden, wurden viele von ihnen gezwungen, ihre Haare abzuschneiden. Doch Haare waren unter vielen afrikanischen Völkern mehr als nur eine Frisur. Mit den Haaren vermittelten sie sozialen Status und Volkszugehörigkeit. An diesen Frisuren konnte man beispielsweise die Herkunft, das Alter und den Familienstand einer Person ablesen. So trug das Abschneiden der Haare zum immensen Identitätsverlust bei. In den USA hatten versklavte Menschen wenig Mittel zur Verfügung, ihre Haare richtig zu pflegen.

Das Tragen von traditionell Schwarzen Frisuren wie Afros, Dreadlocks, Cornrows oder Braids wird heute immer noch unterdrückt. Weltweit gibt es Arbeitgeber*innen und Schulen, die traditionell Schwarze Frisuren verbieten. 2016 machte eine Mädchenschule im südafrikanischen Pretoria internationale Schlagzeilen, als Schülerinnen gegen die diskriminierenden Regeln protestierten. Afrohaar wurde an der Schule als unordentlich und als undamenhaft angesehen.

Afrohaar und die Art, wie man es trägt, ist politisch. Die nigerianische Autorin Chimamanda Ngozi Adichie sagte einmal in einem Interview, dass Barack Obama die Wahl zum Präsidenten nicht gewonnen hätte, wenn seine Frau Michelle ihre Haare natürlich getragen hätte. Michelle Obama hätte als rebellisch, unangepasst, unpatriotisch gegolten. Als zu Schwarz. Sie wäre mit der Black-Panther-Bewegung der 1960er- und 1970er-Jahre assoziiert worden, die in den USA vor allem von *Weißen* als antiamerikanisch und gefährlich erinnert wird.

Doch langsam verändert sich etwas. 2009, vier Jahre nach meinem Austauschjahr in Philadelphia, veröffentlichte der Comedian Chris Rock den Dokumentarfilm *Good Hair*. Er handelte von den Ausmaßen der Schwarzen Haarindustrie. Jahresumsatz in Milliardenhöhe, indische Mädchen, deren Haare verkauft wurden, und Schwarze Frauen, die ihr letztes Geld zusammenkratzten, um sich eine Perücke aus Echthaar leisten zu können. Der Film stieß eine landesweite Diskussion über Schönheitsideale unter Schwarzen Frauen an. Sie schwappte über die USA hinaus, und mittlerweile hat sich eine weltweite Bewegung gegründet, die sich gegen Diskriminierung und für Anerkennung von Afrohaaren einsetzt. Sie zeigt Wirkung. 2019 hat Kalifornien als erster US-amerikanischer Bundesstaat die Diskriminierung von Afrohaaren offiziell verboten. Weltweit haben immer mehr Schwarze Frauen weder Lust, sich für ihre natürlichen Haare und Frisuren zu schämen, noch wollen sie Unmengen von Geld für falsches Haar ausgeben, nur damit sie gesellschaftlich akzeptiert werden. Auch in Deutschland bewegt sich etwas. Vereinzelt werden in deutschen Drogerien mittlerweile Produkte für Afrohaare angeboten. Und statt sich mit Magazinen abzufinden, die Schwarze Menschen ignorieren, nehmen viele die Sache selbst in die Hand und geben auf sozialen Netzwerken Tipps für die Pflege von Afrohaaren. Damit verändern sie nicht nur ihr eigenes Selbstwertgefühl, sondern auch gesellschaftliche Normen. Natürliches Afrohaar und Schwarze Frisuren sind eine Kampfansage gegen das eurozentrische Schönheitsideal.

»Nerven sie dich? Man will ja immer das, was man nicht hat.« Da waren wir stehen geblieben. Im Club um halb fünf vor der Toilette. »Nein. Ich bin ganz zufrieden mit meinen Haaren«, antworte ich der Frau. Sie schaut etwas überrascht und nickt dann enthusiastisch.

»Ja, deine Locken sind ja auch nicht ganz so kraus«, sagt sie und verschwindet in der Toilettenkabine, die gerade frei geworden ist.

HAUT

Persönlich verstehe ich nicht, warum es überhaupt verschiedene Meinungen über die schönste Jahreszeit gibt. Natürlich ist es der Sommer. Es wird früh hell und bleibt lange warm, man hält sich gerne draußen auf und kann endlich seinen Vitamin-D-Mangel ausgleichen. Und die brütende Hitze? Besser als Dauerregen, Dunkelheit und Kälte, finde ich. Ich würde die Möglichkeit, gemütlich eine Tasse Tee vor einem verschneiten Fenster zu trinken, jederzeit gegen einen längeren Sommer tauschen.

Eine unangenehme Seite hat der Sommer für mich allerdings auch. Mit den Temperaturen steigt die Zahl der unangenehmen Fragen an: »Kannst du überhaupt brauner werden?«, oder: »Kannst du Sonnenbrand bekommen?«

Diejenigen, die jetzt verunsichert sind und das nicht klar beantworten können, denen will ich noch einmal helfen. Die Antwort lautet: NATÜRLICH! Natürlich kann ich das! Mein Körper funktioniert genauso wie alle anderen Körper auch. Ich habe einen höheren Melaningehalt in meiner Haut als *weiße* Menschen, ja. Das macht meine Haut dunkler und schützt mich vor Sonnenbrand – aber auch nur bis zu einem gewissen Grad. Reicht das nicht mehr aus, hat mein Körper, genauso wie die meisten anderen Körper auch, die Fähigkeit, mehr Melanin zu produzieren, wenn er Sonnenlicht ausgesetzt ist. Auch ich kann Sonnenbrand bekommen, wenn ich zu lange in der Sonne stehe. Das ist mir bisher nur deshalb nicht passiert, weil ich mit einem sehr blassen Vater aufgewachsen bin, der uns die Wichtigkeit von Sonnencreme früh eintrichterte. *Weiße* wissen zwar nicht, was Melanin ist, aber dafür kennen sie die Auswirkungen von UV-Strahlung genau und nehmen sie sehr ernst. Mich erstaunt es jedes Mal wieder, wenn ich darüber aufklären muss, wie meine Haut funktioniert. Mir ist klar, dass diese Fragen meist unbedarft gestellt werden und zu denen gehören, die »ja nicht böse gemeint« sind. Ähnlich wie die Frage danach, ob mir schneller kalt würde, weil mein Körper ja für wärmere Temperaturen ausgerichtet sei. Sie zu beantworten, bedeutet allerdings, erklären zu müssen, dass ich ein Mensch wie alle anderen bin – und diese Fragen überhaupt zu fragen, bedeutet, dass man irgendwo denkt, ich sei es nicht. Darüber aufzuklären, ist eine nervige, lächerliche und erniedrigende Aufgabe, die ich im Alltag regelmäßig erledigen muss.

Ähnlich wie bei meinen Haaren hören die Vergleiche mit meiner Haut bis heute nicht auf. Ich bin »Schoko«, »Cappuccino«, »Milchkaffee« oder irgendetwas anderes Ess- oder Trinkbares. Ich weiß, dass das entweder nett gemeinte Witze oder Komplimente sein sollen, doch geschmeichelt fühle ich mich davon selten. Lustig finde ich es nie.

Wie wäre es für *weiße* Menschen, ununterbrochen zu hören, dass sie Haut wie Milch, Puderzucker oder Vanilleeis hätten? Okay, wahrscheinlich fänden sie es ganz schön – aber ständig? Das Bedürfnis, in Assoziation mit dunkler Haut allerhand Lebensmittel zu nennen, hat einen negativen Effekt: Menschen mit dunkler Haut werden zu Objekten gemacht.

Ein Beispiel: Ein Smoothiehersteller bewarb 2017 ein Getränk, das in einer schwarzen Flasche verkauft wurde, in Österreich mit den Slogans »Unser Quotenschwarzer« und »Schafft es selten über die Grenze.« Auf einem anderen Plakat stand die schwarze Flasche neben einem gelben und roten Smoothie und dem Spruch »Noch mehr Flaschen aus dem Ausland.« So furchtbar diese Sprüche auch sind, das Erstaunliche ist doch, dass sie überhaupt funktionieren: Alle wussten, was damit gemeint ist. Es war völlig klar, dass die schwarze Flasche für einen Schwarzen Menschen stand. Alles, was es brauchte, waren die Worte wie »Ausland« oder »Grenze«, um die Assoziation hervorzurufen. Ich glaube, die Umkehr der Werbung, also eine weiße Smoothie-Flasche mit Slogans wie »Sorgt für geschlossene Grenzen« oder »So viele Flaschen im Heimatland« wäre für die meisten Menschen nicht verständlich gewesen. Nur wenige hätten nachvollziehen können, dass eine weiße Flasche, nur weil sie weiß ist, für eine *weiße* Person stehen soll. Entmenschlichung aufgrund von Hautfarbe funktioniert eben nur in eine Richtung.

Meine Hautfarbe nannte ich früher »mittelbraun«, wie den Wachsmalstift, den ich im Kindergarten auswählte, wenn ich mich selbst malte. »Hautfarbe« war schließlich etwas anderes – das war dieser zartrosafarbene Stift, der für die Gesichter, Arme und Beine *weißer* Menschen gedacht war. Einfach, weil sein Ton »Hautfarbe« genannt wurde und nicht etwa »beige« oder »hellrosa« hieß, wurde er exklusiv dafür verwendet, Haut zu malen – im Gegensatz zu »mittelbraun«. Es dauerte also nicht lange, bis die Kinder in meinem Umfeld darauf kamen, mich mit allem, was ebenfalls »mittelbraun« war, gleichzusetzen. »Kacka«-Witze waren ganz hoch im Kurs. In meiner eigenen Kindergartengruppe hielten sich die Vergleiche allerdings in Grenzen, denn dort konnten nur wenige Kinder ihre Wachsmal-Porträts mit Hautfarbe ausmalen. Es waren vielleicht zwei oder drei Kinder, für die das Wort »Migrationshintergrund« irrelevant bleiben sollte.

Außerdem waren es die 1990er. Die Zeit, in der jede Einkaufsstraße mit Sonnenstudios versehen und Selbstbräuner in allen Drogerien gestapelt waren. Die Botschaft war klar: Alle wollten braune Haut. Ich übersetzte das in: Je dunkler der Teint, desto besser. Oft hielt ich meinen Arm vergleichend an den meiner Mutter und freute mich, dass ich die Tochter war, die ihrer Farbe am nächsten kam. Das Gleiche taten meine Klassenkamerad*innen bei mir. Allen voran Hatice, die für eine Weile eine besorgniserregende Sonnenbanksucht entwickelte. Sie hatte es sich zum Ziel gemacht, so dunkel zu werden wie ich – und schaffte es tatsächlich auch. Kurz darauf wurden Solariumbesuche strenger reguliert. Der Trend Sonnebankbräune fand ein Ende.

Das war der Unterschied, den ich damals noch nicht verstand: Bräune ist ein Trend, dem *hellhäutige* Menschen nachgehen können, wenn ihnen danach ist. Wenn er vorbei ist, dann lassen sie es halt. Wenn meine Haut dunkler oder heller wurde, interessierte es niemanden. Ich und meine Haut standen außerhalb dieses Trends.

Bezüglich meiner Haut wuchs ich mit ähnlich ambivalenten Botschaften auf wie bei meinen Haaren. Komplimente, Witze und keine Repräsentation. Auch hier waren Drogerien schlecht ausgestattet. Es gab zwar jede Menge Selbstbräuner, aber kein Make-up in meinem Hautton. Keine Pflaster, keine Strumpfhosen in meiner Hautfarbe.

Wie *weiß* das Schönheitsideal heute noch ist, kann man testen, indem man in eine Suchmaschine Begriffe wie »Schönheit«, »Schöne Frau« oder »Beauty« eingibt. Die ersten Personen auf den angezeigten Bildern sind sehr schön – und sehr *weiß*.

Das kommt natürlich nicht von ungefähr. Bei der Erfindung der Menschenrassen spielte Schönheit von Anfang an eine Rolle. Gerade deutsche Forschende taten sich mit Theorien hervor, die die Hierarchie der »Rassen« mit Schönheit begründeten. Da war zum Beispiel Christoph Meiners, der im 18. Jahrhundert an der Universität in Göttingen unterrichtete. Unter anderem den »Grundriss der Geschichte der Menschheit«. Darin unterteilte Meiners Rassen in

»schön« und »häßlich«. Sein Prinzip war: Je *weißer*, desto schöner. So schrieb er:

»Diese Merkmale sind zwar nicht die einzigen, wodurch die weißen und schönen und die dunkelfarbigen und häßlichen Nationen sich von einander auszeichnen. Allein eben diese vereinigten Charaktere sind schon untrüglich, und hinreichend, die beiden Völkerstämme stets zu unterscheiden.«

Er verknüpfte also nicht nur *(weiße)* Hautfarbe mit Schönheit, sondern vertrat die Meinung, dass schöne und hässliche Menschen auch unterschiedliche Charakterzüge hatten. Ähnlichen Mist hat auch Meiners' Kollege Johann Friedrich Blumenbach aufgeschrieben, der um die gleiche Zeit ebenfalls in Göttingen lehrte. Das ist der Typ, der Menschen die Farben zuordnete, die heute noch im Sprachgebrauch geläufig sind: Weiß, Gelb, Rot, Braun, Schwarz.

Blumenbach hatte einen Schädel-Fetisch. Er war völlig hin und weg von der Schönheit der Georgier*innen. Genauer gesagt, von der Schönheit des Schädels *einer* Georgierin, den er besaß. Blumenbach sammelte seinerzeit mehr als 200 Schädel von Menschen aus der ganzen Welt. Damit war er allerdings nicht allein. Die Phrenologie und Kraniometrie, Pseudowissenschaften made in Germany, widmeten sich der Untersuchung von Schädelformen mit der Absicht, sie mit bestimmten Charakterzügen verknüpfen zu können. Der georgische Schädel (der von einer Frau kam, die vermutlich als Sexgefangene in Moskau gehalten wurde) war Blumenbachs Lieblingsschädel, weil er seiner Ansicht nach der schönste war. Für Blumenbach war das Grund genug zu behaupten, dass die Menschheit in Georgien entsprungen sein musste.

Die kruden Theorien aus der Phrenologie beeinflussen unser Denken bis heute. Anschaulich wird das am »Puppenexperiment«.

Ein Kind hat dabei zwei Puppen zur Auswahl, die genau gleich aussehen, abgesehen von der Hautfarbe. Eine Puppe ist *weiß*, die andere Schwarz. Den Kindern werden eine Reihe Fragen gestellt: Welche Puppe ist die schöne? Welche Puppe ist die böse? Welche Puppe ist die hässliche? Die nette? Die gemeine? Das Resultat: Überwiegend ordneten die Kinder der *weißen* Puppe die positiven und der Schwarzen die negativen Attribute zu, unabhängig von der eigenen Hautfarbe. Auch Schwarze Kinder fanden die dunkelhäutige Puppe hässlich, gemein und böse – dabei wussten sie genau, dass sie selbst die gleiche Hautfarbe hatten. Dieses Experiment wurde von zwei afroamerikanischen Psycholog*innen in den 1940er-Jahren entwickelt. Vor allem in den USA wurde es mehrere Male wiederholt. 2010 zeigte *CNN* eine Abwandlung des Experiments mit ähnlichen Ergebnissen.

Formen von Diskriminierung werden also nicht nur von denjenigen verinnerlicht und unbewusst als Wahrheit angenommen, die von ihnen profitieren, sondern auch von denjenigen, die darunter leiden. Im Englischen gibt es einen Begriff dafür: *Internalized Oppression* – verinnerlichte Unterdrückung. Dass viele Schwarze ihre Hautfarbe selbst nicht als schön empfinden, wurde mir erst während meines Austauschjahres in Philadelphia bewusst. Weil ich dort nicht mehr die einzige Schwarze Person war, sondern eine von vielen, merkte ich, dass es auch unter Schwarzen Menschen eine Hierarchie gab.

An einem Tag in der Highschool, während *Advisory*, unterhielten sich eine Reihe hinter mir Schwarze Schüler*innen. Eine von ihnen hieß Ashley. Ich glaube, ein Junge sagte etwas über ihren schwarzen Pullover und kommentierte, wie er auf ihrer Haut aussah. Ashleys Haut war sehr dunkel. Sie reagierte nicht gut auf den Kommentar. »Ich bin stolz auf meine Hautfarbe«, sagte sie verteidigend. Der Ton ihrer Stimme hatte eine betonte Gleichgültigkeit. Die gerade noch heitere Stimmung kippte. Mit gespitztem Mund und hochgezogener Augenbraue lehnte sie sich in ihrem Stuhl zurück, warf ihr geglättetes Haar über ihre Schulter und schaute zu Boden. Ihre Aussage klang eher nach Wunsch als Wahrheit. Ich verstand überhaupt nicht, wieso. Was sollte sie auch sonst sein außer stolz? Wir waren doch alle Schwarz, vor uns musste sie sich doch nicht rechtfertigen. Ich suchte ihren Blick, verwirrt und lächelnd, weil ich dachte, dass ihr das helfen würde. Ich wollte ihr signalisieren, dass *ich* ihre Haut selbstverständlich schön fand. Ein non-verbales, lieb gemeintes: »Hä? Wovon redest du?« Doch als sich unsere Blicke trafen, regte sich nichts in ihrem Gesicht. Sie schien unbeeindruckt, fast enttäuscht von meiner Naivität. Mein Unverständnis war nicht hilfreich, ganz im Gegenteil.

Dass ich mit meinem Hautton, der wesentlich heller war als ihrer, und meinen Locken, die ich zu diesem Zeitpunkt noch nie geglättet hatte, kein Problem hatte, war kein Zeugnis eines starken Selbstbewusstseins, sondern meines Privilegs. Denn auch wenn ich mir blöde Witze und Vergleiche anhören musste und ich in einem Land aufwuchs, das keine Produkte für meinen Hautton und meine Haare herstellte, genoss ich dennoch eine Anerkennung, die Menschen mit dunklerer Haut nicht hatten. Meine Diskriminierungserfahrungen aufgrund meiner Hautfarbe waren noch lange nicht das Ende der Fahnenstange – und dass ich das erst so spät bemerkte, war ebenfalls Ergebnis meines Privilegs. In Philadelphia war ich unter Schwarzen nicht mehr dunkel, ich war »light skinned« – hellhäutig. Meine Haare wurden nicht mehr als kraus oder störrisch bezeichnet. Es war »good hair« – gutes Haar –, das weich war, mit großen, definierten Locken. Ich war hübsch, also, für ein Schwarzes Mädchen. Ich verstand, dass die Komplimente über meine Haut und Haare nicht aus der Wertschätzung für den Schwarzen Körper resultierten, sondern aus dessen Verachtung. Mir fiel auf, dass mein

Hautton oftmals als »perfekt« oder »genau richtig« beschrieben wurde. Von *weißen* wie von Schwarzen Menschen. Nicht nur in den USA, auch in Deutschland. Mir sagten Menschen voller Überzeugung, es sei ein Fakt, dass Kinder, die *mixed* sind, immer besonders hübsch seien. Doch was bedeutete das genau? Ich war dunkel genug, um klar als Schwarz identifiziert werden zu können, doch nicht so dunkel, dass es wieder als unattraktiv galt? Mein Schwarz war angenehm. Nicht zu intensiv, aber doch erkennbar. Genauso meine Haare. Menschen fanden sie schön, weil sie nicht »ganz so kraus« waren, wie es die Frau im Club sagte.

Die afroamerikanische Autorin Alice Walker hat dieser Form der Diskriminierung zwischen Schwarzen Menschen 1982 einen Namen gegeben: *Colorism.* Sie definierte den Begriff als die »ungleiche Behandlung aufgrund von Hautfarbe zwischen gleich-rassifizierten Menschen«. In Philadelphia wurde Colorism offen ausgetragen. Schwarze Schüler*innen machten immer noch Kommentare darüber, dass diejenigen mit heller Haut zu Zeiten der Sklaverei im Haus und die mit dunkler Haut auf dem Feld gearbeitet hätten. »Housen***er« und »Fieldn***er« waren gängige Beleidigungen zwischen Schwarzen auf meiner Schule.

Auch unter Schwarzen gibt es eine Hierarchie. Je näher man dem eurozentristischen Schönheitsideal kommt, desto größer werden die Aufstiegschancen, desto mehr Repräsentation in den Medien, als desto begehrenswerter gilt man. Eine Studie in den USA zeigte, dass Schwarze Menschen allein schon als attraktiver wahrgenommen werden, wenn Menschen davon ausgehen, dass sie einen nicht-Schwarzen Elternteil haben. Eine andere Untersuchung stellte fest, dass die Gefängnisstrafen für Schwarze Frauen mit dunkler Haut durchschnittlich länger ausfallen als für hellhäutige Schwarze. Insgesamt scheinen Schwarze Frauen im Vergleich zu Männern stärker von Colorism betroffen zu sein. Das ist nicht so überraschend, denn

Frauen werden gesellschaftlich stärker nach ihrem Aussehen bewertet als Männer. Colorism füttert einen riesigen Markt. Abgesehen von dem Milliardengeschäft mit chemischen Haarglättungsmitteln werden tonnenweise Cremes, Seifen, Pillen und Injektionen verkauft, um dunkle Haut zu bleichen. In vielen afrikanischen und asiatischen Ländern werden Hautaufheller im Fernsehen normal beworben, etwa so wie hierzulande Waschgel gegen Pickel. Die Menschen in den Werbungen vermitteln eine Botschaft: Mit heller Haut ist man attraktiver, erfolgreicher, beliebter – sogar hygienischer: Dunkle Haut wird oft als schmutzig dargestellt. Mit einer Aufheller-Seife bleicht man also nicht Gesicht und Körper, man macht ihn nur besonders sauber, wollen diese Werbungen vermitteln. Der Markt um Bleichmittel für die Haut wächst. Und je größer er wird, desto mehr manifestiert sich die Botschaft, dass hell schön und sauber ist, eine akzeptable Norm und der Weg zu einem besseren Leben. Das, was Meiners und seine Kolleg*innen im 18. Jahrhundert niederschrieben, hallt bis heute in der Welt nach.

Die Haut zu bleichen, ist nicht ungefährlich. Viele Produkte sind giftig. Manche Bleichcremes enthalten sogar Zutaten wie Quecksilber oder Hydrochinon, was zu Ausdünnung der Haut, Ekzemen, Vernarbungen oder Leber- und Nierenversagen führen kann. Weil sie gegen EU-Richtlinien verstoßen, sind viele der härteren Hautaufheller in Deutschland nicht erhältlich. Doch auch hier werden Bleichcremes verkauft. Denn nicht nur Menschen weit weg wünschen sich hellere Haut. Colorism existiert auch in Deutschland.

Mit dem Markt für Bleichmittel wächst auch der Aktivismus gegen diese Industrie. Die wohl bis heute bekannteste Bewegung gegen das *weiße* Schönheitsideal ist die Black-Power-Bewegung aus den USA während der Bürgerrechtsbewegung in den 1960er-Jahren. Aus ihr heraus entstand der Satz »Black is Beautiful«. Die kreisrunden Afros der Anhänger*innen der Bewegung waren damals

Kampfansagen gegen ein unterdrückendes Schönheitsbild. Ihr Mantra beeinflusste viele Schwarze Menschen auf der ganzen Welt – und es hat überlebt. Heute findet sich die gleiche Botschaft in Bewegungen wie zum Beispiel dem *Natural Hair Movement*.

Wichtig ist noch zu sagen: Ich halte nichts davon, Menschen, die ihre Haare glätten oder ihre Haut bleichen, dafür zu verurteilen. Besonders nicht, wenn sie so von der breiten Gesellschaft als attraktiver und kompetenter wahrgenommen werden. Stattdessen sollten wir lieber unsere Vorstellungen von Schönheit überdenken und erweitern.

Menschen mit dunkler Haut und Afrohaaren bleiben auch heute noch bestimmte Jobs verwehrt. Eine Freundin erzählte mir einmal, dass sie früher Moderatorin werden wollte. Doch ihr wurde gesagt, die deutsche Fernsehlandschaft sei noch nicht bereit für ihren Hautton. Daraufhin überlegte ich: Wie viele deutsche Moderatorinnen kenne ich, die nicht nur Schwarz sind, sondern auch dunkle Haut haben? Mir fiel spontan niemand ein.

MUSKELN

Als ich Sport studierte, veränderte sich mein Körper mit dem Kursplan. Während Gymnastik wurde mein Rücken gerade, bei Hockey verzogen sich meine Schultern asymmetrisch, beim Klettern beanspruchte ich Muskeln in meinen Fingern, von denen ich noch nicht einmal gewusst hatte, dass sie existieren. Während des Studiums war ich so fit wie nie. Das sah man mir an. »Oh, krasse Arme«, hörte ich von Bekannten und völlig fremden Menschen. »Da musst du ein wenig aufpassen.« Damit war gemeint, dass ich nicht zu muskulös werden sollte, denn das sähe nicht schön aus. Und schön sein ist bekanntlich das Wichtigste für eine Frau – sehr viel wichtiger als stark sein. Vor allem von Männern hörte ich absurde Vorstellungen davon, wie eine sportliche Frau auszusehen habe. Schlank sollte man sein, aber bitte nicht die »Kurven« abtrainieren. Wäre ja eine Tragödie, wenn vom ganzen Sport Brüste und Hintern schrumpfen würden. Ein flacher Bauch ist superwichtig, aber eine Frau mit Sixpack? Völlig übertrieben.

Wie wir Körper beurteilen, hängt davon ab, was wir als »normal« definieren. Doch wer bestimmt, was ein »normaler« Körper ist? Eine rhetorische Frage. Die Antwort ist natürlich: *weiße* Menschen. Ihre Körper sind normal – alle anderen Körper verhalten sich in Relation dazu.

Eurozentrismus definiert jedoch nicht nur unser gesellschaftliches Schönheitsideal, sondern auch unsere Normvorstellungen. Wie starr diese Vorstellungen sind, merke ich dann besonders, wenn ich den Spieß umdrehe und von mir als Norm ausgehe. Das geht mit kleinen Umformulierungen: Ich betone dann nicht, dass ich dunkle Haut habe, sondern dass *weiße* Menschen helle Haut haben. Vielleicht habe ich ja gar nicht so viele Haare auf dem Kopf, sondern *weiße* Menschen einfach wenige. Und vielleicht sind meine Lippen nicht dick, sondern die von *weißen* Menschen schmal. Es ist erstaunlich, wie irritiert *weiße* Menschen reagieren, wenn ich von mir als Standard ausgehe. Oft empfinden sie das regelrecht als Beleidigung. Es ist kein schönes Gefühl, als Abweichung der Norm definiert zu werden. Man nennt das *Othering*, und es ist mein Alltag.

Nicht nur für meinen Körper galten andere Standards, auch für meine physischen Fähigkeiten. Ich konnte schnell rennen, hoch springen, mir fiel es leicht, Bewegungsabfolgen zu lernen. Doch damit war ich nichts anderes als ein Klischee. Mein Können war mit meiner Hautfarbe verknüpft. *Weiße* Menschen hingegen haben keine »naturgegebenen« Talente, alles, was sie erreichen, ist aus harter

Arbeit und Disziplin entstanden – so die Annahme. Ein Schwarzer Mensch, der schnell rennen kann? Völlig normal. Ein *weißer* Mensch, der schnell rennen kann? Unglaublich! Ein Wahnsinnsausnahmetalent! Ich habe mich in meinem Leben schon oft in Diskussionen darüber wiedergefunden, dass Schwarze einfach sportlicher seien als *Weiße*. Mir wurde sogar einmal gesagt, dass es unfair sei, dass Schwarze bei den olympischen Spielen gegen *Weiße* antraten. Vor allem während meiner Zeit als Sportstudentin wollten mir viele Menschen etwas von natürlicher physischer Überlegenheit Schwarzer Menschen erzählen.

Ob Schwarze eine naturgegebene athletische Überlegenheit gegenüber *weißen* Menschen haben, beschäftigt tatsächlich die moderne Wissenschaft. Der Grund: Das letzte Mal, dass ein *Weißer* einen Weltrekord im Sprint gebrochen hat, war 1958. Die meisten Menschen, die 100 Meter unter zehn Sekunden gelaufen sind, sind Schwarz. Nur ein einziger *Weißer* hat das bisher geschafft.

2016 veröffentlichte *ZEIT Online* einen Artikel mit der Überschrift »Weiße sind nun mal langsamer«. Darin stand, dass Schwarze beim Sprinten immer gewinnen, weil sie von Natur aus einfach schneller seien als *Weiße*. Dozenten der Deutschen Sporthochschule in Köln, meiner Hochschule, kamen auch zu Wort. Es gebe verschiedene Theorien, warum das so sei. Schwarze hätten längere Achillessehnen und höher sitzende Waden, muskulösere Körper, die deshalb mehr Laktat bilden könnten. Der Autor des Artikels scheint sich bestens auszukennen. Er schreibt:

»Dabei muss man allerdings zwischen West- und Ostafrikanern unterscheiden. Ostafrika brachte eher hagere Ausdauertalente hervor, westafrikanische Stämme sind tendenziell erheblich kräftiger gebaut – eine perfekte Voraussetzung, um Spitzensprinter hervorzubringen.«

So einfach ist das nämlich. Alle Ostafrikaner*innen können stunden-, vielleicht sogar tagelang rennen, und Westafrikaner*innen sind schnell wie der Sausewind. Alle. Von Geburt an. In ganz Westafrika sehen nämlich alle genau gleich aus und haben denselben Körpertyp. Von Mali bis in den Senegal ist kein Unterschied zu erkennen.

Viele Menschen merken nicht einmal, wie absurd die Pauschalisierung in diesem Artikel klingt. Doch man stelle sich einmal vor, hier wäre von *weißen* Menschen die Rede. Stünde da: »Osteuropa brachte eher hagere Ausdauertalente hervor, westeuropäische Stämme sind tendenziell erheblich kräftiger gebaut«, würde das doch nach lächerlicher Verallgemeinerung klingen – und Europa ist wesentlich kleiner als Afrika. Aber gut, der Autor des Artikels hat sich das ja nicht selbst ausgedacht. Jedoch scheint er einige Fakten zu vermischen.

Tatsächlich gibt es eine Studie von 2010, die feststellt, dass Afroamerikaner*innen durchschnittlich mehr Muskelmasse haben als ihre *weißen* Mitbürger*innen. Anders als es der Artikel suggeriert oder in vielen Köpfen nicht-Schwarzer Personen verankert ist, heißt das nicht, dass alle Afroamerikaner*innen muskelbepackt, geschweige denn athletisch sind. Afroamerikaner*innen haben genauso viele unterschiedliche Körperformen wie alle anderen Menschen auch. Dass das anders wahrgenommen wird, liegt auch an unausgewogener Repräsentanz und einer Menge Vorurteilen. Sport ist einer der wenigen Bereiche, wo Schwarze Menschen sichtbar sind. Wenn auch nur in bestimmten Sportarten. Es ist bemerkenswert, dass ausgerechnet in der Sportart, in der Schwarze *Weißen* überlegen zu sein scheinen, wissenschaftliche Gründe gesucht werden, warum das so ist. Vielleicht sollten wir auch mal untersuchen, ob *weiße* Menschen vielleicht naturgegebenermaßen besser mit Pferden kommunizieren können und deshalb so gut im Dressurreiten sind.

Wie kommt man eigentlich darauf, Schwarzen Sportler*innen zu unterstellen, sie hätten einen unfairen naturgegebenen Vorteil durch ihren Körperbau? Alle Spitzensportler*innen haben einen Körper, der die Leistung in ihrem Bereich begünstigt. Michael Phelps, der beste Schwimmer der Welt, hat zum Beispiel von Natur aus große Füße. Viele Profischwimmer*innen haben sie. Die meisten davon sind *weiß*. Vielleicht sollte ich mal eine Studie über die naturgegebenen Riesenfüße *weißer* Menschen machen.

Wenn es nicht so frustrierend wäre, wäre es fast faszinierend, wie sich der Erfolg Schwarzer Athlet*innen gegen sie wenden kann. Denn einerseits: Sport ist ehrlich. Man rennt am schnellsten oder eben nicht. Es gibt da wenig Verhandlungsspielraum. Körper können nicht lügen. Anders als in anderen Bereichen kann Leistung im Sport nicht unterschiedlich interpretiert oder beurteilt werden. Deswegen bietet er eine von wenigen Gelegenheiten, wo Hautfarbe kein Hindernis darstellt. Andererseits: Je mehr sich Schwarze Menschen mit athletischer Exzellenz hervortun, desto mehr füttern sie ein hartnäckiges Narrativ, das half, Kolonialisierung und Sklav*innenhandel zu rechtfertigen – Schwarze Menschen seien körperlich überlegen und deshalb für physische Arbeit geschaffen. Und weil es ja sonst unfair zuginge, war es einfach nur logisch, dass *Weiße* geistig überlegen sein mussten und deshalb über Schwarze Menschen herrschen sollten.

1936 gewann der Schwarze Leichtathlet Jesse Owens bei den Olympischen Spielen in Berlin vier Goldmedaillen, was Adolf Hitler damals überhaupt nicht gefiel. Owens machte den *weißen* Überlegenheitstheorien der Nationalsozialist*innen einen Strich durch die Rechnung. Durch seinen Sieg schien Owens zu beweisen, dass Rassentheorien nichts als Hirngespinste sind. Doch nichts dergleichen. Unlogische Theorien können einfach unlogisch weitergesponnen werden. Owens eigener Trainer Dean Cromwell schrieb wenig später in seinem Buch *Championship Technique in Track and Field*:

»Der Schwarze Athlet sticht hervor, weil er näher am Primitiven ist als der weiße Athlet. Es ist nicht lange her, dass seine Fähigkeiten zu rennen und springen zwischen Leben und Tod im Dschungel entschieden. Seine Muskeln sind geschmeidig, und sein lockeres Gemüt ist eine wertvolle Anlage, die psychische und physische Entspanntheit zu erreichen, die ein Sprinter und ein Springer haben muss.«

Die Idee von Schwarzer körperlicher Überlegenheit bestand bereits lange vor wissenschaftlichen Studien. Sie bot die Vorlage dafür, dass die moderne Wissenschaft sich überhaupt mit solchen Fragen auseinandersetzt. Die afroamerikanische Literaturnobelpreisträgerin Toni Morrison sagte in einer Rede vor Schwarzen Studierenden 1975 zu dem Thema treffend:

*»Jede*r weiß, dass Rassist*innen bereit sind, sich alles Mögliche auszudenken, wenn der Profit daraus groß genug ist. Es ist wichtig, die wahren Gegner zu kennen, und zu wissen, dass die Funktion, die wahre Funktion, von Rassismus Ablenkung ist. Rassismus hält dich davon ab, Arbeit zu erledigen. Er bringt dich dazu, immer und immer wieder deine Existenz zu rechtfertigen. Jemand behauptet, du hättest keine Sprache, und deshalb verbringst du 20 Jahre damit, zu beweisen, dass du sie doch hattest. Jemand sagt, dein Kopf sei nicht richtig geformt, und deshalb arbeiten Wissenschaftler*innen daran, zu zeigen, dass er es doch ist.«*

Die Wissenschaft hält sich damit auf, physische Fähigkeiten bei Schwarzen Menschen im Vergleich zu *weißen* Menschen zu untersuchen. Die Frage ist nur, wozu? Was macht man mit solchen Erkenntnissen? Soweit ich das sehe, setzt sich in der Frage um herkunftsbedingte Lauftalente ein großer Denkfehler fort: Physische Überlegenheit wird mit westafrikanischer Herkunft begründet. Die größten Schwarzen Sprinttalente kommen aber nicht aus Westafrika. Sie kommen aus den USA, der Karibik und aus Kanada. Es sind Menschen, deren westafrikanische Wurzeln schon Jahrzehnte, wenn nicht Jahrhunderte zurückliegen und die oft auch *weiße* und indigene Vorfahr*innen haben, die Olympiagold gewinnen. Wenn es also die westafrikanische Herkunft ist, die Menschen so schnell macht, und wenn es so etwas wie ein westafrikanisches Sprinter-Gen gäbe (diese Vermutung gab es tatsächlich mal – sie stellte sich als falsch heraus), warum sind die Top-Sprinter*innen dann nicht aus Ghana, Gambia oder von der Elfenbeinküste? Könnte es etwa sein, dass athletische Fähigkeiten sich doch aus einer komplexen, wissenschaftlich nicht vollkommen durchdrungenen Kombination genetischer Veranlagung und Umweltfaktoren zusammensetzen, die von Individuum zu Individuum sehr unterschiedlich ausfällt? Der Verdacht bleibt bestehen, dass die Bemühungen, naturgegebene körperliche Überlegenheit Schwarzer Menschen zu beweisen, indirekt darauf abzielen, die geistige Hoheit *weißer* Menschen zu belegen. Als ob man dann sagen könnte, an diesen ganzen »Rassentheorien« sei eben doch etwas dran.

Schwarzen Menschen wird seit Jahrhunderten nicht nur physische, sondern auch besondere psychische Stärke unterstellt. Thomas Jefferson zum Beispiel behauptete, Schwarze Menschen bräuchten weniger Schlaf und würden nur vorübergehend trauern, außerdem seien sie weniger schmerzempfindlich. Damit war er nicht allein. Viele Mediziner*innen waren der gleichen Meinung.

Menschen mit Muskeln sind nicht automatisch physisch oder psychisch gesund oder besonders belastbar. Das mag total klar erscheinen, ist es aber anscheinend nicht. Bei einer Studie der University of Virginia, an der unter anderem Medizinstudierende teilnahmen, stellte sich heraus, dass einige von ihnen die Schmerzen Schwarzer Patient*innen durchschnittlich niedriger einstuften als die von *weißen*. Einige glaubten, dass Schwarze weniger Schmerz empfinden würden und dickere Haut hätten. Medizinstudierende! Diese Erkenntnisse sind alarmierend und zeigen einen von vielen Aspekten, wie Rassismus Leben gefährden kann.

Weitere Erhebungen zeigten, dass die Sterberate bei Schwarzen Müttern in den USA während der Schwangerschaft und der Geburt viermal höher ist als bei *weißen* Frauen. Auch Schwarze Babys starben häufiger nach und während der Geburt als *weiße* Kinder. Die Zahlen ändern sich nicht, wenn man Schwarze Frauen und *weiße* Frauen mit gleichen Einkommen und sozialen Status vergleicht. Anders gesagt: Viel deutet darauf hin, dass Frauen bei ärztlicher Versorgung benachteiligt werden, wenn sie Schwarz sind.

Diese Ungleichbehandlung gibt es in der Geschichte der Medizin schon lange. Da war zum Beispiel James Marion Sims. Er ist bekannt als »Vater der modernen Gynäkologie«, weil er operative Eingriffe entwickelte, um die Komplikationen bei Geburten zu vermindern. Das gelang ihm, indem er versklavte Frauen für seine Experimente nutzte. Die Frau, die er am häufigsten missbrauchte, hieß Anarcha Westcott. 30 Operationen führte er an ihr durch – ohne Betäubungsmittel, obwohl es die damals schon gab. Er befand es nicht für notwendig, weil er die Schmerzen Schwarzer Frauen nicht ernst nahm.

Schwarzen Frauen wird nicht nur eine körperliche, sondern auch eine besondere mentale Stärke unterstellt. Die *Strong Black Woman* – die starke Schwarze Frau – ist die positive Umkehr der *Angry Black Woman*, der bereits beschriebenen wütenden Schwarzen Frau. Im Gegensatz zu ihrem bösen Zwilling wird die starke Schwarze Frau von der Welt gefeiert. Ich feiere sie auch, denn ich finde, es ist ganz schön beachtlich, was wir alles ertragen und ausgehalten haben.

Aber *weiße* Menschen lieben die starke Schwarze Frau besonders. Sie sind ergriffen von ihr und ihrem stillen Leiden. Ich habe schon oft gehört, dass ich eine starke Schwarze Frau bin, vor allem in Zeiten, in denen es mir besonders schlecht ging. Das fühlt sich jedoch nicht so gut an, wie es vielleicht gemeint ist. Es scheint so, als ob *weiße* Menschen – und nicht nur sie – gerne vergessen, dass sie es sind, die dafür sorgen könnten, dass wir nicht mehr so viel ertragen, nicht mehr so stark sein müssen. Denn Schwarze Frauen sind stark, weil ihnen keine andere Wahl bleibt, nicht, weil es ihnen in die Wiege gelegt wurde.

Das Klischee der starken Schwarzen Frau ist, wie so viele Dinge, die Schwarzen Menschen zugeschrieben werden, ambivalent. Zum einen ist Stärke eine Erwartungshaltung an Schwarze Weiblichkeit, zum anderen widerspricht sie einer generellen Vorstellung von Weiblichkeit. Frauen sollen nun mal nicht stark sein. Das ist die Aufgabe von Männern. Schließlich steht in Frauenzeitschriften, wie man schlank wird, und in Männerzeitschriften, wie man an Muskelmasse gewinnen kann. Hält man sich nicht an diese gesellschaftlichen Regeln, wird man sanktioniert. In milder Form mit Kommentaren wie »Übertreib es nicht mit dem Training«, in härterer Ausführung mit Bezeichnungen wie »Mannsweib«. Frauen mit Muskeln gelten als maskulin. Der ausgeprägte Bizeps einer Frau hat nicht nur die Kraft, Gewichte zu stemmen, sondern kann auch die Vorstellungen vieler Menschen von Geschlechterrollen durcheinanderbringen. Gerade für Männer ist Respekt gegenüber Frauen unbewusst oder bewusst oft in der Annahme begründet, dass diese Frauen schwächer seien als sie selbst und beschützt werden müssten.

Diese Begründung fand Sojourner Truth bereits 1851 fragwürdig. Truth war eine Schwarze Frau, die in die Versklavung geboren wurde, ihr entkam und sich als Aktivistin gegen Sklaverei und für die Rechte Schwarzer Frauen einsetzte. Auf einer Konferenz in Ohio, wo das damals noch nicht bestehende Wahlrecht für Frauen besprochen wurde, hielt sie eine Rede, die heute unter dem Titel »Ain't I a woman« bekannt ist. Natasha A. Kelly übersetzte sie ins Deutsche:

»Der Mann sagt, dass Frauen beim Einsteigen in eine Kutsche geholfen werden müsse, und auch beim Überqueren von Gräben und dass ihnen überall der beste Platz zustehe. Mir hat noch nie jemand in den Wagen geholfen oder über eine Schlammpfütze oder den besten Platz überlassen! Bin ich etwa keine Frau*? Sehen Sie mich an! Sehen Sie sich meinen Arm an! Ich habe gepflügt, gepflanzt und die Ernte eingebracht, und kein Mann hat mir gesagt, was zu tun war! Bin ich etwa keine Frau*? Ich konnte so viel arbeiten und essen wie ein Mann – wenn ich genug bekam – und die Peitsche konnte ich genauso gut ertragen! Bin ich etwas keine Frau*?«*

Die unterstellte Stärke Schwarzer Frauen war ihnen gesellschaftlich nie von Vorteil – ganz im Gegenteil. Ihnen wurde, und wird bis heute, die Weiblichkeit abgesprochen.

Die Ablehnung von muskulösen Frauen als »männlich« ist nicht nur sexistisch, sie impliziert auch Homo- und Transfeindlichkeit. Nach der Logik: Frauen, die Muskeln haben, sind Männer.

Dieses Denken ist institutionalisiert. Deutlich wird das am Fall der südafrikanischen Sprinterin Caster Semenya. Sie gewann 2009 das 800-Meter-Rennen bei der Leichtathletik-Weltmeisterschaft. Semenya ist eine muskulöse Schwarze Frau. Kurz nach ihrem Sieg kamen jedoch Zweifel auf, ob sie überhaupt eine Frau sei. Der Grund: ihre hohe Leistung und ihr Aussehen. Der Dachverband der internationalen Sportverbände verpflichtete sie dazu, sich testen zu lassen. Es wurde festgestellt, dass Semenya ein ungewöhnlich hohes Level an Testosteron hat. Ungewöhnlich für *weiße* heteronormative Standards zumindest. Das Hormon hat unter anderem Einfluss auf

Muskelbildung. Ich wiederhole mich, wenn ich sage, dass Muskeln nicht alleiniger Grund für eine gute sportliche Leistung sind. Im Sport bestimmt jedoch das Testosteron-Level, ob man sich als Frau qualifiziert oder nicht. Ist es zu hoch, gilt man quasi als zu leistungsstark, um als solche antreten zu dürfen. Der IAAF verpflichtete Semenya dazu, künftig ihr Testosteron-Level durch Medikamente künstlich runterzuschrauben, um weiter antreten zu dürfen. Außerdem gilt neuerdings die Regel, dass die Testosteronwerte von Frauen »auf Verdacht« getestet werden können. Ob eine Frau »verdächtig« ist oder nicht, wird wohl an ihrem Aussehen festgemacht werden. Das heißt übersetzt: Insbesondere muskulöse Frauen könnten in das Visier von Testosteron-Tests geraten. Und das heißt wiederum, dass die Regelung vor allem BIPoC treffen kann.

Die Diskriminierung von Körpern nennt man *Bodyshaming*. Davon sind Schwarze Athletinnen besonders betroffen. Prominentestes Beispiel: Serena Williams. Über den Körper der erfolgreichsten Tennisspielerin aller Zeiten wurden furchtbare Dinge gesagt. Williams selbst thematisierte das 2017 nach der Geburt ihrer Tochter in einem offenen Brief an ihre Mutter.

»Ich wurde als Mann bezeichnet, weil ich äußerlich stark wirke. Mir wurde nachgesagt, ich nähme Drogen (nein, ich war immer zu integer, um mir einen unehrlichen Vorteil zu verschaffen). Und es wurde gesagt, ich gehöre nicht in den Frauensport, sondern in den Männersport, weil ich kräftiger gebaut bin als andere Frauen. (Nein, ich trainiere nur hart und bin stolz, mit diesem verdammten Körper geboren zu sein.)«

Williams schreibt in dem Brief über ihre Angst davor, dass ihre Tochter sich später einmal die gleichen Kommentare anhören müsse wie sie. Als sei das ständige verbale Bodyshaming nicht schon genug, machte sich die Diskriminierung auch anders bemerkbar. Serena

Williams hatte 2013 ein Einkommen von 20 Millionen Dollar. Ihre *weiße* Konkurrentin Marija Scharapowa, die im selben Jahr gegen Williams verlor, verdiente mehr Geld – 29 Millionen Dollar. Denn sie bekam mehr Werbedeals, mehr Sponsoring. Schmuck und Uhren verkaufen sich anscheinend besser an einer *weißen* blonden Tennisspielerin als an einer Schwarzen Frau von Weltklasse mit breitem Kreuz und großen Oberschenkeln.

Dass Menschen überhaupt etwas zu Serena Williams' Körper sagen, wenn es doch eigentlich um Tennis geht, ist ein weiterer Fall von gegendertem Rassismus. Im Tennis spielt Körperform keine Rolle. Da sieht es in anderen Bewegungsbereichen schon ganz anders aus. Meine Mutter, das habe ich ja schon einige Male erwähnt, machte eine klassische Ballettausbildung an der School of American Ballet in New York. In den 1960er-Jahren – einer Zeit, in der die Vorstellung, wie eine typische Ballerina auszusehen hatte, noch zementierter war als heute. Meine Mutter bekam deshalb keine Jobs in klassischen Ballettensembles, sondern im zeitgenössischen Tanz.

Ballerinen sind wahnsinnig stark. Trotzdem ist der Anspruch, dass sie kraftlos aussehen sollten. Arme und Beine sollten zart und dünn sein, nicht muskulös. Meine Mutter führte also einen Kampf gegen ihre Muskeln. Sie brauchte sie, allerdings sollten sie nicht zu ausgeprägt sein.

Damit war sie nicht allein. Eine Schwarze Tänzerin aus Berlin erzählte mir einmal, dass ihre Lehrerin sie während ihrer Ballettausbildung dazu zwang, mit dem Po gegen die Wand zu trainieren, damit er nicht zu muskulös wurde. Sie müsse sich ihr »afrikanisches Erbe« abtrainieren, hieß es. Selbst Misty Copeland, die erste und bisher einzige Schwarze Primaballerina im American Ballet Theatre, erzählt in Interviews, es gebe immer noch Stimmen, die sagen, sie steche zu sehr heraus und wirke wie ein Fremdkörper in der professionellen Ballettlandschaft.

Wenig Menschen scheinen sich darüber Gedanken zu machen, welche Botschaft das Bodyshaming Schwarzer Frauen ununterbrochen sendet: Sport macht unschön. Stärke ist unschön. Ich selbst legte während des Sportstudiums keinen Wert darauf, mehr zu trainieren als nötig, denn ich wollte ja nicht noch »krassere Arme« bekommen. Als ich mit dem Journalismus anfing, weniger Sport trieb und dafür mehr vor Computern saß, freute ich mich regelrecht darüber, dass mein Bizeps schrumpfte und meine Schultern wieder schmaler wurden. Doch Kraft ist etwas Gutes, wenn auch nicht zwingend Notwendiges, egal, bei welchem Geschlecht. Niemand sollte sich limitieren müssen, um in eine rassistisch geprägte Vorstellung von Normalität oder Schönheit zu passen. Bezüglich des Aussehens müssen wir unsere Normvorstellung erweitern. Diese Haltung dazu nennt sich *Body Positivity.* Es gibt allerdings noch einen anderen Ansatz. Schönheit einfach weniger wichtig zu machen: *Body Neutrality.* Würde sich so eine Haltung durchsetzen, würden wahrscheinlich viele Unternehmen pleite gehen. Eine Welt, in der vor allem Frauen von Schönheitszwängen befreit sind – davon sind wir leider noch sehr weit entfernt.

PO

»Du hast einen richtig schönen N**erpopo«, sagte einmal mein Kommilitone Martin zu mir, als wir eine Choreografie in engen Leggins übten. Es sollte ein Kompliment sein. Ich fühlte mich, als ob mir jemand ins Gesicht geboxt hätte, und konnte ihn nur geschockt anschauen. Schlagfertigkeit gehört nicht zu meinen Stärken. Doch diese nonverbale Reaktion war schon genug, um die typischen Abwehrmechanismen zu aktivieren, mit denen sich *Weiße* gegen die

Kritik ihres eigenen Rassismus schützen wollen. »Das war nett gemeint«, sagte er mit rollenden Augen und schüttelte den Kopf, als wäre meine Reaktion maßlos übertrieben, ja, sogar undankbar gewesen.

Ich weiß in solchen Momenten gar nicht, wo ich anfangen soll. Das N-Wort geht gar nicht. Ein »Kompliment« zu meinem Hintern geht auch gar nicht. Beides zusammen aus dem Munde eines *weißen* Mannes erinnert zudem an eine dunkle Vergangenheit, die wohl am eindrücklichsten mit der Geschichte von Sarah Baartman erzählt werden kann.

Wann Sarah »Saartje« Baartman geboren wurde, weiß man nicht genau. Wahrscheinlich war es um das Jahr 1789. Sie gehörte zum Volk der Khoikhoi. *Weiße* Siedler*innen nannten die Khoikhoi abwertend »Hottentotten«. Sarah wurde um das Jahr 1806 vom freien Schwarzen Händler Pieter Cezar gekauft, auf dessen Farm sie als Dienstmädchen arbeitete. Als Pieter Cezar Besuch von seinem Bruder Hendrik und dem britischen Schiffsarzt Alexander Dunlop bekam, witterten die beiden eine Geschäftsidee. Sie wollten Sarah in Europa zur Schau stellen. Der Grund: Sarahs großer Po. Die Hintern der Khoikhoi-Frauen beschäftigten *weiße* Männer anscheinend sehr. Zum Beispiel schrieb der Brite John Barrow in einem Reisebericht, dass Khoikhoi-Frauen beim Laufen »lächerlich« aussahen, als ob zwei »Massen aus Gelee« an ihnen hingen. Kolonialherren gaben der Körperform sogar einen medizinischen Namen: Steatopygie. In *Brockhaus kleines Konversationslexikon* von 1911 wird Steatopygie so definiert: »Steatopygīe (grch.), Fettsteiß, übermäßige Fettanhäufung am Gesäß der Hottentottinnen und Buschweiber.«

Zwar waren andere Schwarze Völker mit anderem Körperbau bekannt, doch für *Weiße* repräsentierten die Khoikhoi-Frauen die Essenz der Schwarzen Weiblichkeit. Baartman wurde zur Verkörperung sexueller Fantasien, die *Weiße* von Schwarzen hatten. Die Auffassung war: Je größer die Geschlechtsmerkmale, desto größer der Sextrieb. Sarah Baartman begleitete deshalb zusätzlich das Gerücht, sie hätte übergroße Schamlippen.

Dunlop brachte Baartman nach Europa. Wenig später tauchten Flugblätter in London auf, die die »Hottentot Venus« bewarben. Auf dem Flugblatt war eine Illustration von ihr zu sehen, ein Tierfell um ihren halb nackten Körper drapiert, mit Band um die Stirn, rauchender Pfeife im Mund und einem Stab in der Hand. Bei ihren Auftritten stieg sie aus einem Käfig, drehte sich und tanzte, während sie vom Publikum umzingelt war. Ein Besucher beschrieb die Reaktionen des Publikums wie folgt: »Eine Dame zwickte sie, ein Herr stieß sie mit seinem Spazierstock an, eine weitere Dame benutzte ihren Sonnenschirm, um sich von der Echtheit ihres Hinterteils zu überzeugen.«

1814 kam Sarah von London nach Paris. Im selben Jahr hatte das Stück *La Venus hottentote ou Haine aux françaises (Die Hottentot Venus oder der Hass auf Französinnen)* Premiere. Die Handlung: Ein junger Franzose hat wenig Interesse an seiner Freundin. Sie ist ihm zu langweilig. Deshalb verkleidet sie sich als »Hottentot Venus« – und siehe da, auf einmal ist er hin und weg. Als sie sicher ist, dass der junge Mann sie wirklich liebt, legt die Französin ihre Verkleidung ab. Der Mann realisiert, wie lächerlich seine Obsession mit der Hottentot Venus war, kommt zur Vernunft, und die beiden heiraten. Ende. Applaus. Der Historiker Ibram X. Kendi schreibt dazu:

»Das Stück enthüllt die europäischen Vorstellungen über schwarze Frauen. Wenn Franzosen sich von der Hottentotten-Venus verführen ließen, waren sie wie Tiere. Wenn sie sich für Französinnen entschieden, handelten sie vernünftig. Während hypersexualisierte schwarze Frauen sexueller Beachtung wert sind, sind asexuelle Französinnen es wert, dass man sie liebt und heiratet.«

1815 wurde Sarah Baartman noch einmal weitergereicht. Ihr letzter Besitzer führte sie mit einem Gürtel um ihren Hals in Cafés und Restaurants vor. Bevorzugt dort, wo die Bourgeoisie zusammenkam. Außerdem stellte er sie als Forschungsobjekt für Frankreichs intellektuelle Elite zu Verfügung, unter ihnen der Naturforscher Georges Cuvier. 1816 starb Sarah Baartman an den Folgen einer Lungenentzündung. Cuvier sezierte den Leichnam, entnahm die Organe, das Gehirn, schnitt Sarahs Vulva heraus und konservierte ihre Überreste in riesigen Gläsern. Über ihren Tod hinaus wurde Baartman misshandelt. Sarahs Skelett und Vulva gingen in das Archiv des Musée de l'Homme in Paris über. Bis 1974 wurde ihr Skelett dort ausgestellt. Erst 2002 kam Frankreich der Forderung zahlreicher Südafrikaner*innen – unter ihnen Nelson Mandela – nach. Ihre sterblichen Überreste wurden zurückgebracht. Mehr als 180 Jahre nach ihrem Tod bekam sie eine ordentliche Bestattung.

Sarah Baartman war zwar die berühmteste, jedoch nicht die einzige »Hottentot Venus«. Noch 1840 traten Schwarze Frauen unter diesem Namen in Europa auf. Sie sind Symbolfiguren für das Trauma der Hypersexualisierung, das Schwarze Frauen bis heute mit sich tragen. Die afroamerikanische Schriftstellerin bell hooks beschreibt in ihrem Buch *Black Looks*, wie der *weiße* Blick zur Entmenschlichung Schwarzer Frauen beitrug.

»Meistens richtete sich die Aufmerksamkeit nicht auf die ganze Person. Mit ihrem nackten Bild des Andersseins sollten sie die Gäste unterhalten. Diese sollten sie nicht als ganze Menschen wahrnehmen, sondern nur bestimmte Teile. Ähnlich zum Objekt gemacht wie die schwarzen Sklavinnen auf Auktionspodesten, während Besitzer und Aufseher ihre wichtigen, verkaufsträchtigen Körperteile anpriesen, galten schwarze Frauen, deren nackter Leib bei weißen gesellschaftlichen Anlässen gezeigt wurde, auf ein bloßes Schaustück reduziert.«

Der *(weiße)* männliche Blick auf Schwarze Frauen ist geprägt von Widersprüchen. Eine Mischung aus heimlichem, verbotenem Begehren und Abscheu. *Weiße* Menschen, insbesondere *weiße* Männer, erfanden im Zuge der Rassifizierung zwei verschiedene Formen von Sexualität. Die *weiße*, heilige, romantische, die es zu schützen und zu ehren gilt und die aus Liebe entsteht. Ihr Gegenentwurf ist die Schwarze, böse, verführerische und aufregende, die triebhaft ist und für die keine Liebe existieren kann. Die dunkle Haut diente als Symbol für dunkle Fantasien, für Unentdecktes und Gefährliches. Dieses Narrativ funktioniert etwa wie ein rassifizierter Madonna-Hure-Komplex – ein Begriff aus der Psychoanalyse, der die Unfähigkeit beschreibt, Liebe und sexuelle Anziehung gleichzeitig zu empfinden.

Dieses Narrativ entstand vor allem, um die systemische Vergewaltigung und Ausbeutung Schwarzer Frauen zu rechtfertigen. Außerdem mussten versklavte Frauen nicht nur schwere Arbeiten im Haus oder auf dem Feld verrichten, sie sollten auch viele Kinder bekommen. Jedes zusätzliche versklavte Kind bedeutete mehr Kapital. Deshalb wurden Schwarze Frauen regelrecht als Gebärmaschinen missbraucht. Doch dass es sich bei diesen Taten um Verbrechen handelte, wurde stets geleugnet: Eine Person, die einen unermüdlichen Sextrieb hat, könne nicht vergewaltigt werden, so die Behauptung.

In vielen Fällen konnten Schwarze Frauen ihre eigenen Kinder nicht selbst großziehen, denn die wurden weiterverkauft. Stattdessen mussten sie sich um die *weißen* Kinder ihrer »Besitzer*innen« kümmern. Um die Ambivalenz der Schwarzen Verführerin auf der einen und der fürsorglichen Ammenfigur auf der anderen Seite zu erklären, entwickelten sich zwei gegensätzliche Stereotype um die Schwarze Frau: die mütterliche *Mammy* und die hypersexuelle *Jezebel*. Das Jezebel-Stereotyp wurde von der »Hottentot Venus« über Entertainerinnen wie Josephine Baker in den 1920er-Jahren bis hin zu den Tänzerinnen in heutigen Hip-Hop-Musikvideos weitergetragen. Dabei bleiben die Frauen mehr Objekt als Subjekt, und der Hintern steht nach wie vor im Mittelpunkt. Die typische Mammy hingegen ist dick, älter, hat dunkle Haut und steckt in Dienstkleidung. Ihr Haar ist unter einem Tuch versteckt, und sie spricht mit einem starken Akzent. Diese Figuren sind zufrieden mit ihrer Unterdrückung, finden in ihr sogar ihre wahre Bestimmung. Man könnte sagen, die Trennung von Jezebel und Mammy ist ein Madonna-Hure-Komplex innerhalb des Madonna-Hure-Komplex – quasi ein Doppelknoten des *weißen* Patriarchats.

»it's a sex object if you're pretty / and no love / or love and no sex if you're fat / get back fat black woman be a mother / grandmother strong thing but not woman / gameswoman romantic woman love needer / man seeker dick eater sweat getter / fuck needing love seeking woman [...]«

So beschreibt die afroamerikanische Dichterin Nikki Giovanni in *Woman Poem* die Trennung zwischen der Schwarzen Frau als Mutterfigur und Sexobjekt. Man kann argumentieren, dass diese Aufteilung in »Heilige« und »Hure« bei allen Frauen, egal, welcher Hautfarbe, besteht. Allerdings hat jede*r das Bild der Mammy klar vor Augen, genauso wie das Bild von Jezebel. Bei *weißen* Frauen sind die Bilder nicht so eindeutig. Und es gibt da noch einen wesentlichen Unterschied: Weder Jezebel- noch Mammy-Figuren stehen die gleiche Liebe und der gleiche Respekt zu wie *weißen* Frauen.

Zwar scheint die Mammy auf den ersten Blick der Vergangenheit anzugehören, aber das tut sie bei Weitem nicht. Gerade in Hollywoodfilmen wie *The Help* oder *The Shape of Water* kommen Mammy-Figuren heute noch vor. Die moderne Mammy ist nicht nur Bedienstete. Gerade in den 1990ern und Anfang der Nullerjahre hatte sie ein Revival in Schwarzen Comedy-Filmen. Dort ist sie zur kompletten Witzfigur geworden, eine Schwarze dicke Mutter, die hauptsächlich von Männern gespielt wird – wie etwa *Big Mama* von Martin Lawrence oder die Figur *Madea* von Tyler Perry. Auch jenseits der Filmbranche gibt es die Mammy immer noch. Die Psychologin Carolyn M. West nimmt die ehemalige Talkshowmoderatorin Oprah Winfrey als Beispiel. Von ihr wurde stets erwartet, Gästen Trost und Geborgenheit zu spenden, auch durch körperliche Gesten wie Umarmungen – was andere Talkshowhosts nicht machen müssen. Winfrey, die eine brutale Vergangenheit hat und als Kind sexuell missbraucht wurde, sollte als erwachsene Frau trotzdem in der Lage sein, jeglichen emotionalen Ballast fremder Menschen aufzufangen. Dafür wurde sie in ihrer Show geliebt.

Wie sollen Schwarze Frauen eine gesunde Beziehung zu ihrer Sexualität und zu ihrem Körper entwickeln, in einer Gesellschaft, die sie entweder als hypersexualisierte Verführerinnen oder asexuelle Mutterfiguren darstellt? Egal, wie die Körper Schwarzer Frauen gebaut sind, sie scheinen immer falsch zu sein.

Gerade in den 1990er-Jahren, der sogenannten Supermodelära, der Zeit, in der ich aufwuchs, war das Schönheitsideal: groß, zierlich, schlank (und *weiß*, natürlich). Modenschauen und -magazine, Schönheitswettbewerbe oder Werbungen waren *weiß* und dünn. Große Hintern hatten diese Models alle nicht.

Es war vor allem Hip-Hop, der diesem Schönheitsideal etwas entgegensetzte. Sir Mix-a-Lots berühmtes Lied »Baby got back« von 1992 wurde damals wie heute als Hymne der Body Positivity gefeiert, einer Bewegung, die sich gegen die Diskriminierung mehrgewichtiger Frauen einsetzt. Und auch wenn das Lied zuerst wie ein lächerlicher Partysong daherkommt, ist es durchaus gesellschaftskritisch: Das Lied fängt mit zwei *weißen* Frauen an, die sich angewidert über den Hintern einer Schwarzen Frau unterhalten: »Oh my god, Becky, look at her butt. [...] She looks like a total prostitute, 'kay? I mean, her butt, is just so big. I can't believe it's just so round, it's like out there I mean gross, look. She's just so black«, sind die ersten Sätze des Tracks.

Vergesst das *weiße* Schönheitsideal, Schwarze Frauen sind sexy und schön. Das war die Aussage des Songs. Das von Hip-Hop ausgehende Empowerment hat jedoch auch seine Grenzen. Mit ihren Texten feiern Hip-Hop-Künstler den Körper Schwarzer Frauen. Sie setzen der Jezebel-Figur die Krone auf, die *Weiße* ihr verwehrten, jedoch bleibt sie primär das, was sie schon immer war: ein Sexobjekt.

Dass man als Schwarze Frau hypersexualisiert wird, habe ich oft zu spüren bekommen. Einmal stand ich am Rudolfplatz in Köln. Ein Platz mitten in der Stadt, zwischen Einkaufsstraßen und Hipsterviertel, belebt und ein guter Treffpunkt. Hier war ich mit einer Freundin verabredet. Ich war zuerst da. Also lehnte ich mich an mein Rennrad, Rucksack auf den Schultern, tippte auf meinem Handy herum und wartete. Ein junger Mann kam auf mich zu, etwas verunsichert. Ich dachte, er wollte mich nach dem Weg fragen. »Ich hörte, man kann hier Frauen kaufen?«, fragte er. Sein Kopf zu meinem Ohr geneigt und sein Blick vielsagend. »Weißt du etwas darüber?« Es dauerte ein paar Sekunden, bis ich begriff, dass er mich für eine Sexarbeiterin hielt. Das machte mich in dem Moment noch nicht einmal wütend – ich war einfach nur verwirrt. Ich fragte mich, ob er eine Wette verloren hatte. Suchte in seinem Blick Hinweise dafür, dass das alles ein Scherz war. Ein Lächeln, vielleicht ein Augenzwinkern. Doch er meinte es ernst. Zeigte auf seine Innentasche und suggerierte, dass er Bargeld dabei hatte. »Ich weiß nichts darüber«, antwortete ich trocken. Daraufhin verschwand er sehr schnell. Ich schaute an mir runter. Wie hatte ich ihm den Eindruck vermittelt, dass ich Sex anbieten würde? Ich trug Shorts, darunter eine Strumpfhose, so wie ungefähr alle damals. Doch er sah eine Schwarze junge Frau – und weil ich einfach nur da stand, schien ich verfügbar.

Weibliche Körper werden andauernd bewertet und in »gut« und

»schlecht« aufgeteilt. Anhand meines eigenen Körpers merkte ich jedoch, dass diese Bewertung je nach Kontext unterschiedlich ausfiel. Ich stand zusammen mit anderen Schwarzen Frauen in einem Graben zwischen Anerkennung von der Mehrheitsgesellschaft auf der einen und Anerkennung aus der eigenen Community auf der anderen Seite. *Weiße* fanden meinen Hintern groß, Schwarze nicht. Von meinen Verwandten in den Staaten hörte ich, ich solle zunehmen, in sogenannten Frauenmagazinen las ich Tipps, um abzunehmen.

Im Moment scheint Jezebel diese Grabenkämpfe um das Aussehen Schwarzer Frauen für sich entschieden zu haben. Zusammen mit Hip-Hop, Afrobeats, Dancehall und weiteren zeitgenössischen Schwarzen Musikrichtungen hat der Hintern-Hype den Mainstream erreicht. Schwarze Frauen wie Nicki Minaj und Cardi B setzen neue Schönheitsstandards. Große Hintern liegen im Trend. Jetzt werden nicht nur Brüste, sondern auch Pos operativ vergrößert. Doch wer meint, dass das durchgehend positive Auswirkungen auf das Selbstbewusstsein Schwarzer Frauen hat, liegt weit daneben.

Denn auch wenn große Hintern im Trend liegen und das dem Einfluss Schwarzer Kultur zu verdanken ist, bleibt das Schönheitsideal *weiß*. Die Gewinnerinnen sind nämlich nicht Schwarze Frauen, sondern *weiße* Frauen mit großen Hintern. Für den Mainstream vereinen sie die sexuelle Fantasie mit dem Liebenswerten, Edlen. Keine Frau verdeutlicht das so sehr wie Kim Kardashian. Um die gleiche Aufmerksamkeit zu bekommen, mussten Schwarze Frauen schon andere Register ziehen. Zum Beispiel offensives Twerken und ein Sample von »Baby got Back« in Nicki Minajs Video »Anaconda« von 2014. Sind Künstlerinnen wie Nicki Minaj und Cardi B Opfer der jahrhundertelangen Objektifizierung und tragen diese weiter? Oder ist diese Selbstdarstellung im Gegensatz zur vorherigen Fremddarstellung eine Emanzipation? Klar ist, dass sie die Taktik geändert haben. Anstatt das Jezebel-Stereotyp abzuschütteln, nutzen sie es zu ihrem Vorteil und schlagen Profit daraus.

Dieser wachsende Markt für Schwarze Frauen erhöht jedoch auch den Druck. Wenn man die Frauen in »Baby got Back« mit »Anaconda« vergleicht, sieht man, dass die Größe der Hintern deutlich zugenommen hat. Der Hüftumfang der Frauen allerdings kaum. Für die meisten Schwarzen Frauen ist das moderne Schönheitsideal nur durch Operationen zu erreichen, wie für alle anderen auch. Neben falschen Haaren und Bleichcreme sollen Schwarze Frauen nun auch Geld für Hinternimplantate ausgeben.

Dieser Druck bleibt zum großen Teil unsichtbar. Weil Schwarze Frauen als »kurvig« gelten und diese Körperform quasi von ihnen erwartet wird, scheinen sie oft die Verkörperung von Body Positivity zu sein. *Fatshaming* – also die Diskriminierung von mehrgewichtigen Menschen – und seine Auswirkungen, wie z. B. Essstörungen, werden bei Schwarzen Frauen oftmals übersehen oder nicht ernst genommen.

Schwarze Frauen kämpfen heute noch um die Anerkennung und Wertschätzung ihrer Körper und ihrer Person. Weg von zu sexy, zu männlich, zu mütterlich. Weg von den Traumata, die sich über Generationen festgesetzt haben. Weg von dem *weißen* Blick, von der Wahrnehmung einzelner Körperteile, hin zum Subjekt. Zum Menschen. Wie wir uns von alldem zu befreien versuchen, kann sehr unterschiedlich aussehen: Wir zeigen unsere Körper oder verstecken sie, wir spielen mit Stereotypen oder stoßen sie vollkommen ab. Oder wir variieren von Tag zu Tag. Viele Wege führen zur Emanzipation. Und das ist gut so.

4 LIEBE

DEINE ERSTE SCHWARZE FREUNDIN

Hi, ich bin deine erste Schwarze Freundin.

Du bist nicht mein erster *weißer* Freund.

Das ist ja auch nicht verwunderlich, in Deutschland gibt es halt einfach sehr viele von euch. Versteh mich nicht falsch: Mich beruhigt es, dass ich deine erste Schwarze Freundin bin. Hättest du mehr als zwei Schwarze Exfreund*innen, wäre ich misstrauisch geworden. Ich will nicht dein »Typ« sein. Zumindest nicht, wenn es um Haar- und Hautfarbe geht. Dass ich deine erste Schwarze Freundin bin, verringert die Chancen, dass ich eine Art Fetisch von dir bediene.

Ich weiß, dass du wahrscheinlich relativ wenig darüber nachgedacht hast, warum du dich in eine Schwarze Frau verliebt hast. Solche Fragen kennst du überhaupt nicht. Du hast vielleicht mal gedacht, dass es schön aussieht, wenn meine braune Hand deine weiße hält. Oder du hast beim Küssen gemerkt, dass meine Lippen voller sind als die deiner Exfreund*innen. Aber ansonsten willst du nicht viel über unsere Hautfarben nachdenken. Das würde dir sogar rassistisch vorkommen. Du denkst eher, dass unsere Beziehung ein Beweis gegen Rassismus ist. Vielleicht bist du auch ein wenig stolz darauf, eine Schwarze Freundin zu haben. Aber ich muss dir was sagen: Liebe löscht Rassismus nicht aus. Nur weil du dich in mich verliebt hast, sind damit nicht all deine Vorurteile verschwunden. Nur weil wir Sex haben, schon gar nicht. Dass du gerne mit einer Person schlafen willst, heißt nicht, dass du keine rassistischen Vorstellungen über sie hast. Vielleicht sogar ganz im Gegenteil.

Dass ich Schwarz bin, ist dir zwar bewusst, aber betont egal. Das ist nicht die schlechteste Haltung. Du siehst es eventuell gar nicht als Haltung. Du verstehst vielleicht überhaupt nicht, wovon ich eigentlich rede.

Dass du *weiß* bist, ist dir nicht wirklich bewusst. Aber es wird dir bald klar werden. Es wird dich verwirren, wütend und traurig machen. Manchmal wirst du dich mit einer sturen Ignoranz dagegen wehren.

Dabei bist du eine Person, die schon viel versteht. Sonst wären wir nicht zusammen. Du verdrängst die Tatsache nicht, dass es Rassismus gibt. Du siehst, dass die Welt ungerecht für Menschen wie mich ist. Du begreifst dich als antirassistisch, feministisch, du bist gegen Homo-, Bi- und Transfeindlichkeit. Das sollte zwar selbstverständlich sein, aber ich weiß, dass es das nicht ist. Du weißt es auch. Deshalb kommst du dir so vor, als seist du eine*r von den Guten. Bist du auch, schließlich liebe ich dich ja. Doch ich muss ehrlich zu dir sein. Ich habe meine Vorbehalte, und es wird schwer werden, sie loszulassen. Eine innere Stimme, die sich ein wenig anhört wie meine amerikanische Großmutter, wird mir sagen: »Warten wir mal ab, noch bin ich nicht ganz überzeugt.« Diese Stimme wird sich immer wieder melden. Je nachdem, wie geduldig und tolerant ich gerade bin – und wie einsichtig du dich zeigst.

Fangen wir bei den Basics an. Du bist *weiß*. Was bedeutet das? Egal, ob du melancholisch, optimistisch, nachdenklich oder spontan bist, als *weißer* Mensch hast du eine gewisse Leichtigkeit. Ich werde merken, dass du dir über bestimmte Dinge, um die ich mich sorge, einfach keine Gedanken machst. Du hast unter anderem keine Angst vor Wohnungsbesichtigungen oder davor, an bestimmte Orte zu reisen, nach Russland zum Beispiel. Ich werde über das Selbstbewusstsein staunen, mit dem du Bewerbungen schreibst. Oder dass du durch deutsche Kleinstädte laufen kannst, ohne dass deine Schultern dauerhaft hochgezogen sind.

Als Mann wirst du mir Geschichten darüber erzählen, wie du dich hemmungslos betrunken hast und danach allein im Dunkeln nach Hause gelaufen bist. In diesen Geschichten wird es eigentlich um etwas ganz anderes gehen, aber ich werde an diesem Detail hängen bleiben, weil ich merken werde, dass es mir noch nie so ging wie dir.

Manchmal wirst du mich mit deiner Leichtigkeit anstecken. Manchmal werde ich wie du vergessen, dass du *weiß* bist und ich Schwarz. Ich werde deine Sorglosigkeit auf mich übertragen und dein *Weißsein* als Schutzschild annehmen. Mit dir an meiner Seite werde ich ernster genommen werden, mit dir kann ich mir sogar vorstellen, nach Russland zu reisen – oder in die sächsische Schweiz. Die Welt wird mir mit dir freundlicher vorkommen. Bei Pförtner*innen werde ich das zum Beispiel merken. Im Museum, im Theater oder in Hotels. Kein nonverbales »Sind Sie sicher, dass Sie hier richtig sind?«.

Gerade jetzt, ganz am Anfang, werde ich das alles mit Freude annehmen, ohne es zu hinterfragen, weil ich einfach nur verknallt bin. Und vielleicht scheint die Sonne, oder es ist kalt und dunkel draußen, wir haben einfach zu guten Sex, oder wir sind vertieft in Gespräche über unsere Kindheiten, vielleicht sogar über Rassismus – aber nicht dem zwischen uns. Auf jeden Fall wird uns eine Ausrede einfallen, warum wir nicht über unsere Hautfarben sprechen müssen.

Dann werden diese Glückshormone schwinden. Unser Alltag wird an Glitzer verlieren, die Sinne wieder auf Normalzustand runterfahren. Ich werde dir von den kleinen Situationen erzählen, die ohne dich ganz anders ablaufen. Ich werde dir erzählen, wie die Pförtner*innen sonst zu mir sind oder die Menschen in der Bahn oder hinter der Ladentheke. Du wirst mir nicht glauben. Ich werde das sogar verstehen – wie sollst du es glauben, wenn du es selbst nicht siehst? Du wirst nach konkreten Geschichten fragen, weil du wissen willst, wie das so ohne dich abläuft. Ich werde dir keine erzählen können, weil mir spontan keine einfallen. Du wirst an mir zweifeln. Ich werde an mir zweifeln.

Solche Situationen werden immer wieder auftauchen. Zum Beispiel, wenn wir Filme schauen werden. Du wirst vielleicht *Gran Torino* von Clint Eastwood ansehen wollen, und ich werde die Augen rollen, weil ich den Film furchtbar rassistisch finde. Oder du wirst Jan Böhmermann für seinen Rap bewundern, und ich werde dir sagen, dass ich ihn nicht witzig finde, weil er sich als *weißer* Typ über PoC lustig macht und deren Erfahrungen mit Polizeigewalt auf die Schippe nimmt. Darauf wirst du irritiert reagieren. Du wirst deine Stirn runzeln und ungläubig lächeln, wenn ich diese Unterschiede transparent mache. Du wirst instinktiv versuchen, dein Weltbild zu verteidigen, an das ich gerade Hammer und Meißel angelegt habe. Du wirst mich fragen, ob das denn immer so wichtig sei. Ich werde dir meine Sicht erklären. Ruhig und lieb und vorsichtig. Aus Liebe. Aber auch aus Angst davor, dich zu überfordern. Wahrscheinlich wirst du meine Argumente nicht ganz nachvollziehen können, auch wenn du dir Mühe geben wirst. Ich werde die Unterhaltung dann irgendwann beenden, wenn ich merke, dass wir nicht weiterkommen.

In diesem Moment wirst du mir meilenweit weg vorkommen und diese Meinungsverschiedenheit wie eine unüberwindbare Kluft. Ich werde mich alleine fühlen. Ich werde überlegen, ob deine Unfähigkeit zu erkennen, dass *Gran Torino* ein problematischer Film ist, wirklich ein Grund sein kann, mit dir Schluss zu machen. Doch dann werden mir die vielen Dingen einfallen, die ich an dir toll finde, und ich werde diese Gedanken beiseiteschieben. Du hingegen wirst wenig Gedanken an all das verschwenden. Du wirst es einfach wieder vergessen. Doch Situationen wie diese kommen wieder. Und wieder. Und wieder. Ich werde dir während unseres Urlaubs im spanischen Souvenirladen zeigen, dass die Madonnenfiguren *weiß* sind und daneben sexy Teufelinnen stehen, die braune Haut haben. Ich werde mich darüber aufregen, du wirst versuchen, mich zu beruhigen oder abzulenken, oder du wirst dich einfach nicht dafür interessieren, weil gerade noch alles gut war und du jetzt vielleicht keine Lust hast, dir die Stimmung verderben zu lassen. Ich werde dich dafür verurteilen, weil alles, was ich in dem Moment wollen werde, ist, dass du dich genauso aufregst wie ich. Aber das werde ich dir nicht sagen, weil ich auch keine Lust darauf haben werde, dass plötzlich nicht mehr alles in Ordnung ist. Stattdessen werde ich die Figuren fotografieren und das Bild bei Instagram hochladen und mich über die Leute freuen, die sich mit mir ärgern.

Nachdem das ein paarmal so gelaufen sein wird, wird mir bei der nächsten »Kleinigkeit« der Kragen platzen. Ich werde nicht mehr geduldig sein, ich werde auch nicht mehr lieb sein. Ich werde keine Angst mehr davor haben, dem Stereotyp der irrationalen, überemotionalen Schwarzen Frau zu entsprechen. Ich werde bereit sein, unsere Beziehung wegen dieser »Kleinigkeit« an den Rand der Schlucht zu fahren, und meinen Fuß über dem Gaspedal halten. Ich werde verlangen, dass du endlich aufhörst, diesen Dingen gegenüber so gleichgültig zu sein. Du wirst erstaunt sein, über meine Wut und über mein Gedächtnis, weil ich jetzt die ganzen Diskussionen und Situationen wieder hervorkramen werde, die du schon wieder vergessen haben wirst. Wenn du in dem Moment stur bleibst, wird das der Anfang vom Ende sein. Ich werde dir immer weniger erzählen und dich in einem anderen Licht sehen. Du wirst mir sagen, dass ich mich verändert habe. Ich werde feststellen, dass du dich nicht verändert hast – und dass ich mir das eigentlich gewünscht hätte.

Oder du wirst mir zuhören. Du wirst lernen, mit diesem unbequemen Gefühl umzugehen, und du wirst dich schweren Herzens nach und nach von deinen rassistischen Lieblingskünstler*innen, Kindheitsschätzen und Ansichten lösen.

Nach diesem kleinen Durchbruch wirst du ein schlechtes Gewissen haben und verunsichert sein. Denn jetzt ist dir bewusst, dass du *weiß* bist. Und Cisgender. Und heterosexuell. Und dass du genauso Teil der systemischen Diskriminierung bist.

Du wirst Situationen in deinem Kopf abspielen, in denen du dich ignorant gegenüber deinen Freund*innen of Color verhalten hast. Du wirst feststellen, wie wenig du mit ihnen über diese Unterschiede gesprochen hast. Du wirst Dinge jetzt anders bewerten, aber weil du nicht weißt, wie sich strukturelle Diskriminierung anfühlt, wirst du dir nie sicher sein, ob du mit deiner Einschätzung richtig liegst oder nicht. Deshalb wirst du mir viele Fragen stellen. Du wirst mich nach traumatischen Erlebnissen fragen oder nach Artikeln, die du gelesen hast, von denen du glaubst, dass sie einen rassistischen Ton hatten, aber nicht genau weißt, warum das so ist. Wenn ich die Geduld aufbringen kann, werde ich dir deine Fragen beantworten und die Artikel für dich analysieren. Du wirst mir nicht dafür danken, dass ich so viel Geduld aufbringe, dich aufzuklären. Einfach weil du gar nicht merken wirst, dass diese Gespräche für dich zwar erhellend sind, ich hingegen nichts dazugelernt habe. Allerdings wirst du wütend auf die Welt werden. Du wirst Mitleid mit mir haben. Du wirst Rassismus abschaffen wollen. Für mich.

Wenn du in meiner Abwesenheit mit anderen *Weißen* über das Thema sprichst und sie dir nicht glauben wollen, dann wirst du das ultimative Argument herausholen: »Meine Freundin ist Schwarz.«

Ich werde dein Ass im Ärmel sein. Ich werde dich zum Mit-Betroffenen machen. Damit wirst du dich gut fühlen und berechtigt, diese Unterhaltungen anzuführen, selbst, wenn noch andere BIPoC im Raum sind. Manchmal wirst du mir davon erzählen. Ich werde abwägen, ob ich dich loben oder tadeln soll. Baby-steps, werde ich denken. Manchmal werde ich allerdings keine Geduld haben. Ich werde dir klarmachen, dass ich nicht mit dir zusammen bin, um dein Antirassismus-Coach zu sein. Vielleicht auf sanfte, vielleicht auf wütende Art. Wahrscheinlich beides. Ich werde dir Bücher schenken. Du wirst zunächst nur oberflächlich reinlesen, weil du denkst, dass du eigentlich alles verstanden hast. Doch ich werde dich immer wieder daran erinnern. Irgendwann wirst du sie schließlich doch aufschlagen.

Es wird nämlich nicht nur bei Diskussionen mit Kolleg*innen bleiben. Auch manche deiner engen Freund*innen werden sich anders verhalten. Wahrscheinlich wird jemand fragen, wie es ist, mit einer Schwarzen Frau zusammen zu sein. Vielleicht sogar, wie es ist, mit einer zu schlafen. Versuch bloß nicht, diese Fragen ernsthaft zu beantworten. Du wirst diese Menschen nach solchen Situationen in einem anderen Licht sehen. Vielleicht werden Freundschaften zerbrechen. Ich werde mich deshalb komisch fühlen. Du wirst mir sagen, dass es nicht meine Schuld ist. Wir werden uns in den Arm nehmen und froh sein, einander zu haben.

Du wirst Zeuge werden, wie manche deiner Liebsten richtig merkwürdig werden, wenn ich dabei bin. Sie werden Diskussionen über das N-Wort mit mir führen wollen oder mich fragen, als was man sich an Karneval noch verkleiden darf. Übrigens, wenn du denkst, dass es okay ist, wenn du das N-Wort aussprichst, weil ich es sage und du mit mir zusammen bist: nein. Auf keinen Fall. Mach das nie.

Zurück zu deinen Freund*innen: Sie werden mir über mein Haar streicheln wollen, nachdem sie gesehen haben werden, dass du es gemacht hast. Das wird in den unpassendsten Momenten passieren. Auf Hochzeiten, im Club oder an Familienfesten. Dafür wirst du dich sehr schämen, oder du wirst es vielleicht nicht wahrhaben wollen. Es kann sein, dass dein erster Instinkt ist, mich zu beruhigen und mir zu sagen, dass die Person eigentlich nett ist und ich ihr das verzeihen muss. Wahrscheinlich wirst du auf ihr Alter, ihr soziales Umfeld oder ihren Bildungsstand hinweisen. Vielleicht wirst du aber auch so wütend, dass du einen Streit anfängst und ich gar nichts mehr sagen werde. Für dich werden diese Situationen neu sein, für mich allerdings nicht. Ich habe das schon tausendmal durchgemacht. Halte dich also an mich. Achte darauf, wie ich reagiere, und stärke mir einfach den Rücken. Wenn ich keinen Streit anfangen will, dann lass du es auch. Wenn ich wütend werde, dann lass mich wütend werden, ich habe ein Recht darauf. Wenn du dir nicht sicher bist, ob ich Hilfe brauche, dann frag mich. Aber zweifle meine Entscheidungen nicht an. Das Letzte, was ich nach einer rassistischen Bemerkung machen möchte, ist, mein Verhalten vor dir zu rechtfertigen.

Dann ist da noch eine andere Sache: Ich mache total gerne Dinge mit dir. Ich mag deine Freund*innen, und meine Freund*innen mögen dich. Allerdings gibt es manchmal Momente, in denen ich dich vielleicht nicht unbedingt dabeihaben möchte. Es gibt dieses Ding in zweigeschlechtlichen Beziehungen, dass man manchmal was mit den eigenen Leuten machen möchte. Sowas wie »Mädelsabende« oder »Jungsabende« – das kennst du wahrscheinlich, oder? Ich werde Abende brauchen, wo ich unter BIPoC bin. Das sind Abende, wo ich mich nicht um das Erklären kümmern möchte. Ich werde mich vielleicht genau über dieses Gefühl mit anderen austauschen und meine Augen darüber verdrehen wollen. Solche Abende finden meist im Rahmen von Partys, Konzerten, Lesungen oder einfach Community-Veranstaltungen statt.

Vielleicht wirst du gerade gerne mitkommen wollen, weil es BIPoC-Veranstaltungen sind und du neugierig bist. Oder vielleicht wirst du überhaupt nicht daran interessiert sein. Auch wenn ein Desinteresse zunächst so scheint, als ob es einem potenziellen Konflikt, wer wann was mit wem machen möchte, entgegenwirken würde, werde ich mich so fühlen, als ob du einen bestimmten Teil von mir gar nicht kennen möchtest. Als ob du ihn ausblendest. Das wird ein Problem für mich werden. Wenn du interessiert bist, ich dich aber nicht immer mitnehmen will, dann wirst du vielleicht ein Problem damit haben. Ich selbst werde es schwer finden, die Balance darin zu halten, dich miteinzubeziehen und gleichzeitig meinen eigenen Raum zu behalten. Doch das werden wir schon schaffen. Hauptsache, wir sprechen viel miteinander.

Ich weiß gar nicht, ob ich dir das wirklich sagen soll. Aber manchmal werde ich gegen das Gefühl ankämpfen, das ich bekomme, wenn ich ein Schwarzes Pärchen sehe. Ich muss dir gestehen, dass ich manchmal – nur manchmal – ein kleines bisschen neidisch bin. Darauf, dass sie diese Prozesse nicht durchstehen müssen. Dass sie sich bestimmte Dinge nicht erklären müssen und dass sie, wenn eine rassistische Alltagssituation aufkommt, das beide sofort bemerken und nur Blicke austauschen und einander verstehen werden. Vielleicht wirst du auch manchmal ein kleines bisschen neidisch auf *weiße* Paare sein, weil sie diese Konflikte nicht austragen müssen und weiter in ihrer Blase leben können. Wenn dem so ist, bitte sag es mir nicht. Ich glaube, ich würde damit nur schwer umgehen können.

Viele meiner nicht-*weißen* Freund*innen finden, dass die Partner*innenwahl politisch ist.

Ich glaube, dass ich mit dir zusammen bin, hat unter anderem damit zu tun, dass fast alle männlichen Bezugspersonen in meinem Leben *weiß* waren.

Die Frage ist dann: Warum bist du mit mir zusammen? Aber das habe ich dich zu Anfang schon gefragt. Auch, wenn du es nie zugeben oder bewusst denken wirst, werde ich dir unterstellen, dass du dich darüber freust, eine Schwarze Freundin zu haben. Dass du denkst, du wirkst dadurch cooler, aber dass du irgendwie doch froh darüber bist, dass ich so »deutsch« bin.

Weißt du was? Das ist alles ziemlich viel, gerade für den Anfang. Du glaubst mir wahrscheinlich nicht, dass diese Dinge so ablaufen werden, aber ich bin mir relativ sicher. Ich denke trotzdem, dass wir das irgendwie schaffen, auch wenn es anstrengend wird. Lass uns nur nicht verdrängen, dass es diese Herausforderung gibt. Reden ist in jeder Beziehung wichtig, aber wir müssen eben auch noch viel über Rassismus sprechen. Sollten wir zusammen Kinder kriegen, wird das auch noch einmal ein Kapitel für sich. Aber hey, die Beziehung hat gerade erst angefangen. Wir wollen ja nicht zu weit vorausdenken.

NÄCHSTENLIEBE

Im März 2012 tauchte in meinem Facebook-Feed mehrfach dieses Video auf. Die Menschen, die es teilten, schienen ergriffen, das sagten auch die Überschriften: »Bitte teilen«, »Bitte nehmt euch die Zeit und schaut euch das an«. Also nahm ich mir die halbe Stunde, die das Video dauerte. Der Protagonist des Videos war Jason. Er sah aus wie ein All-American-Man. *Weiß,* blond, mit blauen Augen, die liebevoll auf seinen Sohn Gavin blickten. Ein goldiger lebensfroher Mini-Jason. Süß. Jason hatte einen Freund in Afrika, einen Jungen namens Jacob, den er vor zehn Jahren in Uganda kennengelernt hatte. Jacob war wie viele andere Kinder von Milizenführer Joseph Kony entführt und zum Kindersoldat gemacht worden. Er konnte entkommen, sein Bruder wurde ermordet. Als Jason von Jacobs furchtbarem Schicksal erfuhr, veränderte das sein Leben. Er gründete eine Organisation, *Invisible Children,* und verbrachte die nächsten zehn Jahre damit, sich für die Verhaftung von Joseph Kony einzusetzen. Denn er hatte es Jacob versprochen. Und jetzt also, zehn Jahre später, startete er diese Kampagne: »Kony 2012«. Die Mission: Mit einer weltweiten Bewegung würde man Joseph Kony berühmt machen. Jetzt konnten alle Menschen dazu beitragen, Kinder in Uganda zu befreien. Alles, was sie tun mussten, war ein Kony-Action-Paket für 30 Dollar zu bestellen. Darin waren ein Plakat, ein Armband und mehrere Flyer. Die sollte man in der Nacht zum 20. April in der ganzen Stadt verteilen, sodass alle Menschen am nächsten Tag aufwachten und wüssten, wer Joseph Kony ist. So sollte endlich der notwendige Druck auf Politiker*innen ausgeübt werden, den Warlord zu verhaften und Frieden nach Uganda zu bringen. Innerhalb von sechs Stunden war Jasons Video 500 000-mal angesehen worden, innerhalb von sechs Tagen hatte es 100 Millionen Klicks auf Facebook und YouTube. Kein Video war bis dahin so schnell und massiv geteilt worden.

Die Stunde des Internetaktivismus schien geschlagen zu haben. So rettete man also heutzutage die Welt: durch Likes und Shares und Guerilla-Marketing. Es schien so einfach. Es brauchte nur eine Menge Enthusiasmus und jemanden wie Jason, der das alles aus Liebe zu Jacob tat. Jason schaffte es, dass Menschen wie Mark Zuckerberg mit ihrem Facebook-Profilbild auf die Aktion aufmerksam machten und Spenden im Wert von 20 Millionen Dollar zusammenkamen.

Die Sache war nur die: Joseph Kony war zu der Zeit nicht mehr in Uganda. Mittlerweile hatte sich seine Miliz in Zentralafrika ausgebreitet. Die schlimmste und drastischste Krise in Uganda war bereits überstanden, vor allem wegen der Arbeit und der Bemühungen der Menschen vor Ort. Außerdem war Ugandas Krise damals größer und komplizierter als Joseph Kony selbst. Kony war weder der Ursprung noch das Ende des Problems. Doch all das wussten die vielen Menschen nicht, die dieses Video teilten. Vielleicht wussten viele von ihnen noch nicht einmal genau, wo Uganda eigentlich liegt. Es war ja auch ein bisschen egal. Denn es ging nicht mehr wirklich um Uganda, Jacob oder Kony, es ging darum, Teil einer Bewegung zu sein. Eine Bewegung für das Gute. Für die Liebe. Was ist schöner als das? Dieses Video schrieb Internet-Geschichte. Und kurz sah es so aus, als ob Jason der größte Held des Jahres werden würde. Doch es war eben 2012 – das Zeitalter des Internets. Kritik ließ nicht lange auf sich warten. Journalist*innen und Politiker*innen aus Uganda meldeten sich zu Wort, um klarzustellen, dass die Menschen in Uganda andere Sorgen hatten als Kony. Dass man ein Land nicht auf Warlords und hilflose Kinder reduzieren und alles andere einfach unsichtbar machen konnte. Warum dachte Jason, dachten alle, die dieses Video teilten, sie könnten Uganda von Kony befreien?

Jason und seine ganze Kony-2012-Aktion wurden zum Paradebeispiel des *Modern White Saviorism*. So heißt das, wenn *weiße* Menschen meinen, BIPoC retten zu müssen. White Saviorism gibt es überall. Er definiert die Beziehung des globalen Nordens zum globalen Süden. Afrika ist unsere Erinnerung daran, dass wir froh, dankbar und bescheiden sein sollten, weil es eben dort Menschen gibt, die viel ärmer sind als wir. Wir sind alle mit diesen Bildern aufgewachsen. »Die hungernden Kinder in Afrika« waren das Druckmittel zahlreicher Großeltern, um ihre Enkel zum Aufessen zu motivieren.

Ein schlechtes Gewissen ist die Grundlage von White Saviorism: Uns geht es gut, während es anderen schlecht geht. Warum das so ist, wollen wir allerdings lieber nicht wissen. Das, was wir wollen, ist helfen! Retten! Aber halt so, dass es nicht zu anstrengend ist und auch ein bisschen Spaß macht. Deshalb schließen sich seit 1984 immer wieder hochrangige Bands zusammen, um Geld für die Hungersnot in Äthiopien zu sammeln. Sie singen: »And there won't be snow in Africa this Christmas time. The greatest gift they'll get this year is life. When nothing ever grows, no rain or river flow. Do they know it's Christmas time at all?«

Ja, wissen die armen Afrikaner*innen überhaupt, dass Weihnachten ist? Die haben ja nichts, sitzen da in der Dürre, umschlossen von Sand, vor leeren Tellern. So einfältig denken viele über den zweitgrößten Kontinent der Welt. Sie vergessen – oder lernen nie –, dass es in Afrika sehr wohl Flüsse gibt, den längsten Fluss der Welt sogar, hektarweite grüne Landschaften, Regengebiete und schneebedeckte Berge. (Noch. Auch hier hinterlässt der Klimawandel Spuren.) Aber das sind ja nur Details, darum geht es nicht. Es geht darum, dass wir uns zusammenschließen und gemeinsam die Welt retten, mit Liebe, Enthusiasmus und einem Lied, das wir lauthals singen können.

Die Europäer*innen begannen schon mit dem Retten in Afrika, bevor irgendwer Hilfe benötigt hätte. Damals ging es noch nicht darum, die Menschen vor Hunger zu bewahren, sondern vor dem Fegefeuer. Evangelische und katholische Missionsstationen bauten sich vermehrt Anfang des 19. Jahrhunderts in Afrika auf. Sie etablierten Schulen für Kinder mit der Absicht, die afrikanische Bevölkerung umzuerziehen. Der Missionar John Emonts schrieb zum Beispiel:

»An erster Stelle muß ihnen das wilde Heidentum ausgerupft werden. Das sitzt tief in den kleinen schwarzen Krausköpfen drin. Sie müssen den heidnischen Sitten und den Gebräuchen entsagen, die sie von Jugend auf geübt haben. [...] Sittsamkeit und Anstand, Ordnung und

Pünktlichkeit, Nächstenliebe und Gerechtigkeitssinn muß ihnen anerzogen werden. Es ist klar, daß das nicht in einigen Tagen und Wochen möglich ist. Das dauert Jahre.«

In den meisten Fällen arbeiteten Missionar*innen eng mit der Kolonialverwaltung zusammen. Sie profitierten voneinander und bereiten sich gegenseitig den Weg. Zwangstaufen und Zwangsarbeit. Dabei muss man festhalten, dass viele Missionar*innen Sklaverei verurteilten und sich zum Beispiel bei dem Herero-Aufstand gegen die Kolonisator*innen stellten. Dennoch, ihre Sicht auf Afrikaner*innen war höchst problematisch. Schwarze Menschen lebten in den Augen der Missionar*innen in Sünde. Die Tänze, die nackte Haut, die Geschlechterrollen, die Polygamie. Es war »Die Bürde des *weißen* Mannes«, sie zum Licht, zu Gott zu führen. *Die Bürde des Weißen Mannes,* so heißt tatsächlich ein Gedicht von Rudyard Kipling, dem Literaturnobelpreisträger und Verfasser des *Dschungelbuch.* Das Gedicht hat sieben Strophen, eine furchtbarer als die andere. Das komplette Gedicht kann man im Internet nachlesen. Die erste Strophe lautet so:

»Ergreift die Bürde des Weißen Mannes
– schickt die Besten aus, die ihr erzieht –
Bannt eure Söhne ins Exil
den Bedürfnissen euerer Gefangenen zu dienen;
in schwerem Geschirre aufzuwarten
verschreckten wilden Leuten –
euren neugefangenen verdrossenen Völkern,
halb Teufel und halb Kind.«

Missionar*innen und Hilfsprojekte gibt es bis heute. Viele davon bewirken Gutes: Bildung, medizinische Grundversorgung, Infrastruktur. Doch sie entspringen einem falschen Narrativ, das selten hinterfragt und nur schleppend aufgearbeitet wird. Missionen drängen anderen Völkern und Ländern europäische Kultur auf, mit der Überzeugung, sie sei besser.

Die berühmteste Missionarin ist wohl die mittlerweile heilige Mutter Teresa. Doch einer Studie zufolge soll sie mit ihren Hunderten Missionen zwar viel Geld eingenommen, davon aber Menschen nicht ausreichend versorgt haben. Schwerkranken Patient*innen sollen sogar Schmerzmittel verweigert worden sein, auch wenn keine Engpässe bestanden. »Zu sehen, wie sie ihr Schicksal ertragen, hat auch etwas ganz Wundervolles«, soll Mutter Teresa einmal gesagt haben. »Sie leiden damit so wie Jesus Christus am Kreuz und kommen ihm damit näher.«

Doch nicht nur die Kirche ist auf Mission, zwanghaft die Welt zu retten. Es ist mittlerweile auch ein boomendes Geschäft: Freiwilligenarbeit ist eine Branche mit Milliardenumsatz. Wer cool ist, sagt übrigens *Volunteering*. Zielgruppe sind Abiturient*innen oder Studierende, die nach dem Abschluss ihren Lebenslauf aufbessern wollen. Etwas Soziales macht sich schließlich gut auf Bewerbungen. Außerdem kann man da das harte Leben kennenlernen, reifen, in dankbare Kinderaugen schauen, und es gibt Fotos mit megasüßen Kindern, die andauernd lachen und kuscheln wollen, für Instagram. Wie bei Angelina Jolie oder Bono. Lange dauern muss das Weltretten auch nicht. Die Angebote gehen schon ab vier Wochen los. Da kann man kurz Lehrer*in sein, ohne Vorkenntnisse, wohlgemerkt. Tausende Euro kosten die Trips meist trotzdem. Von dem Geld landet oft nur ein Bruchteil bei den Schulen oder Waisenhäusern, bei denen die Volunteers unterkommen.

Eigentlich sollte das Ziel von Freiwilligenarbeit sein, irgendwann nicht mehr gebraucht zu werden. Doch diese Stiftungen und Freiwilligenprogramme gibt es jetzt schon seit einigen Jahrzehnten, und in einem kapitalistischen System laufen gute Geschäfte eben genau andersherum: Sie schrumpfen nicht, sie wachsen.

Um all die jungen Menschen mit Freiwilligenarbeit versorgen zu können, braucht es inzwischen mehr Waisenkinder, als es überhaupt gibt. Schätzungsweise 80 Prozent der Kinder, die weltweit in Waisenhäusern leben, haben mindestens noch einen lebenden Elternteil. Viele dieser Eltern können ihre Kinder nicht mehr versorgen und geben sie deshalb an eine Institution ab. Sie sehen ihre Kinder oft nie wieder. Manche Kinder werden adoptiert, die Verbindung zu ihren Eltern und ihrer Herkunft für immer gekappt. Mit dem Geld, das Volunteers für ihr Freiwilligenprogramm ausgeben, könnten ganze Familien unterstützt und betreut werden. Doch verzweifelte, hilfsbedürftige Eltern werden im Hilfe-für-Afrika-Narrativ ausgeblendet.

Für uns bestehen arme Länder eben nur aus hungernden Kindern und bösen Warlords. Wie fühlt es sich wohl an, von den Eltern getrennt zu sein, um dann alle paar Wochen eine neue Person vorgesetzt zu bekommen, die mit dir spielen will und die du liebhaben sollst? Zu der du eine Beziehung aufbaust, bevor sie dich kurze Zeit später wieder verlässt und ein neuer Mensch ihren Platz einnimmt? Es ist nicht unbedingt ein gutes Zeichen, wenn Kinder fremden Menschen einfach so in die Arme fallen. Diese Kinder sind keine Hundewelpen, keine Spielzeuge, doch sie werden so behandelt. Wem also bringt dieses Volunteering wirklich etwas?

In Australien wurde vor Kurzem der Waisenhaus-Tourismus, der sich als Freiwilligendienst tarnt, als moderne Form von Sklaverei anerkannt. Dafür eingesetzt hat sich eine Vereinigung von Hilfsorganisationen, Philantrop*innen und Glaubenseinrichtungen. Denn natürlich sind nicht alle Organisationen gleich. Viele von ihnen haben Konzepte, die darauf abzielen, die Situation im globalen Süden tatsächlich zu verbessern. Eine gute Hilfsorganisation muss vor allem eins sicherstellen: Die Zusammenarbeit mit Menschen vor Ort. Sie sollten das Sagen haben. Denn zu denken, dass man besser wüsste, was gut für diese Menschen ist, was sie brauchen, ohne sich auszukennen mit Kultur oder örtlichen Gegebenheiten, ist paternalistisches Kolonialverhalten. »Halb Teufel, halb Kind« – dieses Bild steckt unbewusst noch in vielen Köpfen. Wir müssen einsehen, dass nicht jede*r von uns Menschen retten kann, nur weil wir Lust darauf haben. Vielleicht können wir die Welt am besten ändern, wenn wir nicht andauernd versuchen, sie zu kontrollieren.

Das heißt nicht, dass sich der wohlhabende Teil der Welt aus der Verantwortung stehlen kann. Der globale Norden ist reich, weil er den globalen Süden ausbeutet. Wir sollten deswegen ruhig ein schlechtes Gewissen haben. Es ist die Verantwortung des globalen Nordens, Unterstützung zu gewährleisten, weil sie durch ihn überhaupt notwendig geworden ist. Doch schnell verfangen wir uns im Privaten wie auf politischer Ebene darin, unser schlechtes Gewissen zu beruhigen, anstatt wirklich Positives beizutragen. Wie könnte man also wirklich helfen? Da gäbe es die Idee von Reparationen – Entschädigungsgeld. In westlichen Ländern wird sie meist als unrealistisch und lächerlich abgetan. Doch dieser Vorschlag ist ernst gemeint: Herero und Nama verklagten Deutschland auf Entschädigung in Milliardenhöhe für den Genozid an ihren Vorfahr*innen. Jedoch ohne Erfolg.

Die Bundesregierung verweist gerne darauf, dass sie bereits sehr viel Geld für Entwicklungshilfe in Namibia spenden würde. Doch ein wichtiger Unterschied zwischen Entwicklungshilfe und Reparationen ist zum einen die Summe, zum anderen das Machtverhältnis. Hilfe kommt aus einer Haltung der Güte, Reparationen wären eine Anerkennung der Schuld. Doch wenn man einmal mit Reparationen anfängt, würden weitere ehemalige Kolonialgebiete nachziehen. Die westlichen Länder würden ihre Machtposition verlieren. Das wird nicht passieren. Zumindest nicht freiwillig. So ernst meint es dann doch niemand mit der Gleichberechtigung.

White Saviorism ist jedoch mehr als das Bedürfnis, benachteiligten Kindern im globalen Süden zu helfen, es ist auch ein Narrativ, das sich seit Jahrzehnten durch unsere Film- und Medienlandschaft zieht. Sei es in kitschigen deutschen Fernsehverfilmungen, die Titel tragen wie *Für immer Afrika*, *Der Weg nach Afrika* oder *Im Brautkleid durch Afrika*, wo *weiße* Menschen Probleme für die afrikanische Bevölkerung lösen, weil diese es selbst nicht hinkriegt. Oder in großen Hollywood-Produktionen.

Es sind die Geschichten einer *weißen* Hauptfigur, die auf BIPoC trifft. Zwei Welten kollidieren. Eine der beiden Seiten ist zunächst ablehnend oder überfordert, doch nach und nach taucht die *weiße* Figur in das Leben und die Gefühlswelt des Gegenübers ein. Sie erkennt deren chaotische, gefährliche oder tragische Lebensumstände, und vor allem stellt sie fest: Oha, es gibt Rassismus. Es gibt Benachteiligung. Deshalb macht sie es sich zur Lebensaufgabe, die nicht-*weiße Figur* zu retten. Die *weiße* Person stellt fest, dass sie selbst Vorurteile hatte. Oft erkennt sie das, weil die zu rettende Person ein Ausnahmetalent besitzt, mit der die Hauptfigur nicht gerechnet hätte (gerade dieses Ausnahmetalent macht die Person auch rettenswert). Die *weiße* Figur ist am Ende demütig angesichts dieser Erfahrung und wird von ihrem Schützling mit Dankbarkeit überschüttet. US-Filme lieben es, Geschichten von BIPoC durch die Brille *weißer* Menschen zu erzählen. Zum Beispiel muss erst Tom Cruise zum *Last Samurai* werden oder Matt Damon die Chinesische Mauer in *The Great Wall* verteidigen, damit die Armeen eine echte Chance haben. In Filmen fängt das Leben von BIPoC erst an, bekommt erst einen

Sinn, wenn *Weiße* darin auftauchen, und es hört auf, wenn sie wieder verschwinden.

Der White Savior muss nicht unbedingt ins Ausland gehen, manchmal ist die Fremde direkt vor der Haustür. Wie bei *Green Book*, der 2019 bei der Oscarverleihung zum besten Film gekürt wurde. Er basiert auf einer wahren Geschichte und spielt im Jahr 1962, zwei Jahre bevor der Civil Rights Act in Kraft trat und Segregation endlich für illegal erklärte. Doch statt sich genauer mit dieser dunklen Zeit beschäftigen zu müssen, dürfen sich *weiße* Zuschauer*innen hier wie Held*innen fühlen – dank der *weißen* Hauptfigur Tony »Lip« Vallelonga. Er ist der Fahrer des Schwarzen Künstlers Don Shirley, eines der talentiertesten Pianisten seiner Generation, verkörpert von Mahershala Ali. Don Shirley wohnte über der berühmten Carnegie Hall in New York City. Er war Doktor der Psychologie, und er war queer. Klingt nach einem spannenden und faszinierenden Leben? Absolut. Aber wer steht im Zentrum der Geschichte? Sein Fahrer. Shirley stellt Vallelonga nämlich ein, weil er eine Tour durch die Südstaaten plant – wo Schwarze und *weiße* Menschen noch nicht einmal die gleiche Toilette benutzen dürfen. Es könnte also gefährlich werden für Shirley. Vallelonga soll ihn als *Weißer* nicht nur fahren, sondern auch beschützen. Exzellente White-Saviour-Situation.

Wir werden Zeug*innen davon, wie schwer es für Vallelonga ist, hautnah mitzubekommen, wie rassistisch Shirley behandelt wird. Vallelonga selbst ist zwar so rassistisch, dass er zu Anfang des Films Gläser aus seinem eigenen Haus in den Müll wirft, weil daraus Schwarze Handwerker getrunken haben, für den Rassismus anderer hat er jedoch kein Verständnis.

Green Book erzählt lange Zeit rein gar nichts über Shirley. Stattdessen erfährt man, dass Vallelonga Türsteher in New York ist. Man lernt seine Frau kennen, seine Freunde, man sieht ihn wütend, liebevoll und nachdenklich, kann seine Entwicklung also genauestens nachvollziehen. Shirley hingegen bleibt mysteriös. Man bekommt keine Chance, hinter die Maske zu blicken, die er aufsetzen muss, um im Amerika jener Zeit zu überleben. Dass ihn das innerlich zerreißt, muss man sich anhand seiner Alkoholsucht zusammenreimen. Der Film deutet zwar an, dass Shirley eine komplexe Figur ist, verfolgt das Thema aber nicht weiter. Wer seine Familie war, wie er zu einem erfolgreichen Pianisten wurde, was er fühlte, wenn er Klavier spielte? Fehlanzeige. Wie sich Vallelonga fühlt, wenn Shirley Klavier spielt, sieht man im Film hingegen schon.

Shirley bleibt selbst dann undurchdringlich, als er betrunken in einer Bar von *weißen* Typen verprügelt wird. Gerettet wird er aus dieser Situation natürlich von Vallelonga. Shirley weist kein Anzeichen von Kontrollverlust auf. BIPoC-Charaktere wirken selten vollkommen menschlich. Ihre Perspektive ist schwer zu fassen, in manchen Punkten sind sie moralisch erhaben. Demütigungen von *weißen* Menschen quittieren sie nie mit Wut, sondern mit Weisheit und Güte.

Die Botschaft solcher Filme: Schwarz und *weiß* sind Gegenstücke, die erst gemeinsam Sinn ergeben. Shirley ist schlau und höflich, aber verkrampft. Vallelonga ist witzig und herzlich, aber etwas tumb. Das alles soll subversiv sein. Vallelonga ist der ungebildete, einfache, aufbrausende Typ, Shirley der wohlhabende, gut ausgebildete Mann im Anzug. Gegenbilder der beliebtesten Stereotypen also. Eine Art umgedrehte Version von *Miss Daisy und ihr Chauffeur*, der übrigens 1990 mit fast identischem Plot ebenfalls einen Oscar abgesahnt hat. Hält nur leider einem genauen Blick nicht stand.

Denn als *weißer* Mensch kann Vallelonga Leute anschreien, schlagen und Rassist*innen sagen, was er von ihnen hält – ohne um sein Leben fürchten zu müssen. Er kann das alles machen, ohne dass man ihn unsympathisch fände, er wird sogar sympathischer, wenn er den Mann, der Shirley den Zugang zu einem *weißen* Restaurant verweigert, gegen die Wand schleudert und bedroht. Wie fänden wir es, wenn Shirley auf die gleiche Art für sich einstehen würde? Dass dieser Film so erzählt wird, liegt an den Leuten, die hinter der Kamera tätig waren: vor allem *weiße* Menschen, etwa Nick Vallelonga, der Sohn des echten Tony. Die Familie von Shirley durfte hingegen nicht an dem Film mitwirken. Sie beschwerte sich öffentlich über die falsche Darstellung, denn ihrer Ansicht nach waren Vallelonga und Shirley nicht so dicke, wie der Film suggeriert. Shirley trat zudem während seiner Südstaaten-Tour hauptsächlich an Schwarzen Colleges und weniger in Konzerthallen und exklusiv für *weiße* Menschen auf. Bei der Dankesrede sprach Regisseur Peter Farrelly von Liebe und davon, dass der Film Menschen zusammenbringen soll in Zeiten, in denen wir von Hass und Vorurteilen getrennt würden. Heißt so viel wie: *Weiße* Menschen sollen aus dem Film herausspazieren und eine ihrer größten Ängste beruhigt sehen: dass Schwarze Menschen ihnen Rassismus tatsächlich übel nehmen könnten.

Rassismus und Ungerechtigkeit sind schwer auszuhalten. Und es ist gut, dass Menschen die Motivation und den Willen haben, auch im echten Leben dagegen vorzugehen. Doch eine gute Tat sollte nicht primär einem selbst helfen. Sie löst Rassismus auch nicht auf. BIPoC wollen nicht gerettet werden. Sie sind auch nicht nur auf der Welt, um das Leben *weißer* Menschen zu bereichern. Die Wahrheit ist, dass ein offenes Herz, ein guter Wille und Enthusiasmus allein die Welt nicht retten.

Anziehung. Dieses Wort wird oft mit Adjektiven wie »magisch« oder »stark« geschmückt. Es ist dieses unerklärliche, körperliche Gefühl – eine Naturgewalt. Die Grundzutat für Romantik und Erotik. Wie ein Orakel – willkürlich, aber ehrlich. Sie taucht auf oder bleibt aus, egal, ob man will oder nicht. Auch deshalb sprechen wir wohl so oft von Schicksal, wenn wir uns verlieben.

Doch vielleicht ist Anziehung gar nicht so mysteriös, wie wir denken. Dating-Apps machen unseren romantischen Vorstellungen von schicksalhafter Liebe einen Strich durch die Rechnung. Es ist meist nicht mehr die eine zufällige Begegnung auf einer Party, die Blicke, die sich von Weitem treffen. Es findet kein Flirt mehr statt, keine Reihe von nonverbalen Signalen, bis man endlich ins Gespräch kommt. Mit Dating-Apps treffen wir viele bewusste Entscheidungen, lange bevor die Person tatsächlich vor uns steht. Wir tauschen zufällige gegen ausgesuchte Begegnungen ein. Das fängt schon bei der Erstellung des Profils an. Mit jeder Information, die wir preisgeben, sprechen wir bestimme Menschen an, andere schließen wir aus. Nach welchem Geschlecht suchst du? Welches Alter? Wie weit entfernt? Nach welcher Art von Beziehung suchst du? Was sind deine Interessen?

Wir sollen unsere Persönlichkeit in vier Fotos und wenigen Sätzen zusammenfassen. Damit kontrollieren wir bei Dating-Apps, wie uns andere Menschen sehen können. Anders als im »realen« Leben haben wir keine Möglichkeit, uns der anderen Person anzupassen. Alle User*innen bekommen ein Einheits-Ich präsentiert. Am wichtigsten ist wohl nach wie vor das Aussehen. Wir sortieren die Unattraktiven aus, als wäre das unsere persönliche Castingshow. Statt des nächsten Topmodels suchen wir nach unserem »Typ«. Und spätestens hier wird es oft problematisch. Denn häufig basiert ein bestimmter »Typ« auf einer Anreihung von Vorurteilen – oder einer Fetischisierung.

Ich wuchs damit auf, dass man »Typen« grob in zwei Kategorien unterteilte – blond oder brünett. Wer noch spezifischer werden wollte, hatte vielleicht eine präferierte Augenfarbe. Gemeint waren allerdings grundsätzlich erst einmal *weiße* Menschen. Ich fühlte mich zumindest nicht angesprochen, wenn Menschen von »brünett« sprachen. Für mich gab es eine eigene Kategorie, abseits von Haar- und Augenfarben. Ich war »exotisch«, zusammen mit allen anderen nicht-*weißen* Menschen. Exotisch wird im Duden wie folgt beschrieben:

»fernen (besonders überseeischen, tropischen) Ländern, Völkern eigentümlich, ihnen zugehörend, entstammend; [der Art, dem Aussehen, Eindruck nach] fremdländisch, fremdartig und dabei einen gewissen Zauber ausstrahlend«

Weiße Menschen, die auf »exotische Typen« stehen, beschreiben sich meist als neugierig, abenteuerlustig und unkonventionell. Als seien sie Indiana Jones und wir BIPoC ein Tempel, den es zu entdecken gelte. Ich fühle mich auch wie Indiana Jones – allerdings eher in meinen Versuchen, diesen Menschen auszuweichen. Solche Leute glauben zum Beispiel, dass »nubische Prinzessin« ein guter Kosename für eine Schwarze Frau wäre. Vokabeln wie »feurig«, »temperamentvoll« und – ganz schlimm – »wild« halten sie ebenfalls für angebracht, wenn sie Schwarze Frauen beschreiben. Es ist vielleicht nicht so schwer nachzuvollziehen, dass ich weder ein Tempel sein, noch entdeckt werden möchte und dass ich das Wort »exotisch« zum Kotzen finde.

Doch nicht alle BIPoC werden gleich bewertet. Zumindest suggerieren das Daten der Dating-App *OkCupid* aus den USA. Dort geben viele User*innen ihre Rassifizierung an. Eine Langzeit-Auswertung von 2009 bis 2014 analysierte das Verhalten heterosexueller Nutzer*innen in Bezug auf Vorlieben bei Rassifizierung. Die Gruppen wurden unterteilt in Schwarz, Latinx, asiatisch und *weiß*. Dort kam heraus, dass aus allen rassifizierten Gruppen Schwarze Frauen am negativsten bewertet wurden. Sie bekamen von allen männlichen Gruppen weniger Angebote zur Interaktion als der Durchschnitt. Heißt: Weniger Likes, weniger Unterhaltungen, weniger Verabredungen. Frauen interagierten am wenigsten mit asiatischen Männern. *Weiße* Männer und asiatische Frauen bekamen übrigens überdurchschnittlich oft Angebote zur Interaktion.

Natürlich kann ich die Ergebnisse nur interpretieren. Doch die Daten zeigen meines Erachtens ziemlich deutlich, dass wir unsere Partner*innen nicht aus romantischen Vorlieben heraus wählen oder ablehnen, sondern aufgrund von Vorurteilen, die wir über sie haben. Wer die vorherigen Kapitel gelesen hat, sollte nicht verwundert darüber sein, dass Schwarze Frauen nicht nur gesellschaftlich, sondern auch in Dating-Apps diskriminiert werden. Negative Vorurteile über sie gibt es genug. Die bittere Wahrheit ist außerdem: Viele Leute finden Schwarze Frauen einfach unattraktiv. Und auch diejenigen, die Schwarze Frauen vielleicht superheiß finden, halten sie trotzdem nicht unbedingt für datebar. Männer sagten mir bereits ins Gesicht, dass ihre Eltern ein Problem damit hätten, wenn sie eine Schwarze Frau mit nach Hause bringen würden. Das waren nicht nur *Weiße*, sondern auch PoC. Diejenigen, die also keinen Ärger mit ihren Eltern wollen, wischen bei Schwarzen Frauen lieber nach links.

Hier haben wir es wieder mit gegendertem Rassismus zu tun – der genauso das gesteigerte Interesse an asiatischen Frauen erklärt: An ihnen hängen Stereotype wie »devot«, »häuslich«,»kindlich«,

»verschwiegen« und »erpicht darauf, jegliche erotische Fantasie ihres Partners zu erfüllen«. Diese Dinge sind historisch gewachsen und besonders stark in den USA verbreitet. Zum einen durch die Kolonialisierung, zum anderen durch das Narrativ, das US-Soldat*innen während der zahlreichen Kriege auf dem Kontinent über asiatische Frauen etablierten.

Diese Klischees lesen sich wie eine Liste mit Anforderungen an Ehefrauen in den 1950er-Jahren. Doch so klingt die Traumfrau vieler Männer auch noch heute – selbst, wenn das nicht mehr ganz so offen kommuniziert wird. Asiatische Männer hingegen werden oft als »unmännlich« und verkorkst dargestellt. Im europäischen oder US-amerikanischen Raum gibt es so gut wie keine Filme, in denen der romantische Partner der Hauptfigur ein asiatisch-rassifizierter Mann ist. Geschweige denn, einen asiatischer Mann als Hauptfigur. Sie sind entweder Nerds, asexuelle Kampfmaschinen oder stehen hinter einer Ladentheke. Wir sehen einfach kaum sexy asiatische Männer, als ob sie nicht existierten.

Wenn es um Dating geht, sind *weiße* Menschen, insbesondere *weiße* Männer frei von Stereotypen. Klischees über *weiße* Männer im Bett? Gibt es nicht. Das ist ein deutlicher Hinweis darauf, wem wir diese ganzen Vorurteile zu verdanken haben.

Die sogenannte »intime Diskriminierung« ist bei Weitem kein Problem, das heterosexuellen Cis-Menschen vorbehalten ist. Dinge wie »No blacks« oder »no asians« – »Keine Schwarzen, keine Asiat*innen« – waren so geläufige Sprüche in den Profilbeschreibungen der queeren Dating-App *Grindr*, dass das Unternehmen 2018 eine Kampagne gegen Diskriminierung startete: *#KindrGrindr* – netteres Grindr. Sie installierten eine Software, um rassistische Benutzer*innen und ihre Kommentare zu blockieren. In einer mehrteiligen YouTube-Serie schilderten Grindr-Nutzer*innen ihre Diskriminierungserfahrungen.

Diskriminierung in der Liebe ist ein schmerzhaftes Thema. Wir wollen gerne an der Vorstellung festhalten, dass alle Menschen gleiche Chancen haben, Partner*innen zu finden. Doch Diskriminierung, die es in unserer Gesellschaft gibt, spielt natürlich auch in der Liebe eine Rolle – warum sollte es dort anders sein?

Liebe ist jedoch nicht gleich Lust. Dinge, die man begehrt, und Dinge, die man liebt, können manchmal weit auseinander liegen. Hatten wir in diesem Buch auch schon: Madonna-Hure-Komplex und so.

Doch Lust ist ebenso von Rassismus geprägt. Erdrückende Beweise dazu liefert die Pornoindustrie. Wer wissen möchte, welche gesellschaftlichen Probleme wir in dieser Welt haben, der schaue sich heteronormative Internetpornos an. Allein schon in den Titeln werden rassistische Klischees über BIPoC unverhohlen reproduziert. Doch nicht nur die Aufmachung, sondern auch die Industrie an sich hat ein Rassismus-Problem. Die Pornoindustrie ist, so wie jedes andere Filmbusiness, überwältigend *weiß*. In einem »normalen« Porno haben *weiße* Menschen miteinander Sex. Nicht ohne Grund würden viele die typische Pornodarstellerin so beschreiben: *weiß*, blond, schlank, jung, mit großen Brüsten. Wenn keine *weißen* Menschen in Pornos vorkommen, ist das kein »normaler« Porno, es ist ein Genre. Sie handeln dann beispielsweise vom bösen Schwarzen Mann mit Riesenpenis oder vom schüchternen asiatischen Schulmädchen. Übrigens: In den USA ist es üblich, *weißen* Pornodarsteller*innen, die mit Schwarzen Männern drehen, einen Gehaltszuschlag zu zahlen – eine Art Aufwandsentschädigung. Außerdem gibt es auch hier eine gewaltige Pay-Gap. *Weiße* Frauen bekommen 50 bis 75 Prozent mehr Gehalt als Schwarze Darstellerinnen in Pornofilmen.

Doch Pornos folgen einer Nachfrage. Irgendjemand muss diese Filme ja schauen.

Was soll man gegen eine rassistische Libido tun? Wohin mit problematischen Fetischen oder Fantasien? Sexuelle Vorlieben sind ohnehin schon oft schambehaftet. Die Erkenntnis, dass Rassismus auch hier eine Rolle spielt, macht die Sache nicht besser.

Viele wenden sich mit solchen Fantasien an Sexarbeiter*innen. Sie bieten einen Raum, in dem man schamfrei agieren kann, auch wenn die eigenen sexuellen Vorlieben banal, brutal oder gesellschaftlich verachtet sind.

Doch Sexarbeiter*innen sind im Zweifel diejenigen, die sich mit problematischen Fantasien auseinandersetzen, während wir anderen gerne so tun, als würden sie nicht existieren. Eine Sexarbeiterin erzählte mir, dass zum Beispiel Rollenspiele mit rassistischem Narrativ Menschen helfen können, sich mit dem eigenen Rassismus zu konfrontieren. Als Sexarbeiter*in hat man im Gegensatz zu Pornofilmen die Möglichkeit, in die Geschichte einzugreifen, sie zu ändern. Es kann also eine Art Aufarbeitung sein. Wenn auch eine sehr spezielle, die nicht garantiert funktioniert, das sagte sie auch.

Die Annahme, die Libido sei ein nicht steuerbarer Trieb, dem man hilflos ausgesetzt ist, stimmt nicht ganz. Studien suggerieren, dass zwar frühe sexuelle Bilder und Erfahrungen Vorlieben prägen – jedoch lassen diese sich über das Leben beliebig erweitern. Es muss also nicht bei einer Fantasie oder einem »Typ« bleiben. Zumindest muss der nicht an so etwas wie Körperform, Haar- oder Hautfarbe festgemacht sein.

Ich selbst habe nie Dating-Apps benutzt, auch, weil ich Angst vor Rassismus hatte. Die Vorstellung, allein an Dutzenden, wenn nicht Hunderten kleinen Castingshows gleichzeitig teilzunehmen, ist merkwürdig genug. Allerdings stellte ich mir Männer vor, die hauptsächlich Bilder *weißer* Frauen hin- und herwischten. Dann, mitten unter ihnen, würde meins auftauchen. Natürlich würden sie in dem Moment über meine Hautfarbe nachdenken, wenn auch nur für eine

Sekunde, vielleicht auch länger. Sie würden dann irgendwie reagieren. Die negativen würde ich nicht mitbekommen. Aber bei den anderen würde ich immer befürchten, dass sie die Art von Menschen sind, die mich »exotisch« finden. Viele meiner Freund*innen haben bereits von rassistischen Erfahrungen berichtet. Zum Beispiel erzählte mir eine Freundin von einer unangenehmen Erfahrung: Sie war bereits mit ihrem Date im Bett, als er fragte, woher sie noch einmal käme. Als sie ihm antwortete, freute er sich. »So eine wie dich hatte ich noch nie«, sagte er, als könne er jetzt ein weiteres Häkchen auf seiner Liste machen.

Wir alle wollen unsere romantische Vorstellung von Anziehung und Liebe beibehalten. Es lohnt sich aber, die eigenen Dating-Muster kritisch zu hinterfragen. Wenn alle vergangenen Partner*innen gleich aussahen – ob ausschließlich *weiß* oder eben nie *weiß* – dann kann man sich doch einfach mal fragen, warum. Welche Konsequenzen man daraus zieht, ist natürlich jeder und jedem selbst überlassen.

5 FAMILIE

MAMA UND PAPA

Meine Eltern heirateten 1983. Zu dem Zeitpunkt war es gerade erst sechzehn Jahre her, dass in den USA *interracial marriage* landesweit legal wurde. In Deutschland waren die Nürnberger Gesetze, die während der NS-Zeit Ehen zwischen *Weißen* und anders rassifizierten Menschen illegal machten, erst seit 38 Jahren außer Kraft. Bereits 1905, zur Kolonialzeit, hatte es ein deutsches Gesetz gegeben, das sogenannte »Mischehen« verbot. Alles aus Angst, die »*weiße* Rasse« zu verunreinigen, und aus der Überzeugung heraus, dass Schwarz und *weiß* nicht kompatibel wären. In Südafrika hätten meine Eltern 1983 noch nicht heiraten können: Dort galt der sogenannte »Immorality Act« bis 1985, und die Apartheid endete erst 1994. Da war ich bereits vier Jahre alt – die jüngste von drei Töchtern der Familie Hasters, die in der Gocherstraße in Köln-Nippes wohnte.

In der Fünfzimmer-Altbauwohnung mit Balkon und grünem Innenhof bauten wir unser kleines Universum. Zusammengewürfelte Möbel, von uns Kindern bemalte Wände, Berge von Wäsche, Schallplatten und Kuscheltieren. In unserem Wohnzimmer standen ein Klavier, indische Trommeln und ein schwarzer, goldverzierter *Butsudan*. Das ist ein schrankähnlicher, buddhistischer Hausaltar, in dem eine Schriftrolle hängt, der *Gohonzon*. Wir knieten uns davor, Mama und Papa zündeten Räucherstäbchen an, schlugen gegen eine Klangschale und chanteten auf Japanisch. Meine Eltern machten das mehrmals am Tag, wir Kinder immer dann, wenn uns danach war.

Am meisten Familie waren wir jedoch am großen runden Küchentisch. Dort war es laut. Wir sprachen durcheinander bei gutem Essen, oft saß spontaner Besuch dabei, der immer willkommen war. Vor allem lachten wir viel. Wir waren glücklich. Zumindest sind es meine Erinnerungen an diese Zeit, und auf alten Fotos sehen wir auch so aus. Besonders meine Eltern. Ein junges, gut aussehendes Paar. Kennengelernt hatten sie sich, als Mama Tänzerin und Papa Zirkusclown war. Als ich auf die Welt kam, arbeiteten sie hinter der Bühne, als Choreografin und Theaterpädagoge. Freiberuflich. Routine gab es wenig. Manchmal führten sie uns großzügig zum Essen aus, ein paar Monate später saßen sie verzweifelt vor Rechnungen und Steuerformularen und befürchteten, dass das Geld nicht für die nächste Miete reichen würde.

Meine Eltern wollten sich von Zwängen und Kategorien befreien, aber vor allem wollten sie uns davon befreien. Meine Mutter sagte uns, allein mit unserer Existenz würden wir die Welt verändern. Wir, die Schwarz-*weißen*, deutsch-amerikanischen, buddhistischen Kinder, für die es keine bestehende Schublade gab. Nach dem gleichen Prinzip wählten sie unsere Namen aus: Der Rufname sollte in möglichst vielen (europäischen) Sprachen bekannt sein. Der Zweitname war japanisch – zu Ehren der japanisch-buddhistischen Gemeinde, zu der meine Eltern gehörten. Aber ich glaube, sie wollten uns auch einfach einzigartig machen. Unsere Namen gaben keinen Hinweis auf Wurzeln oder Herkunft. Wir hätten von überall sein können. Manchmal fühlte es sich deshalb aber auch so an, als ob wir nirgendwo herkamen, außer aus der Gocherstraße.

Je älter ich wurde, desto knapper wurde das Geld. Die Jobs wurden weniger, wir wurden größer, hungriger, wuchsen schneller aus unseren Kleidern heraus. Meine Eltern mussten sich also etwas anderes überlegen. Schließlich kaufte mein Vater ein Lokal ein paar Hundert Meter von unserer Wohnung entfernt. Tagsüber gab es dort Milchkaffee und Kuchen, abends Wein und kleine Gerichte.

Von da an waren meine Eltern oft weg. Sie kamen nach Hause, wenn ich schon im Bett war. Dann bahnten sich Küchenlicht und milder Zigarettengeruch durch den Türspalt meines Kinderzimmers, was für mich ein beruhigendes Signal war, dass wir jetzt nicht mehr alleine zu Hause waren.

Ich hörte immer öfter, wie meine Eltern in der Küche saßen, leise und ernst miteinander sprachen. Dann wurden die Gespräche zu Streits, die Streits zu Gebrüll. Tränen und zerbrochene Gläser. Mein Vater telefonierte danach mit gesenkter Stimme im Wohnzimmer. Bevor ich auf das Gymnasium ging, sagten meine Eltern uns, dass sie sich trennen würden. Mein Vater hatte sich verliebt. In Sylvia. Eine Kellnerin aus seinem Café.

Ich hatte Sylvia eigentlich gemocht. Wenn ich nach der Schule ins Café kam, machte sie mir Kakao mit Sahne und fragte, was ich im Unterricht gelernt hatte. Sie war zierlich, etwas flatterig, schien irgendwie hilfsbedürftig. Sylvia war jung, blond und *weiß*. Damit war sie Auslöser einer Angst, eines stechenden jaulenden Schmerzes, den ich zu diesem Zeitpunkt zwar spürte, jedoch nicht erkannte, nicht artikulieren konnte. Sie war der Gegenentwurf zu meiner Mutter. Für mich war sie der Beweis, dass das, was meine Eltern aufbauen wollten, diese Mini-Utopie in der Gocherstraße, nicht funktionieren konnte. Weil meine Mutter, die Schwarze Frau, nicht in die Welt passte, die uns umgab. Ich befürchtete, dass mein Vater uns verlassen wollte, weil er sich nach einem konventionellen Leben sehnte – deutsch, *weiß*, normal – und wir ihn davon abhielten. In mir kamen Zweifel auf. Vielleicht waren die Regeln und Zwänge, von denen sich unsere Familie zu befreien versuchte, doch nicht überwindbar. Es gab sie schon so lang – vielleicht wäre man glücklicher, wenn man sich ihnen unterwerfen würde. Schwarz und *weiß*, nicht kompatibel. Doch was war dann mit meinen Schwestern und mir? Wo gehörten wir hin? Ich kam mir vor wie das Ergebnis eines gescheiterten Experiments.

Die Trennung meiner Eltern war vielleicht genauso ungewöhnlich wie die Ehe, die sie führten. Normalerweise folgt eine Scheidung, vielleicht ein Umzug, ein neues Leben. Meine Eltern blieben jedoch verheiratet. Wir zogen nicht um. Und statt eines klaren Schlussstrichs verblasste und verformte sich unser Leben in der Gocherstraße. Mein Vater zog aus. Der *Butsudan* verschwand. Jeder kochte und aß immer häufiger allein.

Ich weiß nicht, ob sie es hauptsächlich für uns Kinder oder aus eigenem Interesse machten, aber meine Eltern gaben sich große Mühe, befreundet zu bleiben. Es gelang ihnen, weiterhin wohlwollend miteinander umzugehen. Meistens. Doch ich merkte, was für ein Machtgefälle sich seit der Trennung zwischen ihnen aufgetan hatte. Es schien, als ob meinem Vater das Leben nach der Beziehung leichter von der Hand ging als meiner Mutter. Mein Vater hatte die neue Freundin, das Café, die restliche Familie, mit der wir Weihnachten und Ostern feierten. Meine Mutter hatte das nicht. Sie kam zwar weiterhin mit auf Familienfeste, doch sie schien bei allem außen vor.

Meine amerikanische Oma war bereits gestorben. Die Verbindung zu der Familie in den Staaten war oberflächlich und abgekoppelt von dem Leben, das Mama hier führte. Sie war seit mehr als dreißig Jahren in Europa. Mit siebzehn hatte sie ihr erstes professionelles Engagement in einer Kompanie in Belgien gehabt, ein paar Jahre später war sie nach Köln gekommen und geblieben. Seitdem war sie kaum mehr in die USA zurückgereist. Sie hatte in Deutschland keinen Anker, niemanden, den sie garantiert auf ihrer Seite wusste. Klar, sie hatte uns, ihre Töchter. Aber zum einen waren wir in der Pubertät, hatten vieles im Kopf und definitiv nicht die Bedürfnisse unserer Mutter. Zum anderen wollte ich mich auf keine Seite schlagen. Das sollte nicht die Aufgabe eines Kindes sein.

Irgendwann zog Mama aus, Papa wieder ein. Vielleicht war es ihr zu viel, allein mit drei Kindern, vielleicht brauchte sie Zeit für sich. Ich wusste es nicht, und weil ich Angst vor der Antwort hatte, fragte ich nicht nach. Wir hielten an der Gocherstraße fest, als ob sie alternativlos wäre. Weil das unser Zuhause war. Weil es trotzdem der schönste Ort war, den ich kannte. Mir kam es so vor, als könnten wir nirgendwo anders sein.

In welchen Abständen und wie das alles kam, weiß ich nicht mehr, aber die Kombination wechselte noch mehrmals: Papa zog aus, Mama ein, dann wohnten wir kurz wieder alle zusammen, dann ging Papa wieder. Meine älteste Schwester zog aus, und weil die Miete zu teuer war, kamen Mitbewohner*innen zu uns. Meine Mutter wohnte zwar in derselben Wohnung, aber ich sah sie kaum. Sie war hauptsächlich in ihrem Zimmer, allein vor dem Computer. Wir sprachen nicht viel miteinander. Je älter ich wurde, desto mehr blätterte das Gefühl von Zuhause ab.

Es kam mir vor, als ob meine Mutter darauf wartete, sich einfach loslösen zu können und ihr Leben so zu gestalten, wie sie es wollte. Als meine Schwester und ich mit der Schule fertig waren, wurde die Wohnung in der Gocherstraße aufgelöst. Ungefähr zehn Jahre nach der Trennung ließen meine Eltern sich dann doch scheiden. Seitdem habe ich kein wirkliches Zuhause mehr. Kein Elternhaus, in dem die Kindheit lagert, keinen Ort, an den ich immer wieder zurückkehre. Das ist nicht das Ende der Welt. Ich bin damit nicht allein. Ich komme aus der Generation Scheidungskind. Es gibt Tausende Menschen, die viel weniger Zugang zu ihrer Kindheit haben und wesentlich mehr aufgeben mussten als ich. Meine Mutter zum Beispiel.

Papa war nicht der beste Ehemann, aber ein guter Vater. Ihm habe ich zahlreiche schöne Kindheitserinnerungen zu verdanken: Ausflüge, Urlaube, Schwimmen und Fahrradfahren lernen, in der Küche stehen und kochen. Wir haben uns immer gut verstanden, Papa und ich. Wir sind uns sehr ähnlich: sensibel, harmoniebedürftig, hilfsbereit, konfliktscheu. Eine Zeit lang war es mir fast unangenehm zu bemerken, wie sehr ich in seine Fußstapfen trat. Ich fuhr wie er mit dem Rennrad und der exakt gleichen Kuriertasche auf dem Rücken durch Nippes, wo ich mittlerweile in einer Einzimmerwohnung wohnte. Ich ging zur Sporthochschule, studierte das Gleiche wie er damals und hatte sogar die gleichen Dozent*innen. Papa war in vielerlei Hinsicht mein Vorbild.

Die meiste Zeit meines Lebens habe ich nicht darüber nachdenken wollen, welche Rolle Rassifizierung innerhalb meiner Familie spielte. Ich habe lange gedacht, dass Rassismus zwar vieles beeinflusst, aber nicht die Beziehung zu oder zwischen meinen Eltern. Doch je mehr ich mich selbst mit meiner Identität auseinandersetzte, desto eher fiel mir auf, dass ich mit meinem Vater fast nie über Rassismus sprach. Es war kein Tabuthema, aber ein blinder Fleck. Mit meiner Mutter hingegen habe ich viele lange Gespräche über Schwarzsein und Rassismus geführt. Mit ihr kann ich stundenlang darüber reden, wie es unseren Alltag beeinflusst. Wir haben über dieses Thema miteinander geweint und gelacht. Lange dachte ich, dass sie den Rassismus in Deutschland nicht wirklich schlimm fand. Schließlich war sie im Amerika der 1960er-Jahre aufgewachsen. Doch je mehr ich mit ihr sprach, desto klarer wurde mir, wie viele Gedanken sie sich über uns und unsere Identität gemacht hatte. Meine Geschichte von den sorglosen Eltern, die uns zu Kosmopolitinnen aufzogen, stimmte nicht ganz. Ihr war bewusst, dass sie uns beibringen musste, was es bedeutete, Schwarz zu sein. Es war ihr allerdings wichtig, dass wir es als etwas Positives wahrnahmen und nicht als ein Defizit. Sie machte das, indem sie versuchte, Repräsentation zu schaffen, wo keine war. Sie zeigte uns Kinderbücher aus den USA, in denen Schwarze Kinder vorkamen. Als Kind spielte ich mit einer Schwarzen Puppe statt mit einer *weißen*. Sie bemühte sich, Freundschaften zu anderen Schwarzen Frauen zu knüpfen oder zu Müttern, die auch Schwarze Kinder hatten.

Mit meinem Vater hingegen sparte ich das Thema Rassismus fast komplett aus. Lange Zeit hatte ich gar nicht das Bedürfnis danach, mit ihm darüber zu reden. Ich glaube wirklich, dass Hautfarbe keine große Rolle für meinen Vater spielte. Das bedeutete allerdings nicht, dass Hautfarbe keinen Einfluss auf unseren Umgang miteinander hatte. Denn auch, wenn er nicht weiter über unsere Hautfarben nachdachte, ich machte es schon.

Ein Beispiel: Oft, wenn ich mit meinem Vater unterwegs war, befürchtete ich, dass Menschen denken konnten, ich sei nicht seine Tochter, sondern seine Freundin. Ich hatte Angst, dass Leute dachten, er hätte mich im Urlaub aufgerissen und mit dem Versprechen auf ein besseres Leben nach Deutschland gelockt. Deshalb gewöhnte ich mir an, ihn in der Öffentlichkeit möglichst oft und laut »Papa« zu nennen. Generell etwas lauter zu sprechen, damit das Umfeld mitbekam, dass ich akzentfreies Deutsch sprach. Dieser ganze Film lief bei mir ab, während mein Vater nicht einen Gedanken daran verschwendete.

Einmal fragte ich ihn gerade heraus, wie es für ihn war, Schwarze Kinder zu haben. Er reagierte so, als ob ich ihn fragte, wie es sei, Kinder mit zehn Zehen zu haben. Er wusste einfach nicht, was er darauf antworten sollte. Er kramte in seinen Erinnerungen: Klar, da gab es diese Geschichte, wo mich Tourist*innen in Salzburg ungefragt aus den Händen meiner Mutter gerissen hatten, um ein Foto mit mir zu machen. Anscheinend hatten sie noch nie ein Schwarzes Baby gesehen. Und das eine Mal, wo ein Mann etwas Blödes zu meiner Schwester in der Bahn gesagt hatte, was genau, wusste er nicht mehr. Aber das waren alles vereinzelte Dinge. Mehr fiel ihm zu dem Thema nicht ein.

Das ist nicht unbedingt das Schlechteste, finde ich. Es gibt viele *weiße* Eltern, die ihre nicht-*weißen* Kinder rassistisch behandeln. Manche offensiv, andere subtil. Doch ich hatte wirklich nicht das Gefühl, dass das bei meinem Vater der Fall war. Vielleicht hat er nicht aktiv dazu beigetragen, meine Schwarze Identität zu stärken, doch er stand dem Prozess auch nie im Weg.

Es ist nicht leicht, einem Kind beizubringen, dass es ohne Grund benachteiligt werden wird. Stattdessen haben meine Eltern mich mit einem guten Selbstbewusstsein ausgestattet. Anders als viele andere Schwarze Kinder habe ich mir nie gewünscht, *weiß* zu sein. Ich mochte mich so, wie ich war. Und das habe ich zu großen Teilen ihnen zu verdanken.

Meine Eltern haben ihr Bestes gegeben. Sie waren mutig und auf ihre Art rebellisch, indem sie versuchten, sich nicht von Herkunftsgeschichten vorschreiben zu lassen, welche Position sie in der Welt einnehmen sollten. Welche Beziehung sie führen oder wie ihre Familie aussehen sollte. Ich glaube, sie waren ihrer Zeit ein wenig voraus. Zwei Menschen mit *mixed* Kindern, die mit verschiedenen Kultureinflüssen aufwachsen, die Wert auf eine gleichberechtigte Beziehung legen, das ist heute als Familienmodell nicht mehr so ungewöhnlich. Sollte ich eine Familie gründen, dann werde ich versuchen, meinen Kindern eine ähnliche Utopie aufzubauen. In der Hoffnung, dass sie hält und dass die Welt außerhalb unserer vier Wände ihr ähnelt.

»Bernie, warst du mal im Gefängnis?«, fragte ich meinen Onkel, als wir zu einer Busstation in Germantown liefen. Mein Onkel verschluckte sich fast am Zigarettenrauch. Nicht, weil er schockiert war, dass ich überhaupt so etwas denken würde, sondern weil er lachen musste.

»Natürlich war ich schon mal im Gefängnis«, sagte er. Dann schenkte er mir diesen Blick, seinen typischen Onkel-Bernie-Blick: Skeptisch und wohlwollend schaute er auf mich herunter. Als ob er sich fragen würde, was seine jüngste Nichte aus Deutschland alles nicht über die USA verstanden hatte. Er machte eine kleine Geste mit seinen Armen, als ob er sich selbst präsentieren wollte. Als ob er sagen wollte: »Schau mich doch an. Ich bin ein Schwarzer Mann.«

Ich bin sechzehn und lebe seit zwei Monaten mit meinem Onkel in Philadelphia, an der Ecke Roosevelt Boulevard und 9th. Als ich das erste Mal durch die Tür in seinem Haus trete, rutscht mein Herz Richtung Magen. Bernies Haus ist dunkel. Die Jalousien sind immer unten. Es riecht nach morschem Holz und Desinfektionsmittel. Das Haus hat zwei Stockwerke und einen Keller, den ich nie betreten werde. Mit uns wohnen dort zwei Kampfhunde, die Bernie einmal von der Straße aufgelesen hat und die mich jedes Mal, wenn ich zur Tür hereinkomme, aggressiv ankläffen. Außerdem hat Bernie viele Katzen, mindestens sechs. Überall sind Fliegen – am Fenster, an den Wänden und natürlich an den Fliegenfallen, die wie Halloween-Deko von der Decke baumeln. Ich schlafe auf einer Luftmatratze, im Zimmer oben rechts. Als ich das erste Mal dort liege, weine ich. Das ist also Philadelphia. Bernie sagt, dass ich nicht mehr vor die Tür darf, wenn es dunkel wird, weil es dann draußen zu gefährlich ist. Bald verstehe ich, was er meint. Fast jede Nacht höre ich dieses laute Knallen. Komisch, dass die hier immer Silvesterböller zünden, denke ich am Anfang noch. Doch an einem Abend ist die Schießerei direkt bei uns um die Ecke, und danach habe ich keine Zweifel mehr, was hier Nacht für Nacht vor sich geht. Die Polizei sehe ich allerdings nur selten.

Wir wohnen direkt am Park. Hunting Park. Einmal, als Bernie nicht da ist, laufe ich durch den Park, an einem sonnigen Tag. Als ich ihm später davon erzähle, sagt er: »Da sind Cracksüchtige, die dich überfallen werden.« Von da an gehe ich außenrum, an der sechsspurigen Straße entlang.

Als ich von der Schule komme, sprechen mich Jungs an, die an der Straßenecke stehen. Sie wollen wissen, ob ich neu bin in der Nachbarschaft. Ich freue mich, dass sie so freundlich sind. Als ich es meinem Onkel erzähle, schüttelt er nur den Kopf. »Die Jungs da an der Ecke? Das sind Drogendealer, Alice«, erklärt er mir. Ich halte mich also von ihnen fern und beobachte von da an nur aus dem Fenster, wie sie kleine Tütchen in anhaltende Autos reichen. Ich gehe kaum raus. Nur zum Supermarkt an der Ecke, in den Drogeriemarkt und zum Waschsalon. Ansonsten schaue ich fern. Ich schaue MTV, BET, tanze zu Musikvideos, so wie zu Hause auch.

Draußen hört man Hip-Hop oder Reggaeton auf den Straßen, weil ein paar Häuser weiter Boxen auf der Veranda stehen. Die meisten Menschen, die hier wohnen, sind Latinx und sprechen Spanisch miteinander. Mein Onkel hat nichts mit ihnen zu tun und ich also auch nicht.

Wenn ich von der Schule komme, ist Bernie selten da. Oft kommt er spät nach Hause, völlig betrunken. Dann setzt er sich auf seinen Sessel, im dunklen schummrigen Licht, und fängt an zu reden. Wirr und ungeordnet. Er erzählt von seiner Kindheit. Erzählt, wie meine Oma ihn einmal zwei Wochen allein ließ und mit meiner Mutter wegfuhr, als er vierzehn Jahre alt war. Er erzählt mir von dem Haus, das meine Oma besaß, jedoch wegen Schulden wieder abgeben musste. Weder meine Mutter noch meine Oma hatten jemals davon gesprochen. Er erzählt mir von seiner Zeit als Feuerwehrmann. Er weint, als er sich daran erinnert, wie er einmal zu spät kam, um jemanden zu retten. Er erzählt mir, wie er als Bodyguard für die *Temptations* arbeitete, dass Kampfsport seine Instinkte geschärft hätte und er deshalb einmal *weißen* Polizisten entkam, die ihn bei einer Kontrolle verprügeln wollten.

Er schenkt mir ein Buch über *Kwanzaa*, er schaut mit mir *Malcolm X* von Spike Lee und bringt mir Namen bei: Huey P. Newton, Angela Davis, Shirley Chisholm, Jesse Jackson. Manchmal frage ich ihn nach seinen Kindern. Über sie redet er nicht gerne. Er hat sechs und weiß nicht, wo sie sind. Irgendwann schläft er ein. Manchmal mitten im Satz.

Dann gehe ich nach oben in mein Zimmer, versuche, all das zu ordnen oder wegzuschieben, in eine Ecke meines Kopfes, denke lieber an meine Freund*innen in der Highschool und die Jungs, in die ich verknallt bin.

Doch Bernies Worte drängen sich wieder nach vorne. Sie sind wie tausend kleine Puzzleteile, für die ich den richtigen Platz zu finden versuche. Ich denke viel an Mama. Fange an zu verstehen, warum sie nie nach Philadelphia zurückwollte. Begreife, was sie hinter sich gelassen hat, was meine alleinerziehende Schwarze Oma für Opfer gebracht hat, damit sie von hier weggehen konnte: Sie hat sich für Mamas Zukunft und gegen meinen Onkel entschieden – so kommt es mir zumindest vor, wenn ich ihn sehe. Mit diesen neuen Erkenntnissen lege ich mich auf die Luftmatratze, wo schon ein paar Katzen liegen, und schlafe ein.

Wache auf am nächsten Tag und gehe zur Schule. Schaue aus dem Bus und sehe, wie sich die Nachbarschaften von abgewrackt zu schick verändern. Die schönen Häuser, sie kommen mir so unzugänglich vor. Ich sehe ja, dass es noch ein anderes Philadelphia gibt, aber wenn ich bei Bernie in North Philadelphia bin, dann fühlt es sich so an, als ob es eine unsichtbare Grenze gäbe, die nur schwer zu übertreten ist.

Ich denke an Deutschland und frage mich, wie ich meinen Freund*innen dort erklären kann, in was für einem Viertel ich wohne. Ich wollte es nicht Ghetto nennen, obwohl es eins war. Viele Deutsche finden den Begriff cool. Cool und witzig. Sie verbinden damit Schwarze Menschen in den USA, die Baggy Jeans und Durags tragen und »Ey, yo!« sagen. Besonders *weiße* Deutsche verwenden gerne Begriffe wie »Ghetto-Faust«, »Ghetto-Schmuck« oder »Ghetto-Frisur«. Sie scheinen vergessen zu haben, was das Wort in Wirklichkeit beschreibt.

Ein Ghetto ist eine Wohngegend, in der diskriminierte Minderheiten leben, weil sie nirgendwo anders in der Stadt wohnen können oder dürfen. Ein Käfig. Ein Ort, an dem man nicht leben, sondern nur überleben kann. So erscheint es mir zumindest nach ein paar Monaten, hier in North Philly. Wo Häuser aus morschem Holz stehen, Fliegen an den Wänden sitzen und nachts Schüsse fallen. Wo man, egal, wie viel man schläft, immer müde bleibt, weil die Stimmung so energieraubend ist.

Und damit das ein wenig erträglich wird, stellen die Nachbarn ihre Boxen auf die Veranda und spielen laut Musik. Die beliebt ist, überall auf der Welt. Doch egal, wie wütend, provokant, dreist oder explizit die Texte – niemand interessiert sich für die Orte, denen sie entstammen. Niemand scheint eine Sensibilität dafür zu haben, dass diese Orte das Ergebnis von jahrhundertelang andauerndem Rassismus sind. Wenn es diese Sensibilität gäbe, würden wir nicht mehr darüber diskutieren, ob es für nicht-Schwarze Menschen okay ist, das N-Wort mitzurappen. Diese Menschen hören die Musik, aber sie hören nicht zu.

Weil es so anstrengend ist in der 9th Street, bleibe ich so lange in der Schule, wie es geht. Am Wochenende bin ich bei Freundinnen. Meistens bei Noura. Ihr Haus hat Teppichboden, ist hell und sauber. Es kommt mir vor wie Urlaub. Wenn ich mit meinen Eltern spreche, dann sage ich ihnen nicht wirklich, wie es bei Bernie ist. Weil ich in Philadelphia bleiben will, und wenn sie wüssten, wie ich lebe, dann würden sie vielleicht sagen, dass ich nach Hause kommen muss.

In diesem Jahr in Philadelphia feiere ich kein Weihnachten. Stattdessen streite ich mit Bernie. Wir leben seit vier Monaten zusammen, und ich habe das Gefühl, ich verschwende meine Zeit damit, in diesem dunklen Haus zu sitzen und zu warten, bis er nach Hause kommt. Die Eltern meiner Freundin Christina bieten mir an, bei ihnen einzuziehen. Sie leben außerhalb des Stadtkerns von Philadelphia in einem großen Haus. Dort ist alles ruhig, dort sind fast alle *weiß*. Bernie will das nicht – und ich auch nur so halb.

2005 wird zu 2006, es ist kalt und dunkel. Ich warte darauf, dass die Schule wieder losgeht. Meine Mutter ruft mich an. Sie sagt, dass sie einen Brief bekommen hat, von Bernies ältester Tochter, meiner Cousine. Sie sei auf der Suche nach ihrem Vater, habe im Internet aber nur den Namen und die deutsche Adresse meiner Mutter gefunden. In dem Brief stehen eine Mailadresse und eine Telefonnummer. Mama fragt, ob ich sie treffen möchte. Dann würde sie ihr meine Nummer geben. Ich will sie unbedingt kennenlernen. Kurz darauf ruft sie an. Ihr Name ist Pauline, und sie kündigt an vorbeizukommen.

Als sie kommt, sagt Bernie nicht viel. Pauline ist die erste Person, abgesehen von meinem Onkel, die ich in unserem Haus sehe. Ihre Haltung ist aufrecht, und ihr Blick wandert über die Einrichtung. Er ist schwer zu deuten – fragend, enttäuscht, mitleidig. Am liebsten würde ich ihr direkt um den Hals fallen, aber ich kenne sie erst einige Minuten und weiß ihren Namen nur seit wenigen Tagen. Sie möchte mich zum Kuchenessen in die *Cheesecake Factory* ausführen. Wir verlassen das Haus, lassen Bernie zurück, steigen ins Auto, und ich fange an zu schreien. Vor Glück und vor Aufregung und weil ich eben sechzehn bin. Sie sagt, dass ich sie Lina nennen kann. Diesen Spitznamen hatte ihr einmal Bernie gegeben. Lina strahlt mich an. Sie hat so ein Lächeln, das eine*n davon überzeugt, dass alles gut wird. Noch bevor sie den Wagen startet, sagt sie, dass sie mich aus diesem Haus holt und dass ich bei ihr leben kann.

Im Februar ziehe ich zu ihr und ihrer kleinen Schwester Veronica. Zwei Katzenbabys haben wir mitgenommen. Bernie ist wütend, weil er nicht wollte, dass ich gehe. Er konnte es nicht verhindern, weil Mama aus Deutschland ein Machtwort gesprochen hat. Jetzt wohne ich in Mount Airy – in einem ganz anderen Philadelphia. Niedliche Häuser stehen aneinandergereiht. Hier leben Menschen aus der Mittelklasse, die meisten von ihnen sind Schwarz. In Philadelphia steht das Viertel als ein Paradebeispiel für gelungene Zusammenführung Schwarzer und *weißer* Menschen. Zwischen den 1950er- und 1970er-Jahren wehrten sich die Bewohner erfolgreich gegen die damalige diskriminierende Immobilienpolitik, die zu segregierten Wohnvierteln führte. Es ist friedlich in Mount Airy. Vor unserer Tür ist ein Baseballfeld, auf dem regelmäßig Kinder trainieren. Es wird Frühling, und ich höre die Melodie des Eiswagens durch die Straßen schallen. Die Nachbarn sind freundlich, Lina veranstaltet Barbecues, ihre Tanten, Cousins und Cousinen kommen vorbei. Mit ihnen bin ich nicht wirklich verwandt, doch sie fühlen sich ebenso schnell wie Familie an wie Lina und Veronica.

Lina kauft mir neue Kleidung, sie zeigt mir die Stadt, wir gehen Cheesesteak essen und Water Ice. Mit ihr hole ich nach, was ich bei Bernie nicht machen konnte.

Sonntags um neun Uhr gehe ich mit Lina und Veronica in die Kirche. Die Predigten sind interessant, witzig und wohltuend. Ich lache und weine in der Kirche. Das machen alle dort. Ich singe laut mit, wenn mir danach ist, stehe ich auf und tanze, ich bete, nicht mit gefalteten Händen, sondern mit den Handflächen Richtung Himmel. Am Ende der Messe umarmen sich alle. Ich fange an, an Gott zu glauben, vor allem, weil ich mein Glück nicht fassen kann, dass Lina wie ein Engel aufgetaucht ist und mich bei sich aufgenommen hat.

Viele Menschen aus meinem Umfeld in Deutschland stehen der Kirche kritisch gegenüber. Ich heute auch wieder. Schwarze Kirchengemeinden – oder wie Deutsche sie nennen: Gospelkirchen – scheinen jedoch allgemein beliebt zu sein. Das liegt hauptsächlich am Gesang, schätze ich. Nach der Zeit bei Bernie kommt es mir so vor, als ob die Kirche hier in Mount Airy eine wichtige Aufgabe erfüllt und zur Stabilität der Gemeinschaft beiträgt. Auch ich genieße die Routine. Die Messen haben etwas Heilendes. Oft wird man daran erinnert, dass es schön ist, auf der Welt zu sein, und dass man geliebt wird. Dinge, die Schwarze Menschen in ihrem von Rassismus geprägten Alltag schnell vergessen können.

Doch dass Gemeinschaften so sehr mit Religionen verbunden sind, kann zum Ausschlusskriterium werden. Es scheint, als ob Community und Christentum miteinander einhergingen. Klar gibt es auch viele Schwarze Muslim*innen in Philadelphia, aber sie tauchen nicht in diesem Umfeld auf. In den USA sind Gruppen nicht nur nach Rassifizierung, sondern auch nach Religionszugehörigkeit aufgeteilt.

Ich hänge meinen neu gefundenen Glauben nicht an die große Glocke. Mit Freund*innen spreche ich kaum darüber. Da ist vieles wichtiger. Der Abschlussball zum Beispiel: An dem Tag organisiert Lina eine Feier und kauft mir eine Torte. Als ich in meinem Kleid und mit frisch geglätteten Haaren die Treppe runterkomme, empfangen mich all die Menschen, die ich mittlerweile zu meiner Familie zähle. Ich komme mir zum ersten Mal vor wie ein richtiger amerikanischer Teenager. Ich tanze den ganzen Abend in meinen

High Heels, bis ich Krämpfe habe. Am Ende esse ich mit meinen Freund*innen im Pfannkuchenhaus. Zusammen mit dem warmen Wetter und dem neuen Zuhause bekommt mein Leben in Philadelphia Leichtigkeit.

Doch auch Lina ist streng. Ich darf nicht zu Freund*innen, bevor ich meine Hausaufgaben gemacht habe. Zweimal nimmt sie mir mein Handy weg und verpasst mir Hausarrest, weil ich nicht Bescheid sage, wo ich bin. Nach acht Monaten in den Staaten habe ich mich immer noch nicht daran gewöhnt, dass Aufsichtspersonen so wenig Vertrauen in Jugendliche haben.

Einmal, als sie mich erwischt, wie ich ihr Handyverbot missachte, ist sie so wütend auf mich, dass sie aufhört, mit mir zu sprechen. Es ist kurz vor meiner Abreise nach Deutschland, und eine ganze Woche sagt sie nur das Nötigste zu mir. In dieser Woche habe ich Geburtstag. Ich verbringe ihn ohne Freund*innen zu Hause. Veronica kauft mir einen Geburtstagskuchen, über den ich mich sehr freue.

Am letzten Tag kommt Bernie zu Lina, um sich zu verabschieden. Er ist immer noch sauer auf mich. Wir nehmen uns in den Arm. In dem Moment hätte ich ihm gerne etwas gesagt. Etwas Schlaues oder Herzliches. Ich hätte ihm gerne gedankt für all die Gespräche, für all das Wissen, das er mir vermittelt hat. Doch ich schaffe es nicht. Ich erinnere mich nicht daran, wie genau wir auseinandergehen. Ich erinnere mich nicht daran, wie ich mich von Lina verabschiede. Ich steige ins Flugzeug und bin nach ein paar Stunden wieder in Deutschland. Meine Eltern holen mich ab, zusammen mit meinen Schwestern. »Wie war's?«, fragen sie.

Ich habe meine Großeltern nie Oma oder Opa genannt. Ich nannte sie beim Vornamen, alle in meiner Familie taten das. Die Mutter meiner Mutter hieß Emily, die Eltern meines Vaters Anne und Heinz. Anne und Emily mochten sich nicht besonders. Sie hatten kaum Gemeinsamkeiten. Kein Wunder, Emily war eine Schwarze Frau aus Philadelphia, Anne eine *weiße* Frau aus Düsseldorf – zwar beide in den 1920er-Jahren geboren, doch ihre Geschichten hätten kaum unterschiedlicher sein können. Eine Gemeinsamkeit hatten meine Großeltern jedoch: Sie liebten uns Enkelkinder sehr.

Anne und Heinz lebten in Unterbach, einem Viertel am Rande von Düsseldorf, in einer Doppelhaushälfte. In die eine Richtung lagen Wald und See, in die andere die Innenstadt. Vor dem Haus eine Garage, dahinter ein kleiner Garten mit Rosenbeet und Essigbaum, einem Teich und einer Schaukel für die Enkelkinder. Meine Großeltern waren der Inbegriff von deutscher Bürgerlichkeit. Heinz war Steuerberater, Anne war Hausfrau. Wenn wir aus dem Auto stiegen, stand sie bereits an der Eingangstür und strahlte vor Freude. »Hach, wie schön«, sagte sie immer, wenn wir hereinkamen. Zum Empfang gab es Möhren-Kartoffelpüree mit Schweinefleisch und Röstzwiebeln. Zierteller über dem Kamin, Glasvitrinen mit Geschirr und Apfelschorle aus ausgespülten Senfgläsern – das konservative Bild wurde nur gebrochen von ihren Reisesouvenirs: ein Windspiel von den Philippinen im Garten, Tassen aus Jamaika und eine Platte von Bob Marley im Schrank.

Das Haus in Unterbach war der Hafen unserer Großfamilie – hier kamen Tante, Onkel, Cousinen und Cousins zusammen, die sonst in der Welt verstreut lebten. Wir mochten uns alle sehr. Es gab keine Zerwürfnisse oder Fehden – wenn alle zusammenkamen, lagen wir uns in den Armen und lachten viel. Vor allem verband uns eins: Annes Essen. Wenn wir zu Besuch waren, stand sie die meiste Zeit in der Küche, kochte und backte, und wir aßen und aßen und aßen, bis wir uns nicht mehr bewegen konnten. Anne war das Familienoberhaupt. Sie bestimmte den Tagesablauf, wer in der Küche helfen musste (meistens waren das meine Schwestern und ich) und wann Schlafenszeit war.

Heinz hingegen redete nicht viel und wenn, dann leise. Das lag auch daran, dass er schlecht hörte. Die meiste Zeit saß er in seinem Sessel, las Zeitung, und jeden Abend um acht sah er sich die Nachrichten an.

Manchmal erzählte er uns Geschichten – Märchen, die er sich spontan ausdachte. Wie er einem Drachen einen Zahn gezogen oder einem Troll beim Umzug geholfen hatte. Und manchmal erzählte er uns vom Krieg. Wie er tagelang ohne Essen irgendwo im Wald umhergeirrt war, bis er zufällig auf ein deutsches Lager stieß. Wo ihn Kugeln getroffen hatten – Knie, Schulter, Bein.

Am häufigsten aber sprach er über seine zwei Brüder. Sie starben neben ihm im Schützengraben, er war der einzige Sohn, der überlebte. Damals war er siebzehn. Mit seinen eigenen Kindern redete er nicht darüber. Papa erzählte mir später, dass über die NS-Zeit geschwiegen wurde, als er aufwuchs. Sie lag unter einer Decke aus Trauma, Scham und Schuld. Doch mit uns konnte Heinz irgendwie darüber sprechen, mit seinen afroamerikanisch-deutschen Enkelkindern, die zu dieser Zeit wahrscheinlich nur schwer überlebt hätten.

Einmal stand ich mit Anne auf der Straße vor ihrem Haus. Sie wurde plötzlich traurig und sagte, dass sie sich an den Morgen des 10. November 1938 erinnere, als sie fünfzehn war. Alles war voller Glasscherben, sagte sie. Der Laden der jüdischen Familie ein paar Häuser weiter – verwüstet. Irgendwann einmal seien sie dann weg gewesen. Dann stand Anne da und schaute die Straße hinunter, als sähe sie die Glasscherben von damals. Sie seufzte tief und ging zurück ins Haus, um zu kochen.

Die Kriegsgeschichten meiner Oma handelten von Geschossen, die aus der Luft kamen, von den Bomben, die einschlugen, während Anne im Keller der Nachbarn Schutz suchte, oder von verbotenen Radiosendern, die sie und ihre Eltern heimlich hörten.

Meine Oma erzählte mir auch, wie ihre Mutter ihr keine Uniform für den Bund Deutscher Mädel kaufen wollte und wie peinlich ihr das damals war. Es gefiel ihr im BDM, wegen der Gymnastik und des gemeinsamen Singens. Manchmal, sagte sie mir einmal, wache sie auf und habe die Lieder von damals im Kopf.

Ich kam nie darauf, die Geschichten meiner Großeltern kritisch zu hinterfragen. Ich habe sie nie gefragt, welche Propaganda sie eingehämmert bekommen hatten. Es war ein unausgesprochener Konsens, dass meine Großeltern Hitler und die NSDAP nie für gut befunden, geschweige denn unterstützt hatten. Doch auch wenn sie nicht zu den aktiven Befürworter*innen gehörten – sie waren unter den vielen, die nichts taten, schwiegen und mitschwammen. Als Hitler an die Macht kam, waren meine Großeltern Teenager. Vielleicht zu jung und nicht reflektiert genug, um sich gegen die Regierung aufzulehnen – doch sie entschieden sich, ihre eigene Sicherheit zu priorisieren, anstatt Mitmenschen zu schützen.

Ich bin mir sicher, dass sie auch uns vieles nicht erzählten. Dass die schlimmsten Geschichten bis zu ihrem Tod nicht über ihre Lippen kamen. An manchen Tagen finde ich es bewundernswert, wie sie ein so friedliches, stabiles Leben aufbauen konnten, bei den Traumata, die sie mitschleppten. An anderen Tagen finde ich es ein wenig gruselig. Die Generation meiner Großeltern besaß die Fähigkeit, ihre Erlebnisse in einem Ausmaß zu verdrängen, das für mich nicht nachvollziehbar ist.

Ich kann mich an keinen Kommentar und keine Verhaltensweisen meiner Großmutter erinnern, die mir rassistisch vorkamen. Sie benutzte weder das N-Wort (vor uns zumindest nicht), noch schien sie Angst vor kriminellen Ausländern zu haben, was, so traurig das klingt, untypisch war für eine *weiße* Frau ihrer Generation. Ich kann mir trotzdem nicht vorstellen, dass die Nazi-Ideologie bei ihr keine Spuren hinterlassen hat. Doch niemand in meiner Familie fragte genauer nach, als sie noch am Leben war. Es scheint vielleicht unlogisch, erstaunlich oder sogar versöhnlich, dass ein Mann, der als Soldat für das Deutsche Reich kämpfte, und eine Frau, die gerne im Bund Deutscher Mädel war, drei Schwarze Enkelkinder lieben konnten. Aber so überraschend ist das nicht. Rassismus ist unlogisch und macht dort Ausnahmen, wo es gerade passt. Die Schwarze Journalistin Mo Asumang erzählt in ihrem Dokumentarfilm *Die Arier*, wie sie erst nach dem Tod ihrer Großmutter herausfand, dass diese bei der SS gearbeitet hatte. Sie wurde von ihrer Großmutter großgezogen, ohne dass sie etwas von deren Vergangenheit ahnte.

Doch nur weil Dinge unausgesprochen bleiben, heißt es nicht, dass sie keine Nachwirkungen haben. Es gibt eine Theorie, dass Traumata die DNS verändern und so von Generation zu Generation weitergegeben werden. Es kann also sein, dass Spuren des Traumas meiner Großeltern in meiner Erbinformation stecken.

Dann ist es meine Verantwortung, diese lückenhafte, unausgesprochene Geschichte aufzuarbeiten, so gut ich kann, und als meine eigene zu sehen. Auch wenn ich sie als Schwarze Frau in einen ganz anderen Kontext setzen muss. Es ist kompliziert, Erbin einer Geschichte zu sein, die sich gegen mich selbst wendete. Aber Komplexität ist keine Ausrede.

Auch weil die Enkel*innengeneration zu wenig über die Vergangenheit ihrer Großeltern spricht, haben wir heute noch ein Rassismusproblem in Deutschland. Wenn ich selbst verdränge, was meine

Großeltern getan haben, was ihnen passiert ist, dann breche ich das Trauma nicht, ich setze es fort.

Das betrifft allerdings nicht nur den Krieg. Anne wurde von ihrem Vater verprügelt, sie wurde als Mädchen von einem fremden Mann vergewaltigt, lag später monatelang im Krankenhaus, weil sie wegen Rückenschmerzen nicht laufen konnte. Ihr Vater erlaubte ihr nicht, eine Ausbildung zur Floristin zu machen, als sie ihr angeboten wurde. Als sie zum zweiten Mal schwanger war, verlor sie ihr Kind. Sie hielt sich nicht an die verordnete Bettruhe und half stattdessen einer kranken Nachbarin, die Wohnung zu putzen. Im Krankenhaus sagte der Arzt ihr, dass das nicht so schlimm sei, sie hätte ja bereits ein Kind.

Trotzdem oder gerade deshalb strahlte sie uns an und sagte nur »Hach, wie schön«, wenn sie uns sah. Erst kurz bevor sie starb, erzählte sie mir all das – und ich wusste nicht, wie ich reagieren sollte. Ich war in München, beschäftigt und wollte keinen Platz machen für die neuen Farben, die Anne in mein Bild von ihr hineinmalte. Ich würde sie jetzt gerne so viele Dinge fragen – doch wer weiß, ob ich wirklich den Mut dazu gehabt hätte. Vielleicht hätte ich auch weiterhin, wie sie, verdrängt.

Wenn ich an Emily denke, dann sehe ich sie an der langen Heizung in unserer Küche stehen, im gelben Licht der Deckenlampe. Vor ihr auf der Heizung liegt ein Buch aufgeschlagen, in das sie vertieft ist. Dort stand sie, in Bluse und Bleistiftrock. Nie trug sie etwas anderes. Emily war zierlich, nicht viel größer als wir Kinder. Ihr graues Haar war mithilfe von Lockenwicklern glatt gelegt. Sie lachte so gut wie nie. Sie hatte wenig Toleranz für Witze oder lockeren Umgang – besonders meinem Vater gegenüber. Sie mochte ihn nicht besonders.

Ich kann mich sehr gut an den Klang ihres Lachens erinnern. Besser sogar als an ihre Stimme. Wenn wir allein waren, dann kam eine andere Emily zum Vorschein. Sie wurde manchmal richtig albern, tanzte mit mir, kitzelte und kuschelte mich. Sie wohnte so wie wir in Nippes, nicht weit von unserer Wohnung entfernt. Wenn ich bei ihr zu Hause war, durfte ich *Peanuts* auf ihrem großen Röhrenfernseher schauen. Zum Frühstück gab es *Smacks*, zum Mittagessen entweder Miracoli oder ein Happy Meal von McDonald's und danach Mandarinen aus der Dose. Ich fand das herrlich, weil mir Fast Food und gezuckerte Fertigprodukte normalerweise verwehrt blieben. Emily nähte uns die schönsten Kleider, zur Einschulung, zu Geburtstagen oder einfach so. Zu Karneval bekam ich jedes Jahr ein handgeschneidertes Kostüm. Ich begreife heute, was für ein Luxus das war, doch damals hielt ich es für das Normalste der Welt. Weil Emily kein Deutsch konnte, lernte ich Englisch.

Wenn ich Emily fragte, wie ihr Leben in den USA war, dann sagte sie mir nur, dass sie ein pinkfarbenes Auto hatte. Wenn ich sie fragte, wo ihr Mann sei, dann antwortete sie: »Weg, in Amerika.« In meiner Vorstellung standen also irgendwo in Philadelphia ein Mann und ein pinkfarbenes Auto, die Emily zurückgelassen hatte. Meine Mutter hat ihren Vater nie kennengelernt. Sie weiß nichts über ihn, außer dass er Jamaikaner war. Meine Oma konnte nicht über ihn sprechen. Mama erzählte mir von dem einzigen Versuch, mit Emily ein Gespräch über ihn zu führen: Meine Oma fing an, am ganzen Körper zu zittern, und die Worte blieben ihr im Hals stecken. Emily setzte mehrmals an: »Dein Vater war ... Dein Vater war ...«, doch mehr schaffte sie nicht. Meine Mutter fragte kein zweites Mal.

Abgesehen vom Auto stammt mein ganzes Wissen über Emilys Leben von meiner Mutter und den Verwandten aus den USA. Es ist ein lückenhaftes Bild, doch hier ist, was ich weiß: Emily wurde 1920 in Philadelphia geboren. Auch sie kannte ihren Vater nicht. Im Familienstammbaum meiner Mutter fehlen Väter. Oft sind nicht einmal ihre Namen bekannt, sondern höchstens Spekulationen über ihre

Rassifizierung. Nicht zu wissen, wo man herkommt – ein vererbtes Trauma, das sich in meiner afroamerikanischen Familie über Generationen wiederholte. Dafür waren die Frauen der Familie umso bemerkenswerter. Meine Urgroßmutter machte sich Anfang des Jahrhunderts als Schneiderin selbstständig. Für eine Schwarze Frau war das zu dieser Zeit fast unvorstellbar. Sie war die erste Schwarze Frau, die eine Schneider*innenlehre für Schwarze Menschen anbot. Irgendwo, erzählte mir meine Mutter, hätte sie noch ein Foto von meiner Urgroßmutter mit Richard Nixon. Wie und warum meine Oma mit dem Präsidenten der Vereinigten Staaten zusammentraf, weiß leider niemand mehr. Meine Urgroßmutter bekam drei Kinder. Sie gab Emily in eine Pflegefamilie und holte sie erst wieder zu sich, als Emily bereits fünfzehn Jahre alt war. Während des Zweiten Weltkriegs ging Emily auf ein städtisches College. Ihr erstes Kind, Onkel Bernie, kam 1945 zur Welt. Über Bernies Vater wissen wir ebenso wenig wie über den Vater meiner Mutter. Auch Emily gab Bernie weg und holte ihn erst wieder zu sich, als meine Mutter geboren wurde.

Die drei lebten von Sozialhilfe – viel hatten sie nicht. Doch irgendwie schaffte es meine Oma, eine Anstellung als Landvermesserin zu bekommen. Wie, weiß mal wieder niemand mehr – und wie es ihr gelang, sich zur Ingenieurin hochzuarbeiten, kann mir heute leider auch niemand sagen. Doch so kam es: In den 1960er-Jahren arbeitete meine Schwarze Oma in einem *weißen*, männlich dominierten Feld. Vielleicht gewöhnte sie sich in dieser Zeit das Lachen ab. Ihr Geld steckte sie in die schulische Förderung meiner Mutter. Ab der vierten Klasse ging meine Mutter nur noch auf Privatschulen. Zwar erhielt sie Stipendien, aber trotzdem reichte das Geld oft nicht, um die Miete zu zahlen. Und so zog Emily mit den Kindern mehrmals um. Wie oft, daran kann sich meine Mutter nicht mehr erinnern.

Am 28. August 1963 setzte sich Emily mit meiner Mutter in einen Bus. Sie fuhren nach Washington D.C. zu einem der bekanntesten

Proteste in der Geschichte der USA. Am Lincoln Memorial hörten sie Martin Luther King Jr. zu, wie er von einem Traum erzählte. Das fand ich erst heraus, als ich achtzehn Jahre alt war. Emily war politisch. Sie setzte sich, so gut sie konnte, im Kampf um Bürgerrechte ein und sprach mit ihren Kindern über die Nachrichtenmeldungen aus den Südstaaten, die jeden Abend im Fernsehen liefen: Schwarze Menschen, die aus Läden hinausgeprügelt wurden, gelyncht an Bäumen hingen, willkürlich ins Gefängnis geworfen wurden.

Doch wie so viele Afroamerikaner*innen aus der Mittelschicht in dieser Zeit lehnte auch sie vieles aus der Schwarzen Kultur ab. Es war ihr wichtig, dass ihre Kinder »artikuliert« sprachen, also so wie *weiße* Kinder. Sie sah es gerne, wenn meine Mutter sich mit *weißen* Kindern anfreundete. Damit verband sie Prestige und Aufstieg. Vielleicht wollte sie meine Mutter früh darauf vorbereiten, in einem *weißen* Umfeld zurechtzukommen. Denn das würde sie müssen, wenn sie Karriere machen wollte. 1964 zog mein Onkel aus, und 1970 verließ meine Mutter die USA. Als meine Mutter 1988 mit mir schwanger war, rief sie Emily an. »Ich bekomme ein drittes Kind, aber ich habe nur zwei Hände. Willst du kommen und mir helfen?«, fragte sie.

Emily begleitete mich die ersten acht Jahre meines Lebens. Sie starb an Krebs. Sie ging nicht gerne zum Arzt, deshalb wurde er erst entdeckt, als es bereits zu spät war. Nicht über die eigenen Wunden sprechen – das hatten meine Großeltern gemeinsam. Und so viel Liebe für uns. Diese zwei sehr unterschiedlichen Geschichten sind in meiner Person vereint. Sie sind alles andere als geradlinig, typisch oder logisch. Doch das ist, wo ich herkomme.

SCHWESTERN

Meine älteste Schwester heißt Laura, die zweite heißt Sophie. Und wenn wir zusammen sind, dann sagen Menschen entweder: »Ihr seid euch total ähnlich«, oder: »Ihr seid total unterschiedlich«, und irgendwie stimmt beides.

Lauras und Sophies Zimmer waren jeweils an anderen Enden der Wohnung. Aus der einen Richtung schallte Hip-Hop und Soul. Aus der anderen hörte ich Dancehall und R'n' B. Laura band sich Tücher um den Kopf und zog sich runde Ohrringe an. Sophie trug bauchfreie Tops und riesige Sportanzüge. Ihre Frisuren und Haarfarben wechselten ständig.

Meine beiden Schwestern waren wesentlich cooler als ich. Wesentlich cooler als die meisten Menschen. In der Hinsicht hat man es als Jüngste nicht leicht. Bei der Suche nach Individualität war die Auswahl eingeschränkt. Bestimmte Rollen und Positionen innerhalb der Familie sind schon vergeben. Ich wollte meine eigene Nische finden, doch ich wollte auch sein wie meine Schwestern.

Deshalb beobachtete ich sie aufmerksam. Ich saß auf dem Badewannenrand und sah zu, wie sich Sophie für Partys schminkte. Ich ging heimlich in Lauras Zimmer, wenn sie nicht da war, hörte ihre Musik und klaute mir etwas von ihrer Pink Lotion, einer Haarcreme, die sie für viel Geld im Afroshop kaufte.

Laura lernte unglaublich gerne, doch sie hasste ihr Gymnasium. Dort gaben ihr Schüler*innen wie Lehrende das Gefühl, nicht richtig zu sein. Sie kam oft wütend, traurig oder verzweifelt nach Hause und erzählte von den abwertenden Sprüchen, die sie von Lehrenden hören hatte müssen. Das machte mich ebenso wütend, traurig und verzweifelt. Ich verstand nicht, wie so ein großes Missverständnis vorliegen konnte. Warum war Laura nicht die beliebteste Person der ganzen Schule? Laura fand stattdessen Halt in Nippes. Die meisten ihrer Freund*innen waren männlich, unglaublich nett und hörten die gleiche Musik wie sie. Sie waren oft bei uns zu Hause, und manchmal erlaubten sie mir zu meiner großen Freude, mit ihnen in Lauras Zimmer abzuhängen – bis ich zu sehr nervte und wieder gehen musste.

Sophie umgab sich fast nur noch mit BIPoC. Von ihnen bekam sie den Spitznamen »Soso«. Sie gewöhnte sich zum Missfallen meiner Mutter den Slang ihrer Freund*innen an, der Einflüsse aus allen möglichen Sprachen inklusive Kölsch hatte. Von Sophie lernte ich, was *Patwa* ist (jamaikanisch-kreolische Sprache), was *Fufu* ist (ein westafrikanisches Gericht) und wofür die Pan-afrikanischen Farben Rot, Gelb und Grün standen. Bereits mit vierzehn war sie andauernd bis spät abends aus. Doch Soso verbot mir, in die gleichen Läden zu gehen. Zu gefährlich für mich, sagte sie. Soso war ein richtiges Szene-Mädchen. Sie kannte wirklich jede*n. Und jede*r kannte sie. Weshalb ich in Köln unter dem Titel »Die kleine Schwester von Soso« zu sekundärer Bekanntheit aufstieg.

Laura und Sophie hatten mir gegenüber beide einen wahnsinnig großen Beschützer*inneninstinkt. »Pass auf dich auf!«, sagte Laura jedes Mal, wenn ich das Haus verließ. Wenn unsere Eltern nachts stritten, kamen sie in mein Zimmer, um nach mir zu sehen. Wenn ich mit meinen Freundinnen auf die After-School-Partys ging, hatten Sophies Freunde immer ein Auge auf mich, um mich vor Ärger und Jungs zu bewahren. Das war nicht besonders schwer. Denn ich hörte auf meine Schwestern. Ich passte auf. Ich war brav. Diese Rolle war eben noch vakant.

Laura, Sophie und ich standen vor der Aufgabe, uns als Schwarze Frauen durch diese *weiß*-geprägte Welt zu navigieren. Dabei wählten wir, natürlich nicht bewusst, unterschiedliche Ansätze.

Meine Schwestern verstanden eine Sache viel früher als ich: nicht so viel auf bestehende Regeln zu geben. Während ich ständig versuchte, Erwartungen zu erfüllen, brachen meine Schwestern diese auf. Laura wehrte sich gegen die Welt, indem sie sich zurückzog, Sophie, indem sie laut ihren Platz beanspruchte. Doch sie ließ sich, im Gegensatz zu mir, ihren Raum nicht nehmen. Was mich im Nachhinein ärgert, ist, dass ich von meinem Umfeld so viel Lob dafür bekam, dass ich mich so anpasste. Ohne, dass ich sie darum gebeten hatte, sagten vor allem *weiße* Menschen mir oft, dass meine Schwestern es sich selbst schwer machten, indem sie zu schlecht gelaunt, zu aufreizend angezogen, zu laut, zu unhöflich seien. Auch das war meist als Kompliment an mich gemeint. Ich war die gute Schwester, die älteren die schlechten, als seien wir in einem Grimm-Märchen.

Doch meine Anpassung bedeutete, das zu tun, was Grada Kilomba in *Plantation Memories* aufschrieb: Teile von mir zu verdrängen und aufzuteilen, damit ich gemocht und akzeptiert wurde. Je älter ich wurde, desto mehr hatte ich das Gefühl, es gäbe tausend verzerrte Versionen. Wie im Spiegelkabinett. Eine Alice, die *Weißen* gefallen wollte, eine Philadelphia-Alice, eine Papa-Alice, eine Mama-Alice, eine Schwarze beste Freundin Alice, eine Journalistinnen-Alice, eine Tanz-Alice. Es war, als hätte ich heimliche Affären mit mir selbst und niemand dürfe herausfinden, dass die anderen Alices auch noch existierten.

Es mag am Erwachsenwerden liegen oder an Erschöpfung, dass ich beschloss, damit aufzuhören.

Doch es lag auch an der Zeit, in der wir uns befinden. Ich merkte, dass ich mich nicht verstecken musste, sogar nicht verstecken durfte. Die anderen taten es schließlich auch nicht. Denn nicht nur wir Schwestern wurden in gut und schlecht aufgeteilt. Die politischen Debatten kreisten mehr und mehr um das Thema: Wie müssen sich

BIPoC benehmen, wie Frauen, damit die Gesellschaft funktionieren kann – alle scheinen eine Meinung dazu zu haben.

Man stellt sich das immer so leicht vor, das Masken-fallen-lassen und das Man-selbst-sein. Doch es gab kein eines Schlüsselerlebnis, nicht den einen Moment, in dem ich verstand, wie ich systemischer Unterdrückung auf den Leim gegangen war und wie das meine Identität geprägt hatte. Ich habe nicht einfach eine rote Pille geschluckt und bin in der Matrix aufgewacht. Es war und ist ein schleichender Prozess. Es fühlte sich an, als ob ein verschwommenes Bild langsam immer schärfer wurde. Auf einmal erkannte ich Details, die ich vorher nicht entdeckt hatte. Erkannte langsam, vor welchem Hintergrund ich stand. Das passierte vor allem, indem ich Bücher las, Diskussionen führte und mir viel, wirklich sehr viel, den Kopf zerbrach. Ich betrachtete mein Selbstbild im neuen Kontext. Die einzelnen Teile von mir morphten langsam zusammen. Das verursachte teilweise Wachstumsschmerzen. Viele Dinge, die man beim Scharfziehen anfängt zu sehen, sind nicht schön, und das hatte ich schon geahnt. Ich hatte Angst, dass Freundschaften, Beziehungen, Arbeitsaufträge wegbrächen, wenn ich die Alice würde, die ich sein wollte.

Es war und ist ein komisches Gefühl, das aufzugeben, was mich so lange ausmachte. Ich verlor meine Nische, meine Rolle, die ich perfektioniert hatte, die mir einen Platz, eine Aufgabe gegeben hatte. Je weiter ich mich davon wegbewegte, desto mehr sehnte ich mich nach Zugehörigkeit. Nach einem Gefühl, das mir sagte: »Du bist hier richtig.« Nach einem Zustand, wo ich mit mir, meinem Umfeld und meinem Lebensstil vollkommen zufrieden war. Wo die Erwartungen und Vorurteile anderer mir gegenüber egal waren und ich mich trotzdem nicht vor der Welt verschließen musste. Manchmal meine ich, diesen Punkt gefunden zu haben, manchmal verschwindet er wieder. Doch daran habe ich mich mittlerweile gewöhnt.

Sich frei von Unterdrückung zu machen, ist wie dunkle Schokolade – süß und bitter zugleich. Oft frage ich mich, wie mein Leben wohl gewesen wäre, hätte ich das alles schon früher erkannt. Hätte ich *Farbe bekennen* gelesen, als ich es damals fand. Hätte ich mal bei den zahlreichen Situationen meinen Mund aufgemacht, anstatt zu schweigen. Nicht so viel Zeit verschwendet. Wäre ich mal mehr so wie meine Schwestern gewesen.

Doch gerade die beiden sind es, die mir diese Angst und den Ärger über mich selbst nehmen. Die mir genau dieses Gefühl der Zugehörigkeit vermitteln und die mich daran erinnern, dass wir alle nicht genau wissen, wie man sich am besten durch diese Welt bewegt, die auf der einen Seite immer besser und auf der anderen Seite immer schlimmer zu werden scheint.

Besser, weil ich überhaupt das Privileg habe, mir über diese Dinge Gedanken zu machen. Weil ich keine Gesetze breche, wenn ich sie aufschreibe, weil ich und viele andere Menschen auf dem Wissen und den Errungenschaften aufbauen können, die Menschen vor mir erreicht haben. Ihre Arbeit war nicht umsonst.

Schlechter, weil sich die *weiße* Vorherrschaft und das Patriarchat mit Händen und Füßen wehren – und uns die Zeit wegrennt, diese Diskussionen zu führen, weil der Klimawandel im Schnellschritt auf die Irreversibilität zusteuert und damit neue Probleme einhergehen werden.

Wir wissen nicht, wie eine gleichberechtigte Welt aussieht. Darüber gibt es viele unterschiedliche Meinungen. Zu Recht, denn simpel ist das alles nicht, besonders wenn man wie ich gerne hätte, dass möglichst wenig Menschen im Prozess der Gleichberechtigung zu Schaden kommen. Es gibt noch viel zu tun. Auf großer wie auf kleiner, individueller Ebene.

Es mag vielleicht wie ein absurder Gedanke klingen. Aber wenn ich mir anschaue, wie Menschen durch ausgedachte Konstrukte Realitäten erschaffen haben, die sich bis heute halten, dann denke ich manchmal, die beste Lösung sei es, genau so vorzugehen. Sich sein eigenes Konstrukt schaffen, nach dem man gerne Leben möchte, bis es Realität ist. Das klingt jetzt nach Wirklichkeitsverdrängung, aber so meine ich das nicht. Ich meine eher, dass wir uns selbst schaffen können, was wir schön, wichtig und beachtenswert finden. Wem hören wir zu? Wem geben wir Geld? Womit verbringen wir unsere Zeit? Was beachten, was ignorieren wir? Das Verschieben von Aufmerksamkeit – innerlich und äußerlich – ist essenziell im Kampf gegen Rassismus. Das zu verändern, ist vor allem eine Aufgabe der Privilegierten. Noch – Ziel sollte ja sein, dass es keine Privilegien mehr gibt.

Doch das wird noch eine Weile dauern. Währenddessen kann ich nur folgenden Tipp geben: Das, was den Kopf kühlt und die Last erleichtert, sind Menschen, die das Gleiche wollen und sehen wie man selbst. Für mich sind das vor allem Laura und Sophie. Von denen ich immer noch so viel lerne, vor denen ich nichts erklären muss. Die im Spiegelkabinett immer wussten, wo die echte Alice ist – und mich selbst manchmal daran erinnern mussten. Deshalb: Bildet Allianzen. Findet einander. Findet Geschwister, Freund*innen und Verbündete. Welche, die anders und ähnlich sind, und kümmert euch umeinander. Denn alleine geht es nicht, und das muss es auch nicht.

Sich mit der eigenen Identität und Rassismus auseinanderzusetzen, ist viel Arbeit, ist teilweise schmerzhaft und braucht Zeit. Soweit ich das bisher beurteilen kann, kann ich diesen Prozess aber nur empfehlen. So anstrengend und angsteinflößend er am Anfang auch scheinen mag – er macht glücklich. Und frei.

NACHWORT: VOR FÜNF JAHREN FING NICHT ALLES AN

Eine der beliebtesten Fragen an Autor*innen lautet: »Wie kam es zu diesem Buch?« Ich weiß nicht, ob irgendjemand hierauf eine wirklich ehrliche Antwort geben kann. Verdächtig oft erzählen Menschen dann Geschichten von Geistesblitzen, die sie während des Duschens oder beim Joggen hatten. Alibis sind das. Die meisten Bücher entstehen nicht durch plötzliche geniale Einfälle, sondern genauso wie fast alles andere auf dieser Erde auch: langsam, zu Anfang zart und mit der Zeit, sofern sie nichts zerstört, stärker und reifer werdend. Ich glaube, dass man Bücher sehr viel früher in sich trägt, als man merkt. Wie eine Saat, die in der Erde schlummert und auf Regen wartet. Und was für das Korn das Wasser ist, ist für das Buch das von der Gegenwart ausgelöste Gefühl, dass etwas fehlt. Eine Erinnerung, eine Fantasie, ein Trost, eine Warnung vielleicht. Und dann, willkürlich und dennoch genau zur rechten Zeit, tritt es hervor und fängt an zu blühen.

Der Auslöser für dieses Buch war ein Unbehagen am 24.09.2017. Auch wenn das Gefühl nicht erst an diesem Tag entstanden ist. Ich spürte es schon seit einigen Jahren. Vielleicht mein ganzes Leben schon. Doch es wuchs vor allem seit 2014, als ich meine Heimatstadt Köln verließ und nach München zog, um auf die Deutsche Journalistenschule zu gehen. Zu der Zeit, als mein erstes Semester begann, formierte sich in Dresden eine Bewegung namens »Pegida«, die meinte, sie müsse Europa vor Islamisierung schützen. Ich führte viele irritierende Diskussionen mit meinen Kommiliton*innen darüber, wie viel Verständnis man für diese sogenannten »besorgten Bürger« haben müsse. Im Münchener Oberlandesgericht schaute ich einen Tag beim NSU-Prozess zu und beobachtete Beate Zschäpe dabei, wie sie selbstsicher und gelangweilt in ihrer Gerichtsverhandlung saß. Und das war noch vor dem Sommer 2015, als tausende Menschen auf der Flucht am Münchener Hauptbahnhof ankamen. Die anfängliche Motivation, zu helfen, schlug einige Monate später zunehmend in Frust und Überforderung um, denn in vielen Kommunen fehlte es an Unterstützung und Kompetenz, um dieser Herausforderung angemessen begegnen zu können. Es folgte eine schreckliche Silvesternacht in Köln, die ab da als Rechtfertigungsgrundlage für jegliche rassistische Verallgemeinerung muslimischer und nicht-*weißer* Männer herhielt. Am 22.07.2016 hörte ich ein nicht abreißendes Schallen von Polizeisirenen vor dem Fenster meines Münchener WG-Zimmers. Die Autos fuhren Richtung Olympia-Einkaufszentrum. Neun Menschen waren aus rassistischen Motiven erschossen worden. Tags darauf half ich der BBC, Angehörige vor Ort zu interviewen. Ein paar Monate später zog ich nach Hamburg, mein Abschlusszeugnis in der Tasche. Von meiner Wohnung aus konnte ich einen leerstehenden Laden sehen. Dort hatte einst ein Mann namens Süleyman Taşköprü einen Obst- und Gemüsehandel geführt. 2001 wurde er vom NSU erschossen. In der Hamburger Wohnung befand ich mich auch am 24.09.2017, dem Tag, an dem ein Gefühl zu Worten wurde. Es war das Datum der Bundestagswahl. Damals arbeitete ich in der Social-Media-Redaktion der Tagesschau und hatte mich wochenlang mit Umfragen und Wahlprognosen auseinandergesetzt. Was klar war: Die AfD würde zum ersten Mal in den Deutschen Bundestag einziehen. Diese Erkenntnis hatte ich in den vergangenen Tagen vor allem in meiner Rolle als Nachrichtenjournalistin verarbeitet. Aufmerksam und nüchtern.

Es gehört zum Handwerk, sensibel und gleichzeitig abgestumpft auf die Geschehnisse der Welt zu reagieren. Nur so ist man in der Lage, sich mit Nachrichten auseinanderzusetzen, sie möglichst objektiv zu berichten und sie wieder loszulassen, um weiterzumachen. Das ist ein merkwürdiger, von außen oft schwer nachvollziehbarer Modus. Doch an diesem Sonntagmorgen im September 2017 schaffte ich es nicht, den emotionalen Aggregatzustand einer Journalistin aufrechtzuerhalten. Zwei verantwortungsvolle Aufgaben lagen vor mir: der Gang zur Wahlurne und die Abendschicht, die die Verkündung des Wahlergebnisses beinhaltete. Ich kämpfte gegen den Impuls an, einfach liegen zu bleiben und den Tag an mir vorbeiziehen zu lassen. Ich stand auf, zog den graugestreiften Pullover an, den ich von meinem Opa geerbt hatte, dazu ein silbernes Armband meiner Oma und machte mich mit meinem Mitbewohner auf den Weg. Ich war überrascht von mir selbst, dass ich für diesen Tag Nähe zu meinen verstorbenen Großeltern suchte. Normalerweise bin ich nicht der Typ, der Wert auf Symbolik legt.

Auf der Straße fühlte ich mich besonders unwohl. Mich machte es wütend, wie normal dieser Tag daherkam. Schön war er, sonnig und mild. Die Menschen taten so, als sei alles wie immer, als würde heute nicht eine rechte Partei mit zwölf Prozent der Wähler*innenstimmen in den Bundestag einziehen. Ich weiß nicht, was ich mir stattdessen wünschte. Aber ein Teil von mir hätte am liebsten jede einzelne Person um mich herum angeschrien und gefragt: *Bist du eine*r von ihnen? Willst du mich hier nicht haben?* Seit der Journalistenschule waren mein privates und mein Arbeitsumfeld ziemlich *weiß* geworden. Ich hatte wenig Hoffnung, dass mich eine*r von ihnen verstehen würde. Für gewöhnlich bekam ich beim Versuch, mein Unwohlsein zu erklären, irgendeine Relativierung als Antwort. »Die meisten Menschen in diesem Land haben die AfD nicht gewählt« oder »Aber sie meinen ja nicht dich, du bist doch Deutsche«.

Als ich nach dem Wählen wieder zu Hause ankam, blieben mir noch ein paar Stunden Zeit, bis ich in die Redaktion musste. Zunächst telefonierte ich mit meiner Schwester, um dem drückenden Gefühl auf der Brust etwas Luft zu verschaffen. Eine der wenigen Personen, von denen ich wusste, dass sie nachvollziehen konnten, was ich empfand. Dann entschied ich mich, etwas zu machen, das ich normalerweise nicht tue, weil ich gelernt habe, dass man emotionalisiert nichts veröffentlichen sollte. *Don't cry and post* ist das journalistische Äquivalent zu *don't drink and drive*. Trotzdem verfasste ich einen Beitrag auf Facebook:

»Heute habe ich den Pulli meines Opas angezogen und das Armband meiner Oma. Zwei Dinge, die ich von Menschen geerbt habe, die unter einem Nazi-Regime gelebt haben. Und die ich sehr geliebt habe. Ich habe gewählt. Dann habe ich meine Schwester angerufen. Wir sprachen darüber, was sich alles geändert hat in den letzten vier Jahren. Wie sind wir bloß so weit gekommen, dass jetzt Nazis in den Bundestag einziehen werden? Die Finanzkrise, die Eurokrise, die Ukrainekrise, der Brexit, die Flüchtlinge.

Wir haben darüber gesprochen, dass wir uns vermissen. Und dass doch Sophie immer sagt, wir drei sollten nach Ghana ziehen. Mit Mama. Da ist es warm. Da werden wir nicht schief angeschaut. Diese Träumerei wirkt jetzt eher wie ein Plan B. Ein potentieller Ausweg. Ich weiß noch, wie ich Esther einmal davon erzählt habe. Dass ich nach Ghana gehe, wenn ich es hier nicht mehr aushalte. Sie hat mich angeschaut und meinte: »Nein, du darfst nicht gehen. Du musst kämpfen. Sonst ist hier ja alles verloren.« Stimmt auch wieder, habe ich gedacht. Wer weiß, was ich machen werde. Wer weiß, was ich machen muss. Ich gehe jetzt erst einmal arbeiten. Nachrichten machen und Hasskommentare löschen. Und aufs Wahlergebnis schauen.«

Auch wenn mir dieser Post rückblickend peinlich ist (wie gesagt, *don't cry and post*), öffnete er die Tür für mein Buch, das zwei Jahre später erscheinen sollte. Eine Kollegin fragte mich, ob ich aus dem Post einen Text für den Blog kleinerdrei.org machen wollte. Aus einem Text wurden mehrere. Ich schrieb über rassistische Werbung, über Identitätskrisen und über den Druck, sich als Schwarze Frau ständig beweisen zu müssen. Im Frühling 2018 meldete sich eine Literaturagentin, die meine Kolumnen gelesen hatte.

Zu dieser Zeit erschienen mehrere rassismuskritische Bücher von neuen Stimmen, die dem Rechtsruck etwas entgegensetzen wollten. *exit RACISM* von Tupoka Ogette, *Unter Weißen* von Mohamed Amjahid, *Desintegriert euch!* von Max Czollek, sowie die mittlerweile schon legendäre Anthologie *Eure Heimat ist unser Albtraum*, herausgegeben von Fatma Aydemir und Hengameh Yaghoobifarah, um nur einige Beispiele zu nennen. Der kritische Blick richtete sich nicht auf den radikalen rechten Rand, sondern in die Mitte und weiter nach links. An diejenigen, die meinten, nichts mit Rassismus in Deutschland zu tun zu haben und bloß schulterzuckend dazustehen schienen, ohne eine gute Antwort auf das immer größer werdende Problem zu liefern, und sich stattdessen darüber wunderten, wie rechte Ideologien so »anschlussfähig« geworden waren. Deshalb handelten die Bücher zum einen von Diskriminierung im Alltag, von der Wirkung vieler kleiner, vermeintlich harmloser Bemerkungen und Handlungen, die eher unbewusst als absichtlich geschahen. Sie wollten Menschen dafür sensibilisieren, wie sie nicht wissentlich dem Rechtsruck Raum gaben. Sie zum Nachdenken und im besten Fall zum Handeln bringen. Und zum anderen ging es darum, den von Rassismus betroffenen Menschen zu zeigen, dass sie nicht allein waren und dass das, was sie fühlten, berechtigt war.

Mein Buch erschien im September 2019, inmitten des wachsenden Unbehagens. Walter Lübcke war ein paar Monate zuvor in Kassel ermordet worden. Der Anschlag in Halle, der einer jüdischen Gemeinde galt, bei dem zwei Menschen erschossen wurden, ereignete sich nur wenige Wochen nach dem Erscheinungsdatum. Ich saß in kleinen Büchereien, in den Räumen von Antidiskriminierungsstellen, in Schulen und las vor. Schaute in erstaunte Gesichter, die nicht annehmen konnten, was ich zu sagen hatte. Schaute in andere Gesichter, die erleichtert und dankbar mit dem Kopf nickten. Ich war motiviert und überzeugt davon, dass es wichtig war, über die kleinen Dinge zu sprechen, über Haare und unangemessene Fragen, über Schulunterricht und Herausforderungen in Liebesbeziehungen. Ich hoffte, dass, wenn Menschen verstünden, was schon im Alltag schieflief, sie nicht länger die immer stärker werdende rechte Gewalt ignorieren und nicht mehr leichtfertig sagen könnten, das alles habe nichts mit ihnen zu tun.

Dann kam der Winter. Am 19. Februar 2020 erwachte ich zu Nachrichten aus Hanau. In meinem Handy mischten sich Schock und Anteilnahme mit Karnevalsfotos, die Freund*innen aus Köln herumschickten. Mir fehlten die Worte. Ich hatte nicht das Gefühl, dass meine die richtigen waren für diese klaffende gesellschaftliche Wunde. Dennoch griffen viele Leute nach dem Attentat, bei dem neun Menschen aus rassistischen Motiven ermordet wurden, zu meinem Buch. Denn auch einige Überlebende und Angehörige des Attentats sagten danach, der Rassismus hätte schon früher begonnen und er hätte früher bekämpft werden müssen. Bevor Deutschland wirklich begreifen konnte, was dieser Anschlag bedeutete, was er über dieses Land aussagte, drängte sich ein anderes Thema auf.

Im März 2020 wurde weltweit der Ausnahmezustand verhängt, um die Coronapandemie zu bekämpfen. Wir isolierten uns voneinander. Der in der Luft lauernde Virus zwang uns dazu, über das Sterben nachzudenken. Wir sahen einerseits, wie willkürlich der Tod war, wie er in seiner Auswahl weder Leistung noch guten Charakter berücksichtigte, wie hemmungslos er vorging. Niemand war zu gut, um zu sterben. Andererseits sahen wir, wie er einer Hierarchie folgte, die wir Menschen erschaffen hatten, indem wir einigen mehr Möglichkeiten als anderen gaben, sich vor dem Tod zu schützen. Viele hatten bis zu der Pandemie noch an eine gerechte Welt geglaubt. Corona beraubte uns dieser Illusion. Vielleicht trug dieser Umstand dazu bei, dass sich die Gesellschaft für das Thema Diskriminierung zu öffnen schien. Dass Menschen darüber nachdenken mussten, wie es ist, einem höheren, nicht steuerbaren Risiko ausgesetzt zu sein.

Es ist wichtig, dass wir das nicht vergessen. Wenn es um Rassismus geht, müssen wir stetig gegen das Verdrängen und Vergessen ankämpfen. Ebenso wie gegen die rechte Erzählung, der Diskurs über Rassismus sei »plötzlich« und »aus dem Nichts« entstanden. Das Problem existierte schon lange vor dem Sommer 2020, als viele anfingen, ihm Aufmerksamkeit zu schenken. Bevor Menschen den Namen George Floyd kannten.

George Floyd war ein Schwarzer Mann aus Minneapolis in den USA. Am 25. Mai 2020 wurde er von der Polizei festgenommen, weil er angeblich in einem Laden mit einer falschen Dollarnote bezahlt hatte. Kurze Zeit darauf wurde er durch einen *weißen* Polizisten umgebracht, der mit seinem Körpergewicht für mehrere Minuten auf Floyds Nacken kniete und ihm die Luft abschnürte. In der Zeit, die Floyd am Boden lag, rief er, während das Leben aus seinem Körper wich, nach seiner Mutter. Und wiederholte immer wieder den Satz: »I can't breathe.« Ich kann nicht atmen. Sein Tod wurde von einem Passanten mit dem Smartphone gefilmt. Das Video ging um die Welt.

Am 25. Mai 2020 entstand ein weiteres Video in den USA. Im Central Park in New York City hatte der Schwarze Vogelbeobachter Christian Cooper eine *weiße* Frau namens Amy Cooper, die zufällig den gleichen Nachnamen trug, darum gebeten, ihren Hund an die Leine zu nehmen, damit dieser die Vögel nicht verschrecke. So bestimmten es auch die Regeln in dem Teil des Parks. Nachdem die Frau wütend wurde, fing Christian Cooper an, sie mit seinem Handy zu filmen. Er nahm auf, wie Amy Cooper den Notruf wählte, den Polizisten am Telefon Panik vorspielte und mit zitternder Stimme rief, dass sie und ihr Hund von einem Afroamerikaner bedroht würden und dass die Polizei unmittelbare Hilfe schicken solle. Christian Cooper passierte nichts. Jedoch schien die Verschränkung dieser zwei Vorfälle klarzumachen, wie für Schwarze Menschen eine Banalität, eine kleine Auseinandersetzung, eine falsche Anschuldigung, zum Tod führen konnte. Der vermeintlich harmlose Alltagsrassismus und die große Gewalt hingen miteinander zusammen. Das war es, was viele Stimmen in Deutschland seit spätestens 2017, was ich versuchte zu erklären.

Weltweit lösten diese Vorfälle Proteste aus. Die größten waren selbstverständlich in den USA, die zweitgrößten jedoch fanden in Deutschland statt. Tausende versammelten sich in Berlin, Hamburg, München, Köln und Frankfurt, trotz oder vielleicht gerade wegen der Pandemie, um sich gegen Rassismus auszusprechen.

Bis heute verwundert es mich, auf welch große Resonanz die Black-Lives-Matter-Bewegung in Deutschland stieß. Endlich bewegte sich der Diskurs in die breite Öffentlichkeit und ging über die platten »Nein zum Hass«-Sprüche hinaus. Doch anscheinend brauchte Deutschland die USA, um sich dem Thema Rassismus nähern zu können. Ein Vorfall in Minneapolis dominierte schließlich die Schlagzeilen und nicht Hanau, Halle oder Kassel. Wie also die Brücke schlagen? Da kam mein Buch, das Buch einer Schwarzen Deutsch-Amerikanerin, gelegen.

Das Problem war nur: Die Proteste in den USA drehten sich um Polizeigewalt, das ungerechte Justizsystem und Racial Profiling. Diese Themen werden in meinem Buch nicht angesprochen. Es gibt einen Satz im ersten Kapitel: »Rostock-Lichtenhagen, Solingen, Mölln, die NSU-Morde, Polizeigewalt – diese Vorfälle, und diese Vorfälle allein, waren Rassismus für mich. Davon war mein Alltag weit entfernt.« Mit diesem Satz klammere ich den gewalttätigen Rassismus, der Menschenleben kostet, für das Buch aus. Weil ich nicht darüber schreiben wollte, wo Rassismus endet, sondern wo er beginnt. Lange hatte ich beim Schreiben dieses Satzes überlegt, ob ich in der Auflistung das Wort »Polizeigewalt« mit aufnehmen möchte oder nicht. Denn sie findet in Form von Mikroaggressionen statt, ebenso wie in äußerster Gewalt. Polizeigewalt umfasst alles von Schikane bis zu Mord. Doch ich entschied mich dagegen, über die Polizei zu schreiben. Mir fehlten die Ressourcen, das Thema innerhalb der Schreibzeit gut recherchiert auf den Punkt zu bringen. Und ich hatte bereits zu Anfang geschrieben: »Das Buch hat keinen Anspruch auf Vollständigkeit.«

Im deutschen Rassismusdiskurs von 2020 gab es jedoch eine Schieflage, vor allem in der medialen Darstellung, und ich frage mich, wie viel mein Buch dazu beigetragen hat. Wir redeten darüber, dass Black Lives Matter in den USA bedeutete, dass die Polizei Schwarze Menschen tötete, und in Deutschland, dass es ein Problem mit der »Wo kommst du her?«-Frage, problematischen Karnevalskostümen und ungefragtem Haareanfassen gab. Wir führten den Rassismusdiskurs auf der Mikroebene, und das ließ ihn im Vergleich mit der Situation in den USA ziemlich banal erscheinen. So groß die Solidarität mit der Black-Lives-Matter-Bewegung, so stark war auch der Widerstand, Polizeigewalt in Deutschland zu untersuchen. Innenminister Horst Seehofer stoppte damals eine angekündigte Studie zu Rassismus in der Polizei.

Nicht nur die Diskussion war schief, sondern sie fand unter den absurden Umständen der Pandemie statt. Es ist ein merkwürdiges Gefühl, inmitten eines Lockdowns bekannt zu werden. Ich saß in meinem Wohnzimmer, öffnete Zoom Meetings und las meinem Computer etwas vor. Manchmal gab es zwanzig, manchmal dreitausend Zuschauer*innen, die ich nicht sah. Ich war zu Gast in zahlreichen Podcasts, die ich in meinem Schlafzimmer aufnahm. Ich traf Fernsehteams im Freien, die mir sehr lange Mikrofone entgegenstreckten, damit sie die Abstandsregeln einhalten konnten. Ich sehnte mich gleichzeitig nach weniger und nach mehr Kontakt zu Menschen. Es ist eine Unmöglichkeit, sich über den Erfolg seiner Arbeit zu freuen, wenn er durch den Mord eines Menschen ausgelöst wird. Was alles in den restlichen Monaten des Jahres passiert ist, kann und will ich auch gar nicht genau wiedergeben. Sie bestanden aus vielen Interviews und vielen Follower*innen auf Social Media. Ich war überfordert, überarbeitet und überfragt. In dieser »isolierten Öffentlichkeit« war ich keine Person mehr, kein Mensch, sondern ich wurde eine Figur, ein Symbol, eine Stimme, eine Hoffnungsgeberin, ein Problem. Ich ging unter zwischen Aufmerksamkeit und Einsamkeit, Wut und Begeisterung für meine Arbeit, Enttäuschung und Erwartungen, Neid und Verehrung, Anfragen und Hasskommentaren.

Die Gesellschaft lernte zu dieser Zeit rasend schnell dazu. Auf einmal hörte und las man Begriffe wie »*weiß*«, »People of Color« und »Schwarz« in etablierten Medien, wo es noch ein paar Jahre zuvor hieß, man könne diese Wörter nicht verwenden, weil die Menschen nicht wüssten, was gemeint sei. Ebenso passierte es immer weniger, dass »Rassismus« mit den Begriffen »Ausländerfeindlichkeit« oder »Fremdenfeindlichkeit« umschrieben wurde. Der rassismuskritische Diskurs stieß Veränderungen in Unternehmensstrukturen, Berichterstattung, Sprache, Straßennamen, Museumsausstellungen, Literaturprogrammen, Schulunterricht und vielem mehr an. Doch es dauerte nicht allzu lange, bis die anfängliche Begeisterung für Antirassismus kippte, denn natürlich waren nicht alle glücklich mit den Veränderungen, die die Bewegung mit sich brachte. Nach wie vor gilt der Satz: Für Privilegierte fühlt sich Gleichberechtigung wie Unterdrückung an. Die Diskussion drehte sich. Ein Jahr nach George Floyd schienen alle nur noch über ein Wort zu sprechen: Identitätspolitik. Nichts Geringeres als die Demokratie würden Bücher wie meines gefährden, hieß es von Kritiker*innen. Es führe ja schließlich zu Spaltung, Menschen in Hautfarben einzuteilen. Wenn ich das hörte, fragte ich mich, ob sich irgendjemand noch an die letzten fünfhundert Jahre erinnern konnte. Es wurde so getan, als ob rassismuskritische Stimmen sich das Konzept von Rassismus selbst ausgedacht hätten, aus purer Lust daran, *weiße* Leute zu verunsichern. Die Diskussionen über Identitätspolitik machten mir klar, dass viele Menschen wirklich dachten, jegliche gesellschaftliche Ungleichheit ließe sich am besten lösen, indem man sie einfach ignorierte.

Fünf Jahre nach Erscheinen dieses Buchs kann man leider nicht behaupten, dass die rassismuskritische Bewegung der letzten Jahre den Rechtsruck zurückgedrängt hätte. Die AfD fährt Höchstwerte ein, insbesondere in Ostdeutschland. Ich möchte gar nicht wissen, wie viele Bücher veröffentlicht werden, die erklären, warum »Wokeness« schuld an allem Schlechten in unserer Gesellschaft ist. Das Unbehagen wächst, doch viele bleiben still, weil sie nicht mehr wissen, was sie noch sagen sollen. Auch ich spreche und schreibe heute mit viel größerer Vorsicht. Ich wünschte, es wäre nicht so, aber es ist verunsichernd, ständig gesagt zu bekommen, ich sei mitschuldig am Rechtsruck, weil ich es gewagt hatte, über Rassismus zu sprechen. Dass die rechten Kräfte nicht so erstarkt wären, hätten Menschen wie ich einfach die Klappe gehalten. Diese Annahme ist eine gefährliche Verharmlosung des Problems. Was würde es über die Gesellschaft aussagen? Dass sie immer öfter rechts wählt, die Rechte von Frauen, Queers und Schutzsuchenden mit Füßen tritt, nur weil ihr die Ansichten in einem Buch nicht gefallen. Und ich soll zu sensibel sein? Wie gesagt, wir vergessen gerne, dass es schon vor den Black-Lives-Matter-Protesten von 2020 ein Problem gab. Vor fünf Jahren fing nicht alles an. Und ohne die Menschen, die dem Rechtsruck etwas entgegensetzen – würde er heute noch stärkere Zugewinne verzeichnen. Konflikte verschwinden nicht, indem man sie ignoriert.

Ich glaube immer noch an Audre Lordes Worte, dass Schweigen uns nicht schützen wird. Alles, was Schweigen zur Bedingung seines Überlebens macht, ist dem Untergang geweiht. Man kann versuchen, Worte und Wahrheiten tief in den unerreichbaren Ecken unserer Köpfe, unserer Herzen zu begraben. Doch irgendwann kommt ein Gefühl auf. Und es wird blühen. Immer wieder.

GLOSSAR

AFRO-DIASPORA: Zerstreuung und Verteilung von Menschen, deren Wurzeln auf dem afrikanischen Kontinent liegen. Dazu gehören Nachfahren versklavter Menschen sowie Migrant*innen.

ANTON WILHELM AMO: 1703–1759. Deutsch-Ghanaischer Rechtswissenschaftler und Philosoph.

MAYA ANGELOU: 1928-2014. US-amerikanische Dichterin, Schriftstellerin und Schauspielerin. Zu ihren bekanntesten Gedichten gehören »Phenomenal Woman« und »Still I Rise«.

ANGRY BLACK WOMAN: Überbegriff für die stereotypische Darstellung von Schwarzen Frauen als »von Natur aus« missgelaunt und frech.

APARTHEID: Organisierte Rassentrennung in Südafrika zwischen 1948 und 1994.

JOSEPHINE BAKER: 1906–1975. US-amerikanisch-französische Sängerin und Tänzerin. Unterstützte den französischen Geheimdienst im Kampf gegen den Nationalsozialismus und setzte sich später in der US-amerikanischen Bürgerrechtsbewegung ein.

BERLINER KONFERENZ: auch »Kongo-Konferenz«. Vom 15. November 1884 bis zum 26. Februar 1885 wurde in Berlin von den Kolonialmächten über die völkerrechtliche Anerkennung von Kolonialbesitz und die Aufteilung des afrikanischen Kontinents beratschlagt.

BIAFRA-KRIEG: Nigerianischer Bürgerkrieg 1967 bis 1970 als Spätfolge der willkürlichen Grenzziehung in der Kongo-Konferenz. Wurde zum Stellvertreterkrieg der Kolonialmächte und forderte über eine Million Todesopfer. Durch den Biafra-Krieg wurde das Bild der »hungernden Kinder in Afrika« mit den für das Hungerödem typischen aufgeblähten Bäuchen geprägt.

BIPOC/BLACK, INDIGENOUS AND PEOPLE/PERSON OF COLOR: Beschreibt Schwarze und indigene Menschen und deren bestimmte Diskriminierungserfahrungen mit besonderem Fokus darauf, dass Schwarze und indigene Menschen, im Gegensatz zu vielen anderen People of Color, nie als *weiß* gelten oder angesehen werden.

BLACKFACE: Sich das Gesicht schwarz schminken, um eine Schwarze Person darzustellen. Suggieriert, man könne sich Schwarz-sein wie eine Maske überziehen und wieder ablegen.

BODY POSITIVITY: Body Positivity setzt sich dafür ein, dass die Körper, die außerhalb der Normvorstellungen von Schönheit liegen, akzeptiert und positiv repräsentiert werden.

BODYSHAMING: Diskriminierung aufgrund körperlicher Eigenschaften oder ständige Kritik am eigenen Körper. Dazu gehören unter anderem negative Kommentare oder Gedanken zu Gewicht und Behinderungen.

THELMA BUABENG: *1981. Deutsche Schauspielerin. Unter anderem bekannt durch ihre YouTube-Show »Tell me nothing from the horse«.

CHANTEN: Singen von spirituellen Liedern, gebetsähnlicher Sprechgesang.

JANE CHIRWA: *1990. Unter anderem bekannt durch die ARD-Serie »Die jungen Ärzte«.

SHIRLEY CHISHOLM: 1924–2005. Erste Schwarze Abgeordnete im US-Repräsentantenhaus und erste Schwarze Präsidentschaftskandidatin.

CISGENDER: Bezeichnung für eine Person, deren Geschlechteridentität mit dem bei der Geburt zugewiesenen Geschlecht übereinstimmt, anders als beispielsweise transgender.

CODE SWITCHING: Das Wechseln der Sprache zwischen Sätzen oder mitten im Satz. Dabei kann es sich um das Hin- und Herspringen zwischen verschiedenen Sprachen handeln, aber auch z.B. zwischen Sprachregistern ein und derselben Sprache.

COLORISM: Die Diskriminierung aufgrund von Hautfarbe Innerhalb einer rassifizierten Gruppe.

ANGELA DAVIS: *1944. US-amerikanische Aktivistin, Humanwissenschaftlerin und Autorin. Sie schrieb unter anderem das Buch *Woman, Race & Class.*

DYSGENIK: Die Pseudowissenschaft vom »genetischen Niedergang«. Basiert auf der Annahme, dass durch die Weiterentwickung der medizinischen Versorgung die natürliche Selektion aufgehoben sei und das allgemeine Erbgut der Menschheit sich fortlaufend verschlechtern würde.

MARIAN WRIGHT EDELMAN: *1939. Afroamerikanische Aktivistin. Setzte sich dafür ein, dass benachteiligte Kinder Zugang zu Bildung erhielten

EMANZIPATION: Gleichberechtigung, Befreiung aus einem Abhängigkeitszustand.

EMPOWERMENT: Lehnwort aus der US-amerikanischen Bürgerrechtsbewegung. Ermächtigung, oft auch Selbstermächtigung, von Minderheiten mit dem Ziel der Selbstbestimmung. Empowerment bezeichnet ebenso die Maßnahmen und Strategien, die zu dieser Ermächtigung führen.

EUGENIK: Die Pseudowissenschaft der Verbesserung des menschlichen Erbguts.

Dies soll durch kontrollierte Fortpflanzung erfolgen, sodass als »gut« bewertete Gene weiterbestehen können. Als »unerwünscht« oder »negativ« betitelte Menschen sollen sich nicht mehr fortpflanzen dürfen. Der Nationalsozialismus leitete von der Eugenik sein Konzept der »Rassenhygiene« ab. Unter anderem war diese Theorie Grundlage für die Operation T4, bei der Menschen mit körperlichen und geistigen Behinderungen systematisch ermordet wurden.

EUROZENTRISMUS: Bewertung außereuropäischer Kulturen aus der Perspektive europäischer Werte und Normen. Europa bildet dabei das absolute Zentrum der Welt, des Denkens und Handelns.

NIKKI GIOVANNI: *1943. US-amerikanische Dichterin, Schriftstellerin und Aktivistin.

GRAN TORINO: Film von Clint Eastwood. Ein junger Mann mit südostasiatischen Wurzeln versucht, das Auto von Clint Eastwoods *(weißer)* Figur zu stehlen. Später wird er von einer Gruppe BIPoC angegriffen und von Clint Eastwoods Figur gerettet. Diese Figur wird dadurch der Held des südostasiatisch geprägten Viertels, der sich nun allein dafür zuständig fühlt, das Viertel vor weiteren Gang-Angriffen zu schützen.

HOCHSTAPLER*INNENSYNDROM: Menschen, die unter diesem Syndrom leiden, sind nicht fähig, eigene Erfolge zu glauben und sie sich einzuprägen. Sie werden von massiven Selbstzweifeln gequält und sind überzeugt, alle ihre Erfolge seien das Ergebnis von äußeren Umständen oder schierem Glück.

HOLI-FEST: Indisches Fest, mit dem der Winter verabschiedet und der Frühling eingeläutet wird. Es feiert den Triumph des Gottes Vishnu über die Dämonin Holika.

HOMOFEINDLICHKEIT: Diskriminierung homosexueller Menschen aufgrund ihrer Sexualität.

HYPERSEXUALISIERUNG: Übertrieben sexualisierte Darstellung. Oft auch: Behauptung von übertriebenem sexuellem Verlangen.

IN**ANER: Rassistische Fremdbezeichnung für die ersten Bewohner*innen des amerikanischen Kontinents. Diese Rassifizierung, die von den Kolonialherren erschaffen und weitergetragen wurde, galt für alle auf diesem Kontinent lebenden Menschen und wurde dazu benutzt, deren Kultur auszulöschen.

INTERSEKTIONALITÄT: Aufeinandertreffen mehrerer Formen von struktureller Diskriminierung. Im Falle von diesem Buch: Rassismus und Sexismus.

INTIME DISKRIMINIERUNG: Aktive Benachteiligung von Menschen, die nicht als geeignete Sex- oder Lebenspartner*innen gesehen werden.

JESSE JACKSON: *1941. US-amerikanischer Aktivist und Pastor. Kandidierte 1984 und 1988 als Präsident der Vereinigten Staaten und schied beide Male bereits in den Vorwahlen aus.

JIM-CROW-ÄRA: Die sogenannten Jim-Crow-Gesetze trennten zwischen 1880 und den 1960er-Jahren die Schwarze und *weiße* Bevölkerung der USA. Während dieser Zeit wurde die Schwarze Bevölkerung systematisch diskriminiert und ihr das Mitbestimmungsrecht in der Gesellschaft verwehrt. »Jim Crow« war eine Karikatur eines singenden, tanzenden Schwarzen Kleinkriminellen.

FLORENCE KASUMBA: *1976. Deutsche Schauspielerin. Unter anderem bekannt als erste Schwarze Tatortkommissarin in der Rolle Anaïs Schmitt und als Ayo im Film *Black Panther*.

KLASSISMUS: Diskriminierung aufgrund von geringem Einkommen und/oder geringer institutioneller Bildung.

KOGNITIVE DISSONANZ: Wenn Denken und Wirklichkeit nicht übereinstimmen und Strategien gefunden werden müssen, um z. B. eine Entscheidung, die sich im Nachhinein als Fehlentscheidung entpuppt, zu rechtfertigen.

KOLONIALISIERUNG: Inbesitznahme von außerstaatlichen Gebieten und Vertreibung, Unterwerfung oder Ermordung der dort lebenden Bevölkerung.

KULTURELLE ANEIGNUNG: Das Übernehmen von kulturspezifischen Dingen, wie z. B. Frisuren, Kleidung oder Schmuck, aus marginalisierten Kulturen durch eine dominante gesellschaftliche Gruppe. Dabei wird der Wert oder Kontext dieser kulturellen Artefakte weder anerkannt noch respektiert.

KWANZAA: Ein von der Black-Power-Bewegung initiiertes Fest, das Elemente aus unterschiedlichen afrikanischen Kulturen enthält und vom 26. Dezember bis zum 1. Januar gefeiert wird.

LATINX: Sprich Latinex. Genderneutrale Bezeichnung für Menschen lateinamerikanischer Herkunft oder mit lateinamerikanischem Familienhintergrund.

DENISE M'BAYE: *1976. Deutsche Schauspielerin und Sängerin. Unter anderem bekannt durch die ARD-Serie »Um Himmels Willen«.

MAAFA: Bezeichnet sowohl den transatlantischen Sklav*innenhandel als auch die Verbrechen an der Schwarzen Bevölkerung des afrikanischen Kontinents während dieser Zeit und durch die Kolonialisierung.

MADONNA-HURE-KOMPLEX: In der Psychoanalyse beschriebene Unfähigkeit, Liebe und sexuelle Anziehung gleichzeitig zu empfinden.

MALCOLM X: 1925–1965. Ein Anführer der US-amerikanischen Bürgerrechtsbewegung. X gilt als kontroverse Figur, weil er gewaltvollen Widerstand als legitim ansah.

MIKROAGGRESSIONEN: Kleine Übergriffigkeiten, die isoliert keinen schlimmen Schaden anrichten, aber in einer Häufung ein Gefühl von Ausgeschlossensein und Isoliertheit hervorrufen und zu Depressionen und Erschöpfung führen können.

MONOGENESE: Theorie, dass alle Menschen aus einer gemeinsamen Urform entstanden sind – in der rassistischen Verwendung die Vermutung, dass alle Menschen von Adam und Eva abstammen und nicht-*weiße* Menschen erst nach der Vertreibung aus dem Paradies entstanden.

TONI MORRISON: 1931–2019. US-amerikanische Schriftstellerin und Literaturnobelpreisträgerin. Zu ihren Romanen gehören u. a. *Sehr blaue Augen* und *Solomons Lied*.

NATURAL-HAIR-MOVEMENT: Aktivistische Bewegung, die natürlich belassenes Afrohaar feiert und gegen den Zwang vorgehen will, dass Schwarze Frauen ihr Haar glätten, chemische Relaxer benutzen oder Perücken tragen müssen, um gesellschaftlich akzeptiert zu werden.

HUEY P. NEWTON: 1942–1989. US-amerikanischer Aktivist. Mitgründer der Black Panther Party, einer sozialistischen Schwarzen Bewegung, die das Leben Schwarzer Menschen priorisierte.

OTHERING: Machtverhältnisse herstellen oder verfestigen, indem man marginalisierte Gruppen benennt und ausschließt.

POLYGENESE: Theorie, dass Menschen verschiedener Rassifizierungen verschiedenen »Urpaaren« entspringen.

RASSIFIZIERUNG: Kategorisierung von Menschen, die oft auf eine Hierarchisierung hinausläuft. Rassifizierung geschieht anhand von historisch variablen wahrnehmbaren und nicht wahrnehmbaren körperlichen, soziologischen, symbolischen und geistigen sowie imaginären Merkmalen. Sie entsteht mit dem Wissen um Rassismus und Diskriminierung.

RECLAIMING: Aneignung von diskriminierenden Zuschreibungen zur positiven Selbstermächtigung. (Nutzung des N-Worts durch Schwarze Menschen.)

TYRON RICKETTS: *1973. Österreichischer Schauspieler und Musiker. Gründer der Produktionsfirma »Pathertainment«.

RUANDA-GENOZID: Ermordung von bis zu einer Million Menschen durch die ruandische Hutu-Mehrheit. Gilt als Spätfolge des Kolonialregimes, das im bis dahin weitgehend stabil regierten Gebiet Ruandas eine Rassentrennung vornahm und die Bevölkerung nach eigenen Vorstellungen in Herrschende und Beherrschte einteilte.

CASTER SEMENYA: *1991. Südafrikanische Mittelstreckenläuferin und mehrfache Olympiasiegerin. Der internationale Dachverband der Sportvereine verpflichtete Semenya im August 2019, ihr Testosteron-Level durch Medikamente zu drosseln, weil es zu hoch ist, um als Frau bei Mittelstrecken-Wettkämpfen antreten zu dürfen.

DON SHIRLEY: 1927–2013. US-amerikanischer Pianist und Psychologe. Shirleys erste Tour durch die Südstaaten wurde in dem 2018 erschienenen Film »The Green Book« behandelt.

STEREOTYPE THREAT: Das Gefühl der Bedrohung, das sich einstellt, wenn Angehörige einer Minderheit befürchten, negative Vorurteile über diese Minderheit zu bestätigen oder zu verstärken. Auch: die Gefahr, bereits bestehende Stereotype allein durch das Wissen darüber zu verstärken.

(ZWANGS-)STERILISIERUNG: Medizinischer Eingriff, der zur Unfruchtbarkeit führt. Statt einer OP wurden unter anderem auch Röntgenstrahlen benutzt. Viele Opfer von Zwangssterilisationen starben an den Folgen des Eingriffs.

STRUKTURELLE BENACHTEILIGUNG: Strukturelle Diskriminierung, s. »systemischer Rassismus«.

SYSTEMISCHER RASSISMUS: Strukturelle Diskriminierung, bei der Vorurteile und Diskriminierungsmechanismen einer Gesellschaft eingeschrieben sind und nicht nur von Einzelpersonen begangen werden.

SELAM TADESE: *1980. Deutscher Schauspieler. Unter anderem bekannt durch seine Rolle als Kanell im Film *Feuchtgebiete*.

TÄTER*INNEN-OPFER-UMKEHR: auch »Victim Blaming«. Wenn die Schuld für Diskriminierung oder Übergriffe bei den Personen gesucht wird, die Opfer dieser Diskriminierung oder Übergriffe sind.

TOKENISM: Das Betrachten einer Person nicht als Individuum, sondern als Vertreter*in einer bestimmten Gruppe – beispielsweise die Einstellung einer Schwarzen Person, um als »divers« zu gelten.

TRANSFEINDLICHKEIT: Diskriminierung von Trans-Menschen aufgrund deren Identität.

SOJOURNER TRUTH: 1797–1883. US-amerikanische Frauenrechtlerin, Abolitionistin und Predigerin.

HARRIET TUBMAN: Ca. 1830–1913. US-amerikanische Freiheitskämpferin und Abolitionistin. Entkam der Sklaverei und verhalf etwa 300 versklavten Menschen zu Freiheit.

TÜRKISCH-GELESEN: Das automatische Wahrnehmen einer Person als türkisch, weil sie auf eine bestimmte Art aussieht oder sich ausdrückt.

VERINNERLICHTE UNTERDRÜCKUNG: Verinnerlichung der Rollenbilder, die einem zugeschrieben werden, inklusive deren diskriminierender Anteile.

WHITE GAZE: Aus der Filmtheorie. Perspektive und Blick *weißer* Menschen.

WHITE SUPREMACY: Rassistische Ideologie, die eine Überlegenheit *weißer* Menschen in allen Dingen behauptet, sowie die Strategien dieser Ideologie.

WHITE WASHING: Wenn, besonders in Filmen oder Serien, nicht-*weiße* Rollen mit *weißen* Schauspieler*innen besetzt werden. Wenn z. B. Johnny Depp einen indigenen Mann spielt oder Scarlett Johansson eine asiatische Frau.

YELLOWFACE, REDFACE: Das Verkleiden eines *weißen* Menschen als eine Person mit asiatischem oder indigenem Hintergrund.

LITERATUR

1 ALLTAG

DAS R-WORT

Kendi, Ibram X: *Gebrandmarkt: Die wahre Geschichte des Rassismus in Amerika,* München 2017.

Sow, Noah: *Deutschland Schwarz Weiß,* München 2008, S. 77.

DOPPELT ODER HALB?

Hund, Wulf D.: *Wie die Deutschen weiß wurden. Kleine (Heimat) Geschichte des Rassismus,* Stuttgart 2017, S. 4–84.

Kendi, Ibram X: *Gebrandmarkt: Die wahre Geschichte des Rassismus in Amerika,* München 2017, S. 4–6.

Ogette, Tupoka: *exit RACISM*, Münster 2016, S. 33–34.

WÜTENDE SCHWARZE FRAUEN

Bayet, Laurie; Pascalis, Olivier; Quinn, Paul C.; Lee, Kang; Gentaz, Édouard; Tanaka, James W.: *Angry facial expressions bias gender categorization in children and adults,* Frontiers in psychology, 2015/6, S. 346.

Chrenshaw, Kimberlé: *The urgeny of intersectionality,* 2016. https://www.youtube.com/watch?v=akOe5-UsQ2o

Hardett, Anna: *The angry Black woman stereotype has ceased to fade away,* 28.02.2018 https://www.blackexplosionnews.com/blog/2018/10/25/wwoj2b8yb6ua7l5kar4bgys78r29n2

Kilomba, Grada: *Plantation Memories, Episodes of Everyday Racism,* Münster 2016, S. 75.

Pieterse, Alex L.; Todd, Nathan R.; Neville, Helen A.; Carter, Robert T.: *Perceived racism and mental health among Black American adults: a meta-analytic review* in: Journal of counseling psychology 59, 2012/1, S. 1–9.

Yeboah, Amma: *Rassismus und psychische Gesundheit in Deutschland* in: Fereidooni, Karim; El Meral (Hg.): Rassismuskritik und Widerstandsformen, Wiesbaden 2017.

EINZIGARTIG UND UNSICHTBAR

Emcke, Carolin: *Gegen den Hass,* Frankfurt 2016, S. 24.

Ellison, Ralph: *Der Unsichtbare Mann,* Berlin 2019, S. 7.

2 SCHULE

DEUTSCH UND GESCHICHTE

Kant, Immanuel: *Beantwortung der Frage: Was ist Aufklärung?,* Berlin 1784, S. 17.

Piesche, Peggy: *Der »Fortschritt« der Aufklärung – Kants Race und die Zentrierung des weißen Subjekts* in: Eggers, Maureen Maisha; Kilomba, Grada; Piesche, Peggy; Arndt, Susan (Hg): Masken, Mythen und Subjekte. Kritische Weißseinsforschung in Deutschland, Münster 2017, S. 30–39.

Kant, Immanuel: *Physische Geographie* in: Akademieausgabe Band IX, Berlin 1923, S. 316.

Kant, Immanuel: *Über das Gefühl des Schönen und Erhabenen,* Akademieausgabe Band XX, Berlin 1942, S. 102.

Hegel, Georg Wilhelm Friedrich: *Vorlesungen über die Philosophie der Geschichte,* Leipzig 1910, S. 137.

https://de.wikipedia.org/wiki/Georg_Wilhelm_Friedrich_Hegel, abgerufen am 23.07.2019.

Voltaire, *Essai sur les Mœurs et l'esprit des nations,* Genf 1756, zitiert nach Poliakov, Leon et al: *Rassismus. Über Fremdenfeindlichkeit und Rassenwahn,* München 1993, S. 77.

Kendi, Ibram X: *Gebrandmarkt: Die wahre Geschichte des Rassismus in Amerika,* München 2017.

http://www.bpb.de/apuz/216485/deutsche-verwicklungen-in-den-transatlantischen-sklavenhandel?p=all, abgerufen am 28.04.2019.

Mitchell, James (Hg): *Große illustrierte Weltgeschichte. Von der französischen Revolution bis zur Gegenwart,* Stuttgart 1990, S. 66.

Von Trotha an Leutwein zitiert nach Ogette, Tupoka: *Exit Racism,* Münster 2016.

https://www.bpb.de/politik/hintergrund-aktuell/176142/herero-aufstand-10-01-2014, abgerufen am 09.08.2019.

https://de.wikipedia.org/wiki/Liste_der_Aufst%C3%A4nde_in_den_deutschen_Kolonien, abgerufen am 09.08.2019.

https://www.spiegel.de/einestages/kolonialherr-leopold-ii-das-belgische-monster-a-951236.html, abgerufen am 09.08.2019.

https://www.dw.com/de/streit-um-sch%C3%A4del-dunkles-kolonialerbe-in-deutschen-museen/a-43270316, abgerufen am 09.08.2019.

https://de.wikipedia.org/wiki/Tintenpalast#cite_note-1, abgerufen am 09.08.2019.

Walk of Freedom Foundation (Hg): *Global Slavery Index* 2018, Perth 2018.

Oguntoye, Katharina; Ayim, May; Schultz, Dagmar: *Farbe bekennen: Afro-deutsche Frauen auf den Spuren ihrer Geschichte,* Frankfurt am Main 1992, S. 18.

https://www.bpb.de/gesellschaft/migration/afrikanische-diaspora/59423/nationalsozialismus?p=all, abgerufen am 09.08.2019.

INTELLIGENZ

https://rp-online.de/leben/gesundheit/psychologie/was-falsche-erwartungshaltung-mit-kindern-macht_aid-17827833, abgerufen am 21.4.2019.

Schofield, Janet W.; Alexander, Kira M.: *Stereotype Threat, Erwartungseffekte und organisatorische Differenzierung: Schulische Leistungsbarrieren und Ansätze zu ihrer Überwindung* in: Fürstenau, Sara; Gomolla, Mechtild (Hg): Migration und schulischer Wandel: Leistungsbeurteilung, Wiesbaden 2012.

»A Class Divided«. Frontline, Staffel 3, Folge 9. PBS. USA, 1985. Serienepisode.

https://www.aerzteblatt.de/archiv/38807/NS-Euthanasie-Vom-Wahn-zur-Wirklichkeit, abgerufen am 09.08.2019.

Walters, Pat (Autor): »G: The Miseducation of Larry P.« in Walters, P.; Romney L.; Cusick, R. (Produzent*innen). Radio Lab. USA 2019. Podcast.

Binet, Alfred: *Neue Gedanken über das Schulkind,* Paris 1909, S. 141.

https://www.zeit.de/2015/23/intelligenz-vererbung-iq/seite-2, abgerufen am 09.08.2019.

OECD: *The resilience of students with an immigrant background: Factors that shape well-being,* Paris 2018, S. 46.

Berliner Institut für empirische Integrations- und Migrationsforschung (BIM)/Forschungsbereich beim Sachverständigenrat deutscher Stiftungen für Integration und Migration: *Vielfalt im Klassenzimmer. Wie Lehrkräfte gute Leistung fördern können,* Berlin 2017.

https://www.uni-mannheim.de/media/Universitaet/Dokumente/Pressemitteilungen/Pressemitteilungen_2018/07_23_Diktatberurteilung.pdf, abgerufen am 17.4.2019.

https://www.jetzt.de/politik/masterarbeit-ueber-rassismuserfahrungen-an-deutschen-schulen, abgerufen am 09.08.2019.

https://www.zeit.de/gesellschaft/2018-08/rassismus-schule-metwo-diskriminierung-migrationshintergrund-namen, abgerufen am 09.08.2019.

El-Mafaalani, Aladin: *BildungsaufsteigerInnen aus benachteiligten Milieus: Habitustransformation und soziale Mobilität bei Einheimischen und Türkeistämmigen,* Wiesbaden 2012, S. 50–101.
https://www.tagesspiegel.de/berlin/einwanderung-und-schule-abbruch-statt-abschluss-schueler-aus-migrantenfamilien-besonders-gefaehrdet/9387092.html, abgerufen am 09.08.2019.
Ogette, Tupoka: *exit RACISM*, Münster 2016, S. 109.
https://www.zeit.de/gesellschaft/schule/2019-07/berlin-bildung-antidiskriminierungsbeauftragte-saraya-gomis-rassismus-schule, abgerufen am 09.08.2019.

ICH WÄRE AUCH GERN SCHWARZ

NPR Codeswitch: *From Blackface to Blackfishing,* Februar 2018. Podcast.
https://www.faz.net/aktuell/gesellschaft/urteil-der-schwarze-peter-ist-rassistisch-13026224.html, abgerufen am 09.08.2019.
https://twitter.com/wasistrassismus/status/1092693558660874240/photo/1, abgerufen am 09.08.2019.

HIGHSCHOOL

Heidenreich, Nanna: *Ausländer_innenfeindlichkeit (Fremdenfeindlichkeit)* in: Nduka-Agwu, Adibeli; Hornscheidt, A. Lann (Hg): Rassismus auf gut Deutsch: ein kritisches Nachschlagewerk zu rassistischen Sprachhandlungen (Vol. 1), Frankfurt am Main 2010.
Smith, Zadie: *White Teeth,* London 2000, S. 407–408.
Smith, Zadie: *Zähne zeigen: Roman,* Köln 2001.

3 KÖRPER

HAARE

https://www.theguardian.com/world/2016/aug/31/south-african-students-speak-out-ban-afro-hair-pretoria-school, abgerufen am 09.08.2019.
Det Kgl. Bibliotek: *Chimamanda Ngzoi Adichie: »If Michelle Obama had natural hair, Barack Obama would not have won«,* https://www.youtube.com/watch?-v=tz8MHG-IIYM, abgerufen am 09.08.2019.

HAUT

Husmann Jana: *Schwarz-Weiß Symbolik – Dualistische Denktraditionen und die Imagination von »Rasse«,* Bielefeld 2010, S. 172.
Meiners, Christoph: *Grundriss der Geschichte der Menschheit,* Lemgo 1793, S. 5f.

Painter, Nell Irvin: *The History of White People,* New York 2011, S. 84.

https://www.theroot.com/the-doll-test-for-racial-self-hate-did-it-ever-make-se-1790875716, abgerufen am 09.08.2019.

http://time.com/4512430/colorism-in-america/, abgerufen am 09.08.2019.

Reece, Robert L.: *What are you mixed with: The effect of multiracial identification on perceived attractiveness* in: The Review of Black Political Economy, 43(2), Berlin/Heidelberg 2015, S. 139–147.

https://www.theguardian.com/world/2011/oct/04/racism-skin-colour-shades-prejudice, abgerufen am 09.08.2019.

Thompson, Maxine; Keith, Verna: *The blacker the berry: Gender, skin tone, self-esteem, and self-efficacy* in: Gender & Society, 15(3), 2001, 336–357.

vox.com: *Why the market for skin whitening is growing,* https://www.youtube.com/watch?v=CjzvvgmgINU, abgerufen am 09.08.2019.

https://www.theguardian.com/world/2018/apr/23/skin-lightening-creams-are-dangerous-yet-business-is-booming-can-the-trade-be-stopped, abgerufen am 09.08.2019.

MUSKELN

https://www.zeit.de/sport/2016-08/sprinten-usain-bolt-schnelligkeit-ursachen-anatomie, abgerufen am 09.08.2019.

https://www.ncbi.nlm.nih.gov/pmc/articles/PMC2795070/, abgerufen am 09.08.2019.

Cromwell, Dean: *Championship Techniques in Track and Field,* 1941, zitiert nach: https://www.nytimes.com/2003/05/25/sports/perspective-a-special-bond-between-champions.html, abgerufen am 09.08.2019.

Morrison, Toni: A Humanist View, 02.05.1975. Öffentliche Rede.

https://www.theguardian.com/sport/2018/oct/02/athletes-racism-language-sports-cam-newton, abgerufen am 09.08.2019.

Kendi, Ibram X: *Gebrandmarkt: Die wahre Geschichte des Rassismus in Amerika,* München 2017.

Hoffman, Kelly. M.; Trawalter, Sophie; Axt, Jordan R.; Oliver, Mohammed N.: *Racial bias in pain assessment and treatment recommendations, and false beliefs about biological differences between blacks and whites,* retrieved from osf.io/crxwa.

https://www.vox.com/health-care/2017/12/7/16746790/health-care-black-history-inequality, abgerufen am 09.08.2019.

Truth, Sojourner: *Bin ich etwa keine Frau* in: Kelly, Natascha A.: Schwarzer Feminismus, Münster 2019, S. 5

vox.com: *The Problem with Sex Testing in Sports,* https://www.youtube.com/watch?v=MiCftTLUzCI, abgerufen am 09.08.2019.

https://www.reddit.com/user/serenawilliams/comments/714c1b/letter_to_my_mom/, abgerufen am 09.08.2019.

PO

Barrow, John: *An account of travels into the interior of southern Africa, in years 1797 and 1798 (Vol. 1),* Cambridge 1801.

F. A. Brockhaus, 5. Auflage. Band 2, Leipzig 1911, S. 756.

https://www.spiegel.de/spiegelgeschichte/a-484301.html, abgerufen am 09.08.2019.

Kendi, Ibram X: *Gebrandmarkt: Die wahre Geschichte des Rassismus in Amerika,* München 2017, S. 154.

hooks, bell: *Black Looks: Popkultur, Medien, Rassismus,* Berlin 2019, S. 94.

Fowler, Virgina, Nikki Giovanni: *A literary biography.* Westport, 2013, S. 42.

West, Carolyn M: *Mammy, Jezebel, Sapphire, and their homegirls: Developing an »oppositional gaze« toward the images of Black women,* Long Grove 2012.

4 LIEBE

NÄCHSTENLIEBE

Oguntoye, Katharina; Ayim, May; Schultz, Dagmar: *Farbe bekennen: Afrodeutsche Frauen auf den Spuren ihrer Geschichte,* Frankfurt am Main 1992, S. 40.

Kipling, Rudyard, *Die Ballade von Ost und West* in: *Selected Poems. Ausgewählte Gedichte,* übers. v. Haefs, Gisbert, Zürich 1992.

Larivée, Serge, Sénéchal, Carole; Chénard, Geneviève: *Les côtés ténébreux de Mère Teresa* in: Studies in Religion/Sciences Religieuses, 42(3), 2013, S. 319–345.

https://www.bbc.com/news/world-australia-46390627, abgerufen am 09.08.2019.

https://au.rethinkorphanages.org/sites/default/files/2018-11/RO%20Australia%20Modern%20Slavery%20Act%20submission.pdf, abgerufen am 09.08.2019.

TINDER

https://www.duden.de/rechtschreibung/exotisch, abgerufen am 09.08.2019.

https://theblog.okcupid.com/race-and-attraction-2009-2014-107dcbb4f060, abgerufen am 09.08.2019.

https://www.kindr.grindr.com/, abgerufen am 09.08.2019.

https://www.businessinsider.com/pornography-has-a-big-race-problem-2015-9?IR=T, abgerufen am 09.08.2019.
https://www.npr.org/templates/story/story.php?storyId=10057104, abgerufen am 09.08.2019.

5 FAMILIE

GROSSELTERN

https://academic.oup.com/eep/article/4/2/dvy023/5133241, abgerufen am 09.08.2019.
van Steenwyk, Gretchen; Roszkowski, Martin; Manuella, Francesca; Franklin, Tamara; Mansuy, Isabelle: *Transgenerational inheritance of behavioral and metabolic effects of paternal exposure to traumatic stress in early postnatal life: evidence in the 4th generation* in: Environmental Epigenetics, Volume 4, Issue 2, April 2018.

DANK

Danke Mama und Papa, meinen Schwestern und meinem Onkel und meinen Cousinen für ihr Vertrauen.

Danke an Mäggi, Christoph, Maxi, Esther, Sarah, Raha, Sophie und Laura fürs Lesen!

Vielen Dank Anna, für dein genaues Auge, deine Geduld und dein Verständnis. Danke Ulrike und Imke, für die Chance, die ihr mir gegeben habt.

Danke an Noah Sow, Tupoka Ogette, Grada Kilomba, Sharon Dodua Otoo, Peggy Piesche, May Ayim, Katharina Oguntoye, Dagmar Schultz, Anne Chebu, Natasha A. Kelly, Fatima El-Tayeb, ADEFRA, ISD, EOTO und sehr viele Schwarze Menschen in Deutschland mehr, für ihre Vorarbeit, ihr Wissen und ihren Kampfgeist. Danke an Reni Eddo-Lodge, danke Audre Lorde und bell hooks.

Danke Jens, fürs Zuhören, Mut-Zusprechen und für die Liebe.